A TRAVERS LA KABYLIE

ET LES

QUESTIONS KABYLES

L'auteur et les éditeurs déclarent réserver leurs droits de traduction et de reproduction à l'étranger.

Ce volume a été déposé au ministère de l'intérieur (section de la librairie) en septembre 1889.

PARIS. TYP. DE E. PLON, NOURRIT ET Cie, RUE GARANCIÈRE, 8.

HUIT JOURS EN KABYLIE

A TRAVERS LA KABYLIE

ET LES

QUESTIONS KABYLES

PAR

François CHARVÉRIAT

AGRÉGÉ DES FACULTÉS DE DROIT, PROFESSEUR A L'ÉCOLE DE DROIT D'ALGER

PARIS

LIBRAIRIE PLON

E. PLON, NOURRIT ET Cie, IMPRIMEURS-ÉDITEURS

RUE GARANCIÈRE, 10

1889

Tous droits réservés

AVANT-PROPOS

Ces notes, réunies pour mon compte personnel en 1887, ne devaient être communiquées qu'à mes compagnons de voyage. Si je les publie aujourd'hui, c'est qu'en les relisant j'y trouve des points d'un intérêt général. L'Algérie, particulièrement la Kabylie, est trop peu connue en France, ou plutôt, ce qui est pire, imparfaitement connue. J'espère avoir vu certaines choses telles qu'elles sont, et pouvoir, par conséquent, présenter quelques questions sous leur véritable jour. Deux nouveaux voyages en 1888 n'ont fait que confirmer les observations et les renseignements que j'avais antérieurement recueillis.

Alger, le 5 mars 1889.

AVERTISSEMENT DE L'ÉDITEUR

Nommé agrégé des facultés de droit au concours de 1884, François Charvériat fut désigné pour professer le Droit romain et le Droit maritime à l'École de Droit d'Alger. Ce ne fut pas sans un profond chagrin qu'il quitta la France. Il aurait pu mener une vie tranquille à Lyon, où il était né, au sein d'une famille qu'il aimait et dont il était tendrement aimé. Mais il était du nombre de ceux qui pensent que la fortune impose encore plus d'obligations qu'elle n'assure de loisirs; et comme il n'avait embrassé la difficile carrière du professorat que pour faire le plus de bien possible, le sentiment du devoir l'emporta sur toute autre considération : il partit.

Sa vie de professeur, qui devait être, hélas! si courte, il ne l'employa pas uniquement à faire ses cours avec tout le soin dont il était capable, il se mit à étudier le pays, et l'Algérie le captiva bientôt, non seulement par la beauté de ses sites et de sa végétation méridionale, mais encore et surtout par l'importance des questions que soulève la conquête d'un pays musulman par une nation chrétienne. Chargé de faire, en 1885, le discours de rentrée des Écoles supérieures, il choisissait déjà un sujet en rapport avec ses nouvelles études : *l'Assimilation des indigènes dans l'Afrique romaine.* Il pensait avec raison que la France n'aurait rien fait, tant que les indigènes ne seraient pas devenus de véritables Français ; mais il ne se rendait pas encore un compte exact des difficultés que soulevaient d'un côté la résistance des indigènes, et de l'autre la politique trop peu éclairée de la Métropole ; il comprit bientôt qu'un peuple dont toute la vie a pour base la religion mahométane ne pouvait devenir français qu'en devenant chrétien.

Il s'intéressa surtout à la Kabylie. Les habitants de ce pays n'ont ni la même origine, ni la même langue, ni tout à fait la même religion que les Arabes, car bien qu'ils aient adopté l'islamisme, qui leur a été imposé par la conquête, ils ne le pratiquent pas comme les Arabes et, pour leur organisation civile et politique, ils suivent plutôt leurs anciennes coutumes que les règles du Coran. C'est donc par les Kabyles que la France doit commencer la conquête morale de l'Algérie.

Pour mieux étudier cette race primitive qu'on peut désigner sous le nom de race berbère, François Charvériat visita plusieurs fois la Kabylie (1). Un voyage qu'il fit en 1887, en compagnie d'un de ses collègues, et qui dura huit jours, a servi de cadre à son ouvrage. C'est le plus souvent à propos de faits dont il fut le témoin, qu'il examine les diverses questions qui importent le plus à un peuple : la religion, la famille, le mariage, l'instruction, la propriété, les idées politiques. Il y a ajouté de nombreux renseignements recueillis depuis, soit dans d'autres voyages, soit auprès des personnes connaissant le mieux l'Algérie et la Kabylie. Il a examiné, en outre, la politique suivie par le gouvernement pour préparer l'assimilation.

François Charvériat avait épousé à Paris, au commencement de l'année 1888, une jeune fille qui, comprenant le but élevé de sa vie, avait eu le noble courage de vouloir la partager. Cette union, modèle des unions chrétiennes, fut de courte durée. La naissance d'un fils venait de lui donner une consécration nouvelle, quand Fran-

(1) Il a fait onze voyages en Kabylie.

çois Charvériat fut rapidement emporté à Alger, le 24 mars 1889, à l'âge de trente-quatre ans, par une fièvre que ses travaux avaient peut-être déterminée.

L'ouvrage que sa famille offre aujourd'hui au public était entièrement achevé au moment de sa mort ; on n'a eu qu'à le mettre au net et à l'imprimer. Puisse-t-il, en faisant mieux connaître une partie de l'Algérie, aider à la solution de problèmes qui intéressent au plus haut point l'avenir de la France ! Si ce vœu se réalise, François Chavériat fera, après sa mort, un peu de ce bien qu'il s'était proposé de faire pendant sa vie.

HUIT JOURS EN KABYLIE

CHAPITRE PREMIER

LE DÉPART. TIZI-OUZOU. FORT-NATIONAL ET AÏN-EL-HAMMAM. — PROPRIÉTÉ, IMPÔTS, IDÉES POLITIQUES DES KABYLES.

Lundi 20 juin. — Compagnons de voyage, chemin de fer de l'Est-Algérien, la Métidja. — Entrée en Kabylie, diligences algériennes. — Haussonviller.
Mardi 21 juin. — Tizi-Ouzou, la Kabylie. — Départ pour Fort-National. Le Sébaou, l'Oued Aïssi. — Le Djurdjura. Huileries de Tak-Sebt et de Makouda. La montée, le climat. — L'agriculture kabyle, le béchena, les frênes. — La vigne. Morcellement de la propriété. — Propriété individuelle et indivise chez les Arabes et les Kabyles. — La route; maisons et villages. — Les enfants kabyles, *donar sourdi*, le drapeau de la France. — Ecole de Tamazirt, le Djurdjura, maison de deux grands chefs kabyles. — Village d'Azouza, Fort-National. — Insurrection de 1871. Le fort, la garnison. La répression, l'amiral de Gueydon; les confiscations, les colons. — Les Kabyles, leur costume. — Le marché kabyle. — Le Djurdjura.

Le père La Verte et la route d'Aïn-el-Hammam. — La tribu des Beni-Yenni et ses écoles. Village de Tashenfout. — Aïn-el-Hammam. Densité de la population, colonisation impossible. — La commune mixte, les fonctionnaires, l'administration, la justice, le bordj. — Vue qu'on a d'Aïn-el-Hammam. — Une pépinière. — Climat. Coucher du soleil.

Voyage en Kabylie de M. Berthelot, ministre de l'instruction publique. Un voyage officiel. — Suppliques des Kabyles, les galettes. La *lezma*, impôt de capitation ; plaintes exagérées. — Répartition de la *lezma* ; réforme possible. — Autres impôts. — Le tirailleur algérien. — Ressources des Kabyles ; l'usure. — Égalité démocratique, ses causes. — Idées des Kabyles sur le pouvoir. — Beauprêtre. — La justice et la clémence. — Idée que les Kabyles se font de la République, *Madame Poublique*. — Le *Beylik*. — Les routes. Prestige de l'uniforme. — Résistance des Kabyles aux coups et blessures. — Plan pour le lendemain.

Lundi 20 juin.

Je suis allé déjà en Kabylie. Mais les circonstances m'ont toujours obligé à voyager seul. Cette fois-ci, j'ai pour compagnons un de mes amis, M. Robert, et même sa femme. Je m'accommode sans doute de la solitude en voyage, parce que la liberté est plus complète et que l'attention se porte uniquement sur le pays et ses habitants. Je préfère cependant voir à deux, et surtout à trois, spécialement lorsqu'un œil féminin met à votre service sa singulière perspicacité.

Afin d'éviter la chaleur du jour, particulièrement forte dans la plaine de la Métidja qu'il nous faut traverser pour atteindre la Kabylie, nous avons résolu de ne partir que le soir. A cinq heures nous quittons Alger par la ligne de l'Est-Algérien. Le train avance à peine comme un cheval au trot ; les arrêts se prolongent à chaque station pendant un quart d'heure. Il est vrai que la compagnie de l'Est-Algérien est renommée pour sa lenteur, même parmi les compagnies algériennes si peu rapides cependant. Aussi nombre de voyageurs préfèrent-ils encore prendre les antiques diligences qui, malgré l'ouverture du chemin de fer, continuent toujours à marcher. Les voitures publiques servent même à rattraper le train quand on l'a manqué, puisqu'un jour j'ai vu un de mes amis, arrivé à la gare d'Alger après le départ, venir en tramway s'embarquer à la gare suivante.

La Métidja, que nous traversons dans sa partie orientale, nous paraîtrait interminable, si nous n'avions une vue ravissante sur l'Atlas, et particulièrement sur le Bou-Zegza, dont les lignes, fortement accentuées, rappellent celles de l'Estérel près de Cannes. Un air d'une transparence presque inconnue en France enveloppe de tons chauds et moelleux les formes du paysage. Au coucher du soleil les montagnes bleuissent, et la mer, que nous apercevons un instant, prend une teinte argentée.

A Ménerville, nous quittons la ligne de Constantine pour celle de Tizi-Ouzou. La nuit tombe au moment où nous changeons de wagon. Aussi ne distinguons-nous presque plus rien au moment où nous entrons en Kabylie. Comme j'ai déjà fait ce parcours plus d'une fois, je console M. et Mme Robert en leur assurant qu'il n'offre rien de remarquable. Après avoir franchi l'Isser, rivière qui, de Palestro à la mer, forme à l'Ouest la frontière de la Kabylie, on suit une immense plaine, fertile mais sans arbres. On n'aperçoit pas le Djurdjura, qui reste caché par les contreforts du Timezerit. Le seul endroit remarquable est Bordj-Ménaïel ; encore ce village doit-il une part de sa célébrité au journal politique qui dirige une fraction de la centaine d'électeurs habitant la commune.

A neuf heures et demie, nous sommes à Haussonviller. C'est là que s'arrête le chemin de fer, en attendant d'être ouvert jusqu'à Tizi-Ouzou (1). Il nous faut donc prendre la diligence.

La diligence est certainement une des plus extraordinaires curiosités de l'Algérie. Exilée de France, elle est venue échouer sur la côte africaine et y a pris un air bizarre d'épave ambulante. Un coffre jauni par le temps, quatre roues rongées par les ornières, des ressorts cerclés de ficelle, une bâche vernie à la poussière, un timon rapiécé et tenant avec quelques clous, voilà le véhicule. Dans les divers compartiments et aux différents étages s'entassent pêle-mêle choses et gens, malles, paniers, caisses, tonneaux, sacs de pain, bi-

---

(1) Le chemin de fer va aujourd'hui jusqu'à Tizi-Ouzou.

dons d'huile, quartiers de viande, colons, commis voyageurs, femmes, zouaves, enfants, indigènes au burnous graisseux et odorant, et, comme j'en ai moi-même été témoin sur la route de Biskra, barils de poudre et fumeurs. Tout le système est mis en mouvement par des chevaux de petite taille, efflanqués et nourris au fouet, mais qui, par leur résistance à la fatigue, leur sobriété et leur souffle, rendraient des points aux meilleurs chevaux français. C'est ainsi qu'à travers les cahots de la route on avance avec des oscillations inquiétantes de tangage et de roulis, au bruit de craquements internes semblables à ceux d'un navire secoué par les vagues. On s'embourbe souvent, on verse parfois, mais toujours, un peu plus tôt ou un peu plus tard, on arrive, absolument moulu.

Nous nous installons tous les trois dans le coupé ouvert à tous les vents, et bientôt nous roulons vers Tizi-Ouzou. La nuit est froide. M. et Mme Robert s'enveloppent dans un châle de voyage, et moi dans mon burnous. Après une longue descente, nous sommes au camp du Maréchal, village peuplé d'Alsaciens-Lorrains, comme Haussonviller (1). Nous traversons Drâ ben

---

(1) Le camp du Maréchal tire son nom d'une installation établie par le maréchal Randon pour l'expédition de 1857, qui acheva la conquête de la Kabylie. Quant à Haussonviller (autrefois Azib-Zamoun), il rappelle, par sa nouvelle dénomination, M. d'Haussonville, président de la *Société de protection des Alsaciens-Lorrains*, dont l'initiative assura la création d'un certain nombre de villages pour recueillir les émigrés d'Alsace-Lorraine.

Kedda (1), hameau français bâti sur les bords de l'Oued Bou-Kdoura, qui vient du Djurdjura. Enfin, vers une heure du matin, après avoir quelque peu ronflé malgré les soubresauts, nous arrivons à Tizi-Ouzou. Nous descendons à l'hôtel Lagarde qui, à la différence de la plupart des hôtels d'Algérie, se trouve fort bon. Nous nous y reposons avec délice, en attendant de partir pour Fort-National.

Mardi 21 juin.

Tizi-Ouzou est situé au centre de la Kabylie. Formant un immense hémicycle, dont le diamètre est tracé par la côte et le pourtour par la chaîne du Djurdjura, la Kabylie mesure environ 150 kilomètres dans sa plus grande longueur, de Ménerville à Bougie (2). Entre le Djurdjura, au Sud, et une ligne de montagnes courant au Nord parallèlement à la Méditerranée, s'étend la plaine du Sébaou qui reçoit une grande partie des eaux du pays kabyle. C'est sur un col d'une faible altitude, au pied du Belloua qui le domine au Nord, qu'est bâti Tizi-Ouzou. Les hauteurs qui précèdent le Djurdjura

---

(1) Drâ ben Kedda, de par un décret, a été, depuis notre passage, baptisé du nom de Mirabeau.

(2) On entend, à proprement parler, par *Kabylie*, la région comprise entre le Djurdjura et la Méditerranée. Il existe cependant, en dehors de cette région, un certain nombre de tribus kabyles, notamment dans l'espace qui s'étend à l'est de l'Oued Sahel jusqu'aux environs de Collo. Cette contrée s'appelle *Petite Kabylie*, par opposition à la *Grande Kabylie*, c'est-à-dire à la *Kabylie du Djurdjura* ou Kabylie proprement dite.

empêchent d'apercevoir cette grande chaîne. Mais s'il manque d'une vue étendue, Tizi-Ouzou offre, en revanche, un bon spécimen de sous-préfecture franco-algérienne, avec ses édifices sommaires, sa rue unique, ses maisons basses mais propres, ses fontaines abondantes, ses plantations de platanes et d'eucalyptus (1).

Nous avions formé le dessein de gagner Fort-National à mulet, par un sentier kabyle encore plus curieux que la grande route. Mais comme, à compter de demain, nous aurons à faire quatre journées de suite à dos de mulet par les chemins les plus kabyles de la Kabylie, nous préférons employer la voiture. Nous choisissons un break et nous partons à sept heures et demie du matin.

Au sortir de Tizi-Ouzou, la route descend rapidement vers le Sébaou. Cette rivière, qui reçoit presque toutes les eaux du versant Nord du Djurdjura, est la plus importante de la Kabylie. N'étant jamais à sec, chose rare pour une rivière algérienne, elle nourrit quelques poissons, spécialement des barbeaux. A l'endroit où nous l'apercevons, elle occupe un lit d'une largeur de 5 à 600 mètres. C'est, avec un débit beaucoup moindre, une sorte de Durance africaine. Elle coule ensuite, entre le Belloua et la montagne des Aïssa-Mimoun, dans des gorges pittoresques qui servent de but de promenade aux habitants de Tizi-Ouzou.

(1) Si Tizi-Ouzou est le chef-lieu administratif et judiciaire de la Kabylie, Dellys en est le chef-lieu militaire.

En arrière des pentes presque à pic qui, au Sud, viennent tomber dans la vallée du Sébaou, nous distinguons, sur un second plan, la citadelle de Fort-National. Mais il est encore impossible de se faire une idée du pays qui entoure ce point central du massif kabyle. Nous sommes bientôt sur les bords de l'Oued Aïssi, près de sa jonction avec le Sébaou. L'Oued Aïssi, l'affluent le plus considérable du Sébaou, descend de la grande chaine et en sépare Fort-National. Étroitement encaissé entre deux versants abruptes, il s'étale ensuite dans la plaine. C'est à l'endroit où il débouche des dernières collines, qu'on a jeté un pont. Ce pont est souvent emporté au moment de la fonte des neiges. Il faut alors passer à gué, ce qui, du reste, est parfois impossible. Nous employons le pont à peine réparé, non sans regretter le pittoresque d'un passage à gué.

Au fond de l'étroite vallée de l'Oued Aïssi qui s'ouvre devant nous, nous découvrons pour la première fois le Djurdjura. La partie occidentale, que nous voyons seule, présente une immense muraille rouge, marquée de quelques taches neigeuses, débris du manteau blanc qui était encore visible d'Alger au commencement de mai. Bientôt il ne restera plus de neige que dans des crevasses, où les bergers kabyles vont en chercher pour les marchés des alentours.

Peu après la traversée de l'Oued Aïssi, le Djurdjura, qui s'est montré à nous comme dans le fond d'un théâtre, disparaît derrière des hauteurs. Nous passons à côté des deux ou trois maisons européennes de Sikh-ou-Meddour, et nous arrivons à Tak-Sebt, au bas de la montée d'environ 15 kilomètres qui conduit à Fort-National.

A droite de la route, près de l'Oued Aïssi, se trouve une huilerie établie par un Français. Les Kabyles ont beaucoup d'oliviers, mais ils ne font qu'une huile détestable à cause de l'imperfection de leurs procédés. Aussi quelques Européens ont-ils, en divers endroits, installé des fabriques bien outillées, où ils obtiennent d'excellents produits. La meilleure huile se fait à Makouda, entre Tizi-Ouzou et Dellys.

Nous commençons à nous élever sur la route, au-dessus de l'huilerie de Tak-Sebt. Comme nous sommes partis un peu tard, le soleil se fait déjà vivement sentir. Nous n'en sommes cependant que très peu incommodés. Cela tient à la siccité de l'air, qui empêche l'accumulation de la sueur. A Alger, au contraire, nous nous trouvions mal à l'aise, à cause de l'humidité qui, gênant l'évaporation, maintient la peau toujours mouillée. Ce désagrément qui, à température égale, rend la chaleur beaucoup plus fatigante, ne se produit que sur le littoral; il cesse dès qu'on s'avance dans l'intérieur. Aussi certaines personnes préfèrent-elles, pour l'été, au séjour d'Alger, même celui de Laghouat, en plein Sahara.

Nous sommes maintenant chez les Adeni, fraction des Aït-Iraten, qui, de tous les Kabyles, opposèrent à la France la résistance la plus acharnée. Aujourd'hui, ils ne semblent plus songer qu'aux pacifiques travaux de l'agriculture. On ne voit, tout le long de la route, que champs semés d'arbres. Les plantations nouvelles sont fort nombreuses, ce qui témoigne d'une certaine prospérité.

Peu d'agriculteurs égalent le Kabyle dans l'art d'utiliser le terrain. Malgré une déclivité prodigieuse, aucune parcelle ne demeure inculte. Du sommet à la base, chaque coin doit donner sa récolte. C'est même à double étage que se pratique généralement la culture, la plupart des champs formant des vergers ensemencés. Le sol porte des céréales diverses, principalement de l'orge et du béchena, espèce de sorgho, dont on tire de la farine (1). Presque partout sont plantés des arbres à fruits, particulièrement des figuiers et des oliviers. Les figues constituent l'une des bases de la nourriture des habitants, et les olives produisent une huile dont il est fait le plus grand emploi pour tous les usages domestiques. A côté des figuiers et des oliviers, il faut, parmi les arbres cultivés, compter les frênes. Leurs feuilles, ramassées au mois d'août et conservées dans des cabanes rondes en branchages avec toit conique en paille, servent, en hiver, à nourrir les bestiaux. Cette

---

(1) Le béchena se sème au commencement de l'été et pousse sans avoir besoin d'eau, ce qui constitue une qualité des plus précieuses. La récolte manque toutes les fois qu'il pleut sur la semence, le grain pourrissant alors en terre au lieu de lever.

culture en hauteur, qui perche les prés sur des arbres, se double encore de la culture de la vigne. D'énormes sarments, s'enroulant autour du tronc des frênes, grimpent jusqu'au faîte. Ces pampres aériens donnent des grappes dorées fort estimées, qui se vendent à Alger même. Des clôtures en cactus, spécialement épaisses aux abords des habitations, complètent les productions du pays, et fournissent, sans aucun travail, ces fruits connus sous le nom de *figues de Barbarie* qui, en dépit de leur peu de saveur, font les délices des indigènes.

A l'exiguïté des champs on peut présumer que chaque propriétaire n'est pas maître d'une grande étendue de terrain. En réalité, la propriété se trouve morcelée à un degré qu'on peut difficilement s'imaginer, même par comparaison avec les régions de la France dans lesquelles le morcellement semble poussé jusqu'aux dernières limites (1). Parfois, en effet, le terrain est à l'un et les arbres à l'autre. Souvent un même arbre appartient divisément à plusieurs, chacun ayant, pour sa part, une ou deux branches. Malgré la taille énorme des arbres de Kabylie, un tel domaine n'est pas assez considérable pour qu'il soit possible d'éviter des contacts dangereux pour la bonne harmonie. Ces inconvénients du voisinage se font sentir dans toute leur acuïté,

---

(1) Chaque famille, en Kabylie, n'a guère, en moyenne, que deux hectares. (PAUL LEROY-BEAULIEU, *l'Algérie*, page 101. Pour des exemples, voir ci-après le chapitre III.)

et c'est plus d'une fois qu'une pareille situation engendre des procès et même des rixes (1).

De nombreuses difficultés sont également causées par le régime même de la propriété immobilière. On va répétant que le Kabyle se sépare essentiellement de l'Arabe, en ce qu'il admet la propriété individuelle et non la propriété collective (2). Cette formule absolue, fausse pour l'Arabe qui connaît une certaine propriété individuelle (3), n'est pas moins erronée pour le Kabyle qui, bien qu'admettant, en droit, la propriété individuelle, pratique généralement, en fait, la propriété indivise. A la mort du père, les enfants restent habituellement en indivision sous l'autorité de l'aîné. Cette situation, conforme aux coutumes, se trouve d'ailleurs presque imposée pour des terrains extrêmement morcelés qui, autrement, seraient incultivables. Chacun a sans doute le droit d'obtenir le partage ; mais une demande à cet effet est assez rare, parce que, contraire à la coutume, elle ferait mal voir celui qui la formerait (4). Sans adopter le communisme de la tribu

(1) Plusieurs magistrats m'ont affirmé avoir souvent vu des procès touchant la propriété d'une branche d'olivier.
(2) Voir plus loin, au chapitre IV, les nombreuses différences qui séparent le Kabyle de l'Arabe.
(3) A savoir la propriété *melk*, opposée à la propriété collective ou propriété *arch*. (CHARPENTIER, *Cours de législation algérienne*, 1885, pp. 109, 120 et suiv.)
(4) L'état d'indivision, dans lequel se trouve généralement la propriété en Kabylie, met un obstacle presque insurmontable aux acquisitions de terrains par les Européens. Il est, en effet, à peu près impossible de s'entendre avec tous les membres d'une famille, propriétaires au même titre.

arabe, le Kabyle témoigne donc ses préférences pour la *communauté de famille*, quelque chose d'analogue aux sociétés taisibles de l'ancienne France (1).

Cette solidarité des intérêts s'accuse dans le groupement même des habitations. Il n'y a pas de maisons isolées. Tous les villages se composent de constructions étroitement serrées sur des pitons, ou sur quelque renflement des crêtes. L'ensemble des bâtiments, tous uniformément bas, ne montre qu'un amas de toits aux tuiles grises, couvrant des murs blanchis à la chaux ; et quant au pays, il présente des séries d'arêtes extrêmement minces, qui viennent se souder, parallèlement les unes aux autres, sur une ossature centrale, comme sur l'épine dorsale d'un gigantesque vertébré.

C'est le long de cette ossature centrale que nous nous élevons par de nombreux lacets. La route est fort raide, ce qui n'a rien d'étonnant, puisqu'elle a été établie au plus court, en moins d'un mois, lors de l'expédition de 1857, qui fit flotter pour la première fois le drapeau français sur les hauteurs de la Kabylie. Comme les premiers kilomètres ont été tracés sur le versant Nord, la vue ne s'étend tout d'abord que sur la vallée du Sébaou et sur les montagnes qui la séparent de la mer. Le Djurdjura reste caché par la croupe que l'on gravit.

Près du premier village à côté duquel nous allons

---

(1) HANOTEAU et LETOURNEUX, *la Kabylie et les coutumes kabyles*, 1873, t. II, p. 307; Père DUGAS, *la Kabylie et le peuple kabyle*, 1877, pp. 159 et suiv.

passer, notre voiture est assaillie par une bande d'enfants, plus pouilleux les uns que les autres. A peine vêtus, qui d'une chemise en loques, qui d'un fragment de burnous, qui d'une simple chechia, ils nous accompagnent en criant à tue-tête : « *sourdi*, missieu, *sourdi, donar sourdi.* » Trouvant que les *sourdis* (les sous) n'arrivent pas assez vite, ils se mettent à chanter, en battant la mesure à tour de bras : « Une, deux, une,
« deux..... le drapeau de la France qui s'avance, qui
« s'avance, le drapeau de la France..... *Sourdi*, mis-
« sieu, *sourdi, donar sourdi*..... qui s'avance, le dra-
« peau de la France..... une, deux, *sourdi, sourdi*..... »
C'est une chanson apprise par quelques-uns à l'école française, et enseignée par eux à tout ce jeune peuple qui l'arrange à son usage. La civilisation pénètre ainsi chez les Kabyles, à la façon dont l'éducation se répandrait parmi les merles d'une contrée où auraient été lâchés deux ou trois de ces oiseaux auxquels on aurait seriné un air (1).

Nous jetons quelques sous aux enfants qui nous suivent. Tous se précipitent sur chaque pièce de monnaie, comme une nuée de moineaux sur une miette de pain. C'est un tas qui grouille dans la poussière et piaille avec fureur. Les horions pleuvent autour

(1) Il est probable qu'à la prochaine insurrection les Kabyles chanteront *le Drapeau de la France*, comme en 1871, lorsqu'ils assiégeaient les Français dans Fort-National, ils chantaient *la Marseillaise*. (BEAUVOIS, *En colonne dans la grande Kabylie*, 1872, p. 345.)

du sou qui change plusieurs fois de possesseur avant de trouver définitivement un maître. L'adresse, la ruse, la force, tout se trouve mis en œuvre pour s'emparer du trésor. Rien n'arrête les petits sauvages. Nous avons beau jeter la monnaie dans les ronces ou dans les cactus, sur le talus presque à pic qui soutient la route ou la domine, ils s'élancent avec la même ardeur, et toujours l'un d'eux parvient à mettre la main sur l'objet de sa convoitise (1).

Quand nos chevaux trottent, toute la troupe prend la même allure. Ceux qui sont gênés par une chemise trop longue la prennent aux dents pour mieux courir. Certains gamins font plusieurs kilomètres au pas de course, criant sans relâche : « *Sourdi, sourdi.* » La bande s'égrène un peu le long du chemin ; mais elle se reforme avec des recrues dès que nous approchons d'un nouveau village. Nous sommes ainsi escortés jusqu'au sommet de la montée, où se trouve l'école kabyle-française de Tamazirt.

De cet endroit, un merveilleux panorama s'offre à nos regards. On aperçoit toute la chaîne du Djurdjura. Cette immense muraille, que nous avons entrevue au passage de l'Oued Aïssi, nous apparaît dans toute son élévation. Par un effet qui se produit toujours en face

---

(1) Les enfants kabyles ne mendient ainsi que sur la route de Fort-National et très probablement par la faute des voyageurs. Ailleurs, spécialement dans la tribu des Ouadhias, ils vous saluent avec politesse sans vous rien demander.

des hautes montagnes, elle semble avoir grandi de tout ce que nous avons monté. A notre droite, bien au bas, coule l'Oued Aïssi, entre des pentes très escarpées, mais couvertes de cultures. Nombre de chaînons, chargés de villages, vont se rejoindre aux environs de Fort-National, dont nous voyons distinctement la citadelle et les remparts.

Quoique nous paraissions toucher au but, il nous faut encore plus d'une heure pour y parvenir. La route, maintenant horizontale, suit, tantôt sur un versant, tantôt sur un autre, la crête que nous avons atteinte à Tamazirt. A un passage où la route se tient sur le flanc Nord, on aperçoit en contre-bas une petite maison à la française. C'est la demeure des deux frères Si-Lounis et Si-Moula, grands chefs kabyles, qui surent rester fidèles à la France pendant l'insurrection de 1871 (1).

Plusieurs villages couronnent les points saillants de la ligne de faîte en dessous de laquelle nous circulons. Après l'important village d'Azouza, la montée recommence. La route fait un immense lacet à gauche, pour revenir presque au-dessus d'Azouza à Aguemoun. Bientôt après, nous rencontrons des sources abondantes, situées

---

(1) Dès que la colonne expéditionnaire, chargée de réprimer le soulèvement de la Kabylie, fut arrivée à Tizi-Ouzou, Si-Lounis vint, avec quelques partisans, au secours des Français assiégés dans Fort-National. (BEAUVOIS, *op. cit.*, page 346.) Quant à Si-Moula, c'est lui qui a fourni la plupart des renseignements juridiques à MM. Hanoteau et Letourneux, pour leur bel ouvrage sur *la Kabylie et les coutumes kabyles*. Voir la préface de cet ouvrage, p. 1.)

presque au sommet de la montagne, et qu'aucun bassin ne semble alimenter. A midi, nous entrons à Fort-National.

En arrivant de Tizi-Ouzou à Fort-National, on ne voit que les fortifications. Le village n'apparaît que lorsqu'on est entré dans l'enceinte. Il est entièrement européen. Si l'on excepte les établissements militaires, il ne compte que quelques maisons, rangées le long d'une rue unique sur le flanc Nord-Est du mamelon couronné par la citadelle. Les constructions s'élèvent seulement du côté d'amont, ce qui ménage complètement la vue en aval. Tout l'espace libre compris dans l'intérieur des remparts est planté d'arbres, de sorte que les bâtiments paraissent enfouis dans la verdure.

Fort-National est peu de chose comme centre de colonisation. Mais, en revanche, c'est une place d'une importance capitale au point de vue stratégique. Sa position centrale permet de surveiller un grand nombre de tribus kabyles, et de réprimer sur-le-champ toute tentative d'insurrection. Comme le disent les indigènes, c'est *une épine dans l'œil de la Kabylie.*

La fondation de Fort-National date de l'année 1857, pendant laquelle le maréchal Randon soumit définitivement toute la région. Jusqu'alors, la Kabylie était toujours demeurée indépendante. La France a l'honneur d'avoir conquis un pays où l'étranger, Turc, Arabe, et même Romain n'avait jamais pu s'établir.

Durant la formidable insurrection de 1871, la place, défendue par moins de 700 hommes, dont un certain nombre de mobilisés de la Côte-d'Or, resta deux mois bloquée par les Kabyles des alentours. Un siège en règle fut entrepris, avec mines et travaux d'approche. Les assiégés eurent à repousser plusieurs assauts qui leur firent courir les plus grands dangers, à cause du développement des remparts, trop considérable eu égard au petit nombre des défenseurs. Afin de ménager les projectiles d'artillerie, on fabriqua des grenades avec le zinc des toitures. Quant aux assaillants, ils essayèrent vainement de battre les murs avec une vieille pièce de 4, qu'ils avaient tenue cachée depuis 1857, mais dont ils ne surent guère faire usage.

Les défenses de Fort-National ont été complétées, après 1871, par la construction de deux fortins en face des deux seules portes qui donnent accès dans l'intérieur. De plus, une citadelle, avec enceinte particulière et réduit central, a été établie au point culminant de la place. Située à une altitude de 960 mètres, elle domine au loin tous les environs. Chaque village à portée de canon a été repéré, de sorte que l'artillerie, ne perdant aucun coup, détruirait, en quelques heures, les maisons de 60.000 Kabyles. Pour éviter toute surprise, une compagnie entière d'infanterie est toujours consignée dans la citadelle. Du reste, la garnison se compose uniquement de troupes françaises, à savoir d'un bataillon de zouaves et de quelques artilleurs.

Ces mesures militaires ont jusqu'à présent dissuadé les indigènes de renouveler l'expérience de 1871. Le souvenir du châtiment exemplaire qui leur fut alors infligé contribue, au surplus, à les maintenir dans le calme. Sans compter les exécutions capitales qui frappèrent les chefs de la révolte et spécialement les auteurs du massacre des colons de Palestro (1), une contribution de guerre de dix millions fut imposée aux rebelles, et recouvrée dans le court intervalle de trois mois (2). La mémoire de l'amiral de Gueydon qui, comme gouverneur de l'Algérie, dirigea la répression avec toute l'énergie d'un marin, est demeurée vivante chez les Kabyles; et, loin de la honnir comme celle d'un exécrable justicier, ils l'entourent au contraire de ce profond respect que tout musulman professe pour le chef dont la puissance, affirmée par des coups de force, a témoigné authentiquement de la protection d'Allah (3).

L'insurrection de 1871 n'a pas simplement attiré sur la Kabylie de terribles représailles, elle a encore amené l'établissement à demeure de nombreux mécréants sur un sol qui, jusqu'alors, avait presque échappé à l'in-

---

(1) Voir le récit de ce massacre et de la répression qui le suivit dans un article de M. Watbled, sur un *Episode de l'insurrection de Kabylie, l'Alma-Palestro.* (Revue des Deux-Mondes, 1ᵉʳ décembre 1873, pp. 625 et suiv.)

(2) Le père DUGAS, *op. cit.*, page 229. note 1.

(3) Voir plus loin, même chapitre, les idées toutes religieuses que se font de la force les musulmans, et notamment les Kabyles.

vasion des colons. Les confiscations de terrains ont, en effet, permis de créer près de vingt villages français, tant dans la vallée de l'Isser que dans celle du Sébaou. Quelques-uns de ces derniers sont visibles de Fort-National, notamment Azazga, où nous serons dans deux jours.

Après avoir déjeuné à l'hôtel des Touristes, l'unique hôtel du lieu, nous sortons, malgré la chaleur, pour aller visiter le village et ses environs immédiats. C'est jour de marché kabyle (1), ce qui nous procure le plus curieux des spectacles.

Il est deux heures, et les indigènes qui ont terminé leurs provisions regagnent leurs demeures. Chacun, ayant acheté de la viande, traîne, au gros soleil et à la poussière, son chapelet de petits quartiers saignants, enfilés à quelques brins d'herbe.

Ce mode primitif de transport est en harmonie avec le costume qu'ils portent tous. Une chemise de laine blanche-jaune, serrée à la taille par une ceinture de cuir, une calotte rouge que la crasse a rendue presque noire, voilà le fond commun de leur vêtement. La plupart y joignent un burnous d'une couleur douteuse, comme celle de la chemise, et se coiffent d'un énorme chapeau de paille, large comme un parasol, qui abrite leurs épaules. Quant à la chaussure, elle fait générale-

---

(1) Le marché kabyle de Fort-National se tient le mercredi. C'était ce qu'indiquait l'ancien nom de Fort-National, Souk-el-Arbâ, c'est-à-dire le marché du mercredi.

ment défaut. Quelques-uns cependant, ceux qui ont à fournir une longue traite, s'enveloppent les pieds et même les mollets, dans des bandes de cuir maintenues par des cordelettes. Somme toute, le Kabyle, si différent de l'Arabe sous tant d'autres rapports (1), s'habille à peu près comme lui. C'est un personnage à l'extérieur antique et comme un fils de patriarche, qui se draperait dans la toge romaine.

L'ensemble produit, à trente pas, une illusion des plus artistiques. Mais de plus près, la réalité soumet l'impression esthétique à une rude épreuve. Ces hardes, si pittoresques à distance, ne sont que d'affreux haillons. Les chemises se composent de maints morceaux, plus ou moins cousus ensemble. Les burnous offrent une foule de déchirures. Certains vêtements sont même si bien percés de trous qu'ils semblent faits moins avec des pièces d'étoffe qu'avec de vieux débris de filets. Au demeurant, cette idée de s'habiller avec des trous est des plus ingénieuses quand, comme le Kabyle, on fait commerce de vermine. Les trous favorisent les échanges, en laissant libres l'entrée et la sortie. De plus, ils ont, en été, l'avantage d'aider à la ventilation. Même en hiver, le Kabyle ne modifie guère sa tenue : il se contente d'endosser deux ou trois burnous, et continue à marcher jambes nues, qu'il y ait ou non de la neige.

Les files de Kabyles qui reviennent du marché nous

(1) Voir plus loin, chapitre IV, les profondes différences qui séparent le Kabyle de l'Arabe.

indiquent la direction à suivre pour nous y rendre.
Nous le trouvons en sortant par la porte opposée à
celle par laquelle nous sommes entrés à Fort-National.
Le marché se tient en contre-bas de la route d'Aïn-el-
Hammam, sur laquelle nous nous engagerons tout à
l'heure. Le terrain, fortement incliné, est, en quelques
endroits, ombragé de magnifiques chênes verts. Des
causeurs, accroupis en cercle, tiennent des conféren-
ces un peu partout. Les marchands sont installés sous
des abris de feuillage. Presque tous vendent de la
boucherie, car, le ramadan se terminant dans un jour
ou deux, les indigènes sont venus s'approvisionner de
viande, afin de célébrer par des festins les fêtes qui
marquent la fin du jeûne.

Nous nous mêlons aux groupes d'acheteurs, et circulons au milieu des piles de morceaux saignants. Nous
passons au bas du marché, vers l'abattoir en plein air
où, sans façon, bœufs et surtout moutons sont égorgés
et dépecés. Des quartiers pantelants se balancent sur
des perches, pendant que des *charognards*, petits vau-
tours aux ailes d'un jaune sale, décrivent leurs orbes
dans le ciel bleu. La terre, noire de sang corrompu,
dégage une odeur cadavérique. Ces scènes de carnage
retiendraient peut-être un peintre réaliste. Mais nous
n'avons pas encore suffisamment du tempérament de
l'artiste, pour dompter les révoltes du cœur et de l'o-
dorat. Nous fuyons au plus vite, pas assez vite cependant pour soustraire Mme Robert à une impression de

dégoût qui, jusqu'à la fin du voyage, l'empêchera de toucher au gigot.

Quoi qu'il en soit des causes de notre fuite, nous avons accompli notre devoir d'observateurs consciencieux. Nous méritons quelque repos. Le soleil nous fait rechercher l'ombre. Nous allons nous étendre sous des arbres.

De l'endroit que nous avons choisi pour nous reposer, nous voyons la majeure partie de la Kabylie, et presque tout le Djurdjura, dont nous ne sommes séparés que par une vingtaine de kilomètres. Au dessous de nous, d'étroites chaînes s'éloignent dans toutes les directions, comme les bras d'une pieuvre, dont Fort-National serait la tête. Nous distinguons, à chaque instant, de nouveaux villages que nous n'avions pas encore aperçus. En face de nous, se dresse la masse énorme du Djurdjura, déchiquetée, hérissée de pics, semblable à une forteresse gigantesque, dont les créneaux béants et les tours aiguës défieraient le ciel.

La vue dont nous jouissons dans la direction du Djurdjura, bien qu'étant la plus intéressante, ne doit pas nous faire oublier celle du côté opposé, c'est-à-dire du côté Nord, le seul que l'on découvre de la rue de Fort-National. De profonds ravins descendent jusqu'à la plaine du Sébaou. Celle-ci se trouve bornée par une ligne de hauteurs, au delà de laquelle on soupçonne la Méditerranée. Au Nord-Est, derrière Azazga, s'élève le piton du Tamgout des Beni-Djennad (1278^m d'altitude). A sa droite, s'étendent des montagnes ondulées, d'une couleur sombre : ce sont celles qui portent les forêts de l'Akfadou, que nous aurons à traverser pour nous rendre à Bougie.

Pour le moment, il s'agit simplement d'aller coucher à Aïn-el-Hammam (1), à vingt kilomètres de Fort-National, sur le chemin qui, franchissant le Djurdjura au col de Tirourda, vient tomber à Maillot, dans la vallée de l'Oued Sahel. Nous y sommes attendus par M. Grault, administrateur-adjoint stagiaire à la commune mixte du Djurdjura, commune dont le siège se trouve à Aïn-el-Hammam (2).

Nous prenons donc la voiture qui, chaque jour, vient le matin d'Aïn-el-Hammam et y retourne le soir. Je renouvelle connaissance avec le père La Verte, qui m'a mené l'an dernier. C'est un type accompli de conducteur jovial à figure rubiconde. L'excellent homme a des habitudes réglées comme une horloge. Toute sa journée s'encadre entre sa première absinthe de l'aurore et sa dernière au coucher du soleil, sans préjudice de celles qui lui servent à marquer les heures intermédiaires. Certaines de ces absinthes font pour lui l'objet d'une obligation sacrée. C'est ainsi que négliger celle qui, au retour, doit se prendre à la source ferru-

---

(1) Aujourd'hui Aïn-el-Hammam s'appelle officiellement Michelet.
(2) Voir plus loin, même chapitre, ce qu'il faut entendre par administrateur et par commune mixte.

gineuse du dixième kilomètre, constituerait un manquement des plus graves. Aussi le sous-préfet de Tizi-Ouzou, s'étant une fois permis de témoigner son impatience contre l'arrêt obligé du dixième kilomètre, s'attira-t-il une verte semonce. « J'ai mes habitudes, lui dit sèchement le père La Verte ; c'est ici que je prends mon absinthe ; Monsieur le sous-préfet voudra bien m'attendre. » Et Monsieur le sous-préfet attendit. Au reste, quand on ne le contrarie pas dans ses habitudes, quand surtout on lui témoigne quelque faveur, le père La Verte est le meilleur des amis. Plein d'égards pour ses chevaux, il ne leur dispense qu'avec parcimonie les coups de fouet réservés aux indigènes qui ne se rangent pas assez vite sur son passage. Cette équitable distribution accuse chez lui la plus grande sagesse, car, tandis que les indigènes risquent de le retarder ou même de le faire verser, ses chevaux, à condition de ne pas s'opposer à leur coutume de suivre le chemin, savent tout seuls, en cas de besoin, éviter le précipice et arriver à destination.

La route d'Aïn-el-Hammam se déroule pendant près de quinze kilomètres, vis-à-vis du Djurdjura, en corniche horizontale, sur le flanc Nord de la chaîne qui continue celle le long de laquelle ce matin nous sommes montés de Sikh-ou-Meddour au bord de l'Oued Aïssi jusqu'à Fort-National. La pente presque à pic va se perdre dans des ravins sans fond. De l'autre côté se dresse la chaîne des Beni-Yenni, avec ses trois pitons couronnés chacun d'un village. Un peu en bas du village qui se trouve au milieu, Aït-Mimoun, on distingue une petite maison française : c'est une école récemment construite par l'administration. Une autre école, beaucoup plus ancienne, établie par les Jésuites et dirigée aujourd'hui par les Pères Blancs du cardinal Lavigerie, se trouve installée dans le village que l'on aperçoit à droite, Aït-el-Arba.

Les Beni-Yenni forment l'une des tribus les plus difficiles à gouverner, mais aussi l'une des plus intéressantes. A côté de professions difficilement compatibles avec l'ordre public, à savoir celles de receleurs et de faux monnayeurs, ils exercent, avec le plus grand succès, celles d'armuriers et d'orfèvres. Ce sont les produits de leur art que vendent à Alger, sous le nom d'objets kabyles, les marchands de curiosités indigènes.

Nous mettons plus d'une heure à parcourir tous les détours du chemin, constamment en face de la chaîne des Beni-Yenni. Nous franchissons un col, par lequel nous passons dans le haut d'une vallée s'ouvrant au Nord, et nous abordons la montée qui doit nous conduire à Aïn-el-Hammam.

Arrivés presque au sommet, nous apercevons derrière nous, sur une éminence, le village de Tashenfout, au pied duquel nous avons passé tout à l'heure sans nous en douter. Il eût été vraiment dommage de ne pas voir ce village, qui fait notre admiration par sa singulière ressemblance avec ceux de la Savoie et de la Normandie. Les maisons disparaissent à moitié au milieu de frênes splendides. La tour de la mosquée domine le tout : on dirait le clocher d'une église.

Après avoir traversé un nouveau col, qui nous ramène en face du Djurdjura, nous sommes bientôt à Aïn-el-Hammam, au terme de notre étape.

Aïn-el-Hammam est bâti à plus de 1100 mètres d'altitude, sur le versant Sud d'un mamelon qui le domine d'une centaine de mètres. Choisi par le génie militaire, l'emplacement laisse beaucoup à désirer, car l'eau manque en été, et, pendant l'hiver, le terrain, de nature argileuse, se trouve sujet à des glissements.

Le village, entièrement français, est éloigné de toute agglomération indigène. Il se compose de quelques maisons seulement, appartenant presque toutes à l'État. Ses quarante et quelques habitants ne comprennent, en dehors des cabaretiers, que des fonctionnaires. Il n'y a aucun colon.

Cette composition anormale d'un village de fonctionnaires provoquait, il y a quelque temps, les railleries d'un journal parisien. Mais comme il arrive presque toujours, lorsqu'on s'avise en France de traiter des questions coloniales, et spécialement des questions algériennes, la critique, qui pourrait cependant trouver prise en plus d'une matière, frappe à faux dans le cas en question. Si, en effet, Aïn-el-Hammam ne compte pas de colons, c'est pour cet excellent motif qu'il ne s'y trouve aucune place pour la colonisation.

Pour coloniser, il faut un territoire libre d'habitants. Or, les 23.704 hectares de la commune sont occupés par 56.921 indigènes (1), ce qui fait une population de 240 habitants au kilomètre carré, c'est-à-dire près de trois fois et demie plus dense qu'en France, où elle n'est, en moyenne, que de 71 habitants par kilomètre carré (2). A moins d'expulser en bloc plusieurs tribus kabyles, il est impossible d'introduire le moindre colon.

Les acquisitions de terrains ne peuvent guère se faire de gré à gré, à cause du morcellement extrême et de l'état habituel d'indivision de la propriété (3). Des expropriations pour cause d'utilité publique seraient presque aussi difficiles et, de plus, fort onéreuses pour l'État. Il ne faut donc pas songer à coloniser les mon-

(1) Voir *Circonscriptions administratives de l'Algérie, tableau dressé par le secrétariat général du gouvernement*, 30 septembre 1887, *département d'Alger*, p. 80. — Voir aussi ci-après le chapitre III.

(2) La densité de la population en Kabylie ne fera que s'accroître, étant donnée l'extraordinaire fécondité de la race. D'après M. Sabatier, dans son *Cours de sociologie indigène* (voir *le Petit colon* du 16 déc. 1884), les Kabyles compteraient 199 naissances pour 100 décès, ce qui leur vaudrait le rang de peuple le plus prolifique du monde entier.

A la faveur de la sécurité dont elle jouit, la population indigène augmente, chaque année, avec une grande rapidité. Tandis qu'au recensement de 1881 elle comptait seulement 2.842.000 âmes, elle en a donné 3.262.000 au recensement de 1886, c'est-à-dire qu'en 5 ans elle aurait crû de 420.000 âmes. Ce chiffre peut être attribué, en partie, à ce que le recensement de 1886 a été mieux fait que celui de 1881. Mais il n'en révèle pas moins un notable accroissement du nombre des indigènes.

(3) Voir ci-dessus, pp. 10 et suiv., p. 12, note 4.

tagnes de Kabylie. Mais il en est tout autrement pour les vallées de l'Isser et du Sébaou, dont les habitants se trouvent encore clair-semés. C'est seulement dans ces deux régions qu'après l'insurrection de 1871 le gouvernement, ayant pu accomplir la confiscation d'un territoire presque désert, a créé un certain nombre de villages (1).

La densité de la population indigène, qui presque partout rend impossible toute colonisation, a nécessité l'établissement d'un centre administratif pour un territoire équivalant à un arrondissement de France. Telle est la cause qui a fait créer Aïn-el-Hammam.

Le nombre des fonctionnaires est des plus modestes, eu égard à celui des administrés. Comme toutes les communes mixtes (2) qui, dans le Tell et dans une grande partie des Hauts-Plateaux, ont remplacé les bureaux arabes, la commune mixte qui a son siège à Aïn-el-Hammam, appelée commune mixte du Djurdjura, est dirigée par un administrateur et ses adjoints. Ces trois fonctionnaires sont chargés de l'administration proprement dite, ainsi que de la police administrative et même judiciaire. L'administrateur est assisté par

---

(1) Voir plus haut, p. 19.
(2) Tout le territoire civil en Algérie se trouve réparti entre deux sortes de communes : les communes de plein exercice (Voir plus loin, chapitre II, quelques renseignements sur ces dernières) et les communes mixtes. (Voir, sur l'organisation des communes mixtes, CHARPENTIER, *ov cit.*, pp. 52 et suiv.; DE PEYRE, *Administration des communes mixtes*, 1881-1884.)

une commission municipale (1). Quant à la justice, elle est rendue par un juge de paix et son suppléant (2). Enfin, la force armée se compose d'un garde champêtre, de cinq gendarmes, et d'environ six cavaliers d'administration, sorte de spahis aux ordres de l'administrateur.

C'est chez l'administrateur que nous dépose le père La Verte, complice d'un aimable guet-apens organisé par M. Grault. Nous cédons à la douce violence qui nous est faite, et nous nous laissons conduire dans une prison qui nous ménage la plus charmante hospitalité.

Dans toutes les communes mixtes, l'administrateur est logé aux frais de l'État. Il habite généralement un *bordj*, c'est-à-dire une maison forte, pouvant, en cas d'insurrection, servir de refuge à la population européenne. Le bordj d'Aïn-el-Hammam est, comme tous les bordjs, percé de meurtrières et flanqué de petites tours formant bastions.

Nous entrons dans la salle d'honneur; elle est garnie des fusils nécessaires à la défense de la place;

(1) La commission municipale a, dans les communes mixtes, les attributions de conseils municipaux. Elle a pour membres : 1° l'administrateur, président; 2° les adjoints indigènes, c'est-à-dire les chefs de différentes tribus; 3° quelques membres français élus par les citoyens français inscrits sur les listes électorales en nombre fixé par les arrêtés du gouverneur général créant et organisant les communes mixtes.
(2) La justice a été organisée en Kabylie par un décret du 29 août 1874. (SAUTAYRA, *Législation de l'Algérie*, 1878, p. 397 et suiv.) Les juges de paix ont reçu une compétence étendue, spécialement déterminée pour chaque ressort.

nous traversons la cour, où des prisonniers indigènes sont enfermés dans un cachot, et nous sommes amenés dans de jolies chambres, beaucoup plus confortables que la cellule d'arrêt. Dès que nous avons achevé une toilette sommaire, M. Grault nous présente à l'administrateur, M. D., que j'ai déjà vu l'année dernière, ainsi qu'à Mme D.

De la terrasse qui, en été, tient lieu de salon, nous admirons le plus beau des panoramas. D'abruptes ravins, aux pentes couvertes d'arbres et de cultures, s'enfoncent au-dessous de nous. Des villages tout blancs, semblables à des amas d'œufs, pullulent de tous côtés. Dans un rayon de dix kilomètres tout au plus, nous en distinguons près de cinquante. Chaque crête en porte trois ou quatre.

Au delà de cet espace si peuplé et si cultivé, se dressent, formant le plus singulier contraste, les pics déserts et incultes du Djurdjura. Toute la chaîne développe son mur de rochers presque verticaux, sur quarante kilomètres de longueur, depuis le village de Boghni, qui se trouve tout au bas de son extrémité Ouest, jusqu'au col de Tirourda, à son extrémité Est. Son altitude moyenne dépasse 2000 mètres. C'est d'abord, vers la droite, au-dessus de Boghni, le pic d'Haïdzer (2123^m), puis, au milieu, le Raz-Timedouine (2305^m), qui constitue presque le point culminant ; enfin, sur la gauche, le Lella Khredidja (2308^m), dont la cime est la plus élevée du Djurdjura (1). Le Lella Khredidja forme une pyramide isolée, en arrière et au sud de la chaîne proprement dite. C'est cette situation qui le rend invisible d'Alger, d'où il est caché par le Raz-Timedouine, le Djurdjura se présentant par le travers Nord. D'Alger, la vue s'arrête sur les rochers du Taletat, dont les dentelures fantastiques se profilent, pour le moment, en face de nous.

Tout cet ensemble de pics et de rochers rappelle les grandes chaînes des Alpes, notamment la chaîne de l'Obiou, telle qu'elle apparaît à la descente de Lus-la-Croix-Haute, sur le chemin de fer de Gap à Grenoble, ou bien encore la chaîne des Aravis vue du Grand-Bornant. Mais si, du Djurdjura, on abaisse les yeux sur le pays qu'il domine, on se trouve complètement désorienté au milieu de ses souvenirs et de ses comparaisons. On éprouve d'abord cette sensation de surprise et d'embarras qui ne manque pas de se produire quand, ayant cru aborder une de ses vieilles connaissances, on reconnaît son erreur. Puis, lorsque, revenu à la réalité, on observe l'harmonieuse opposition de la montagne et de la vallée, toute idée de comparaison avec des paysages connus vient se fondre dans un sentiment de profonde admiration et, saisi par le spectacle, on repousse bien loin tous ses souvenirs, pour se mieux

(1) Le Lella Khredidja n'est pas le sommet le plus élevé de l'Algérie. Cet honneur appartient, de fort peu, il est vrai, à une montagne de l'Aurès, le Chélia, qui mesure 2312 mètres d'altitude.

pénétrer d'un tableau unique au monde, et qui ne peut être mis en parallèle qu'avec lui-même.

Tout entiers à la vue, ce n'est pas sans peine que nous nous y arrachons pour jeter un coup d'œil sur le jardin où M. D... nous fait les honneurs d'œillets de France entretenus à grand'peine. Il y a là aussi une pépinière, dans laquelle on essaye d'acclimater certaines essences, notamment le châtaignier (1), que les Kabyles substitueraient avantageusement au chêne à glands doux dont ils tirent une mauvaise farine. Ces tentatives sont malheureusement entravées par la pénurie d'eau qui empêche de sauver, par un arrosage suffisant, les semis encore trop jeunes pour braver la sécheresse de l'été. Ce manque d'eau, qui ne permet pas de satisfaire complètement même les besoins personnels des habitants, vient de l'emplacement du village qui se trouve presque sur un faîte.

A tout le moins, Aïn-el-Hammam jouit d'un climat salubre. L'hiver y est froid, la neige couvre souvent le sol; mais l'été y est fort tempéré. C'est presque le climat des plateaux de l'Auvergne, avec un peu plus de chaleur durant la belle saison (2).

Pour le moment, nous respirons avec délice l'air frais de la montagne toujours plus vif à la chute du

---

(1) Le châtaignier ne pousse en Algérie à l'état sauvage que dans le massif de l'Edough, aux environs de Bône. (FONCIN, *l'Algérie*, dans *la France coloniale* d'Alfred Rambaud, 1888, p. 77.)

(2) Voir ci-dessus, p. 9.

jour. Le soleil projette ses derniers rayons. Les villages qui, tout à l'heure, brillaient comme autant de points blancs, se cachent bientôt dans l'ombre. Les rochers, dont la teinte naturellement rouge s'enflammait encore des feux d'une lumière éclatante, pâlissent tout à coup. Tout s'éteint, la nuit tombe rapidement (1), et du tableau éblouissant que nous contemplions quelques instants auparavant, il ne reste plus que le Lella Khredidja (Madame la Sorcière, disent les Kabyles), se détachant comme un spectre sur le bleu sombre du ciel.

Le brusque dénoûment du spectacle féerique auquel nous venons d'assister nous rappelle à la réalité des choses. Précipités des hauteurs de l'idéal, nous retombons sous l'empire de la nature, et nous devons songer à dîner. Des feux s'allument de tous côtés, même sur des points où nous étions loin de soupçonner des habitants : ce sont les lumières qui éclairent les salles en plein air où mangent les Kabyles. Nous allons nous restaurer comme eux et, à cet effet, nous nous rendons à l'hôtel des Touristes. M. Grault, qui nous a si bien pris au piège chez l'administrateur, nous conduit et nous tient compagnie pendant le reste de la soirée. Naturellement, nous causons beaucoup de la Kabylie et des Kabyles.

Le grand événement d'Aïn-el-Hammam, c'est encore la visite du ministre de l'instruction publique.

(1) Le crépuscule est beaucoup plus court en Algérie qu'en France, à cause de la proximité de l'équateur.

Venu en Algérie avec la caravane parlementaire qui, dans le courant d'avril dernier, a traversé tout le pays, M. Berthelot n'a pas reculé devant un pénible voyage en Kabylie, afin d'étudier sur les lieux les questions d'enseignement primaire des indigènes. Il a tâché de tout voir en personne, inspectant plusieurs écoles kabyles-françaises, interrogeant les élèves, étonnant un chacun par son activité et ses efforts pour juger par lui-même (1).

Un brillant accueil lui avait été ménagé par l'administration, grandement secondée par les indigènes. Des arcs de triomphe se trouvaient dressés sur le parcours qu'il devait suivre ; deux cents indigènes, montés à mulets, l'attendaient à l'entrée de la commune pour lui former un cortège ; la poudre se faisait entendre de tous côtés. M. Berthelot fut un instant effrayé, croyant que les Kabyles venaient pour l'enlever. Mais en apprenant que tout se faisait en son honneur, il se calma bien vite et se montra enchanté de l'immense affluence de population accourue de tous côtés. M. Berthelot fit une entrée solennelle à Aïn-el-Hammam.

(1) Quelque temps après mon passage à Aïn-el-Hammam, j'ai entendu dire de différents côtés que, malgré son désir de se faire des idées justes en voyant tout par lui-même, M. Berthelot n'en avait pas moins été victime des erreurs auxquelles se trouve fatalement exposé un voyageur officiel, surtout s'il est ministre. Dans une école où l'on avait l'intention d'établir le travail manuel pour les enfants indigènes, il a cru que la boîte d'outils servait à l'instruction des élèves et que les tabourets et les coffres avaient été faits par les jeunes apprentis. Or, la boîte d'outils n'avait pas encore servi et les objets regardés comme l'œuvre des petits Kabyles avaient été achetés chez un marchand d'Alger.

En s'empressant d'organiser une magnifique réception pour le ministre, les Kabyles espéraient, sans doute, faciliter l'accueil des requêtes qu'ils lui ont soumises en grand nombre. « La République est un gouvernement de justice, a toujours répondu M. Berthelot. Je soumettrai vos demandes au Conseil des ministres. Elles seront examinées avec toute l'attention qu'elles méritent. Interprète, traduisez. »

Parmi les suppliques adressées au ministre, il en est une qui fut présentée dans une forme des plus singulières. A un certain endroit du chemin, des galettes, jetées par des indigènes, vinrent s'abattre sur le break ministériel. Faites de son et de paille hachée, elles contenaient de la terre, de la bouse de vache, des ingrédients de diverse nature. Le ministre, presque effrayé, demanda la cause d'une aussi étonnante manifestation. L'interprète lui apprit que les galettes étaient autant d'exemplaires d'un même placet symbolique : les indigènes réclamaient contre l'aggravation de l'impôt, en montrant la nourriture à laquelle ils se trouvaient réduits.

Ces doléances, exprimées d'une façon que n'auraient pas désavouée les sujets du roi Makoko, se trouvaient motivées par une récente augmentation de la *lezma*, c'est-à-dire de l'impôt de capitation qui, en Kabylie (1), pèse sur tous les hommes susceptibles de porter les armes. Jusqu'à l'année présente, la *lezma* avait eu pour

---

(1) Dans le sud de l'Algérie, il existe une autre espèce de *lezma*, à savoir une taxe sur les palmiers.

base la répartition des contribuables en quatre classes d'après leur fortune présumée : une classe, comprenant les plus pauvres, n'était pas imposée ; les trois autres payaient 5, 10 ou 15 francs par tête. Depuis le 1er janvier 1887, il existe, en vertu d'un arrêté du gouverneur général du 9 septembre 1886 (1), deux autres classes qui doivent respectivement 50 et 100 francs. Elles comprennent seulement les gens les plus riches, et par conséquent très peu d'individus (2).

Ceux-ci ont fait entendre de tous côtés des protestations, en associant à leur cause ceux-là mêmes qui ne se trouvaient pas atteints par le nouveau système. La visite du ministre en Kabylie a été l'occasion d'un redoublement de plaintes. Mais les véritables intéressés, parmi lesquels figurent tous les personnages influents, ont dissimulé leur petit nombre derrière le menu peuple qu'ils ont su décider à réclamer à leur place. Comme cela se produit souvent, même ailleurs qu'en Kabylie, une très faible minorité a eu le talent de se faire défendre par une immense majorité complètement désintéressée dans la question. Ce sont des gens appartenant aux classes dont l'imposition n'a pas été modi-

---

(1) Voir cet arrêté, ainsi que le rapport qui en a préparé les termes, dans la *Revue algérienne de législation et de jurisprudence*, 1886, 3e partie, pp. 212 et suiv.

(2) D'après un rapport du secrétaire général du gouvernement, ils sont environ 3.000 sur 85.000 contribuables. (Voir ce rapport dans la *Revue algérienne de législation et de jurisprudence*, 1886, 3e partie, p. 215.)

fiée, et surtout à la classe exempte de capitation, qui ont jeté les galettes.

Rendues célèbres par les journaux, ces galettes ont apitoyé en France certains publicistes, qui se sont immédiatement faits les champions du peuple kabyle (1). Que ces âmes sensibles se rassurent : aucun indigène n'a jamais partagé la nourriture des lombrics et des bousiers. M. Berthelot a eu le tort d'accepter une démonstration insuffisante : il aurait dû exiger qu'en sa présence chaque pétitionnaire avalât son placet.

Les réclamations des Kabyles n'en ont pas moins un certain fondement. La *lezma* est sujette à la critique dans ses principes et surtout dans ses applications.

D'abord, au point de vue théorique, cet impôt ne présente pas une élasticité suffisante. Consistant dans une capitation graduée, il est moins une taxe personnelle qu'un impôt sur le revenu. Or, avec cinq classes seulement de contribuables, dont la moins grevée paye 5 francs par tête et la plus grevée 100 francs, il n'est pas possible d'imposer chacun proportionnellement à son revenu, étant donné surtout qu'il y a un trop grand écart entre les trois catégories les plus frappées et respectivement taxées à 15, 50 et 100 francs.

---

(1) Voir notamment Paul Leroy-Beaulieu, *op. cit.*, p. 211. — L'éminent publiciste propose, comme remède à la situation, « d'accorder des droits électoraux aux indigènes algériens « pour qu'ils puissent faire entendre leurs plaintes dans le Par- « lement. » (Voir plus loin, chapitre II, ce qu'il faut penser de cette idée.)

De plus, la *lezma* ne concernant que les hommes susceptibles de porter les armes, mais les concernant tous, un chef de famille est imposé, non pas, à vrai dire, d'après ses ressources, mais eu égard au nombre de ses enfants mâles. S'il est seul ou s'il n'a que des filles, il ne paye qu'une seule fois. Si, au contraire, il a beaucoup de garçons, il est frappé de plusieurs taxes. Aussi voit-on des pères mettre leurs fils à la porte, pour se décharger.

Telle qu'elle est actuellement perçue en Kabylie, la *lezma* a donc une assiette défectueuse. Le remède consisterait dans la confection d'un cadastre, qui permettrait de donner une meilleure base à l'impôt de capitation, et même de lui substituer un impôt foncier frappant toutes les terres (1). Mais ce serait là une œuvre très difficile, sinon impossible, à cause du morcellement excessif de la propriété. Le sol est subdivisé en une foule innombrable de parcelles et, de plus, celles-ci appartiennent souvent par indivis à plusieurs ayants droit (2). Il faudrait faire les plus grands efforts pour lever des plans fatalement inexacts et déterminer approximativement les redevables.

La seule chose pratique serait de faire faire par les administrateurs une évaluation de la fortune immobilière de chacun, et de percevoir la *lezma* en conséquence.

---

(1) Une loi du 23 décembre 1884 a bien établi une contribution foncière, mais seulement sur les propriétés bâties.
(2) Voir sur le régime de la propriété, ci-dessus, pp. 11 et suiv.

Ce système, encore imparfait sans doute, vaudrait beaucoup mieux que celui présentement appliqué.

A l'heure actuelle, les cotes sont fixées par une espèce particulière de fonctionnaires, les répartiteurs. Ce sont eux qui doivent, conformément à l'arrêté du gouverneur général du 9 septembre 1884, modifiant la base de la capitation (1), former les différentes classes en déterminant les *indigents*, qui sont exempts de contribution, les *individus ayant des ressources médiocres*, auxquels on demande 5 francs, les *individus ayant une fortune moyenne*, qui payent 10 francs, les *individus ayant une réelle aisance*, taxés à 15 francs, les *gens riches*, qui sont tenus de 50 francs, enfin les gens *très riches* imposés à 100 francs. Ce travail est des plus délicats, faute de base certaine. En effet, l'arrêté du gouverneur général n'a pas indiqué ce qu'il fallait entendre par *indigence, ressources médiocres, fortune moyenne, richesse, grande richesse*. C'est donc au fonctionnaire chargé de dresser les rôles à se faire un critérium à cet égard. Mais, ce premier point établi, comment connaître les ressources des divers contribuables ?

Les répartiteurs sont généralement étrangers à la région où ils opèrent. Aussi le parti le plus sage pour eux est-il de s'en rapporter absolument aux renseignements des administrateurs, qui seuls ont quelque idée de la fortune de chaque indigène. S'ils procèdent par

---

(1) *Revue algérienne de législation et de jurisprudence*, 1886, 3ᵉ partie, pp. 212 et suiv.

eux-mêmes, les répartiteurs sont fatalement amenés à juger au hasard, d'après les apparences, par exemple suivant la plus ou moins grande propreté du burnous de l'indigène. Pour cesser d'être inutiles, ils s'exposent à faire de la mauvaise besogne et à commettre des erreurs.

Avec un pareil système, plus d'une injustice a été commise. Certains Kabyles se sont trouvés quatre fois plus imposés que d'autres, les uns se trouvant grevés à concurrence du quart de leur revenu, tandis que les autres l'étaient seulement sur le pied d'un seizième. Beaucoup de réclamations sont donc fondées. Mais on ne saurait dire que la *lezma* constitue, pour l'ensemble des indigènes, un impôt écrasant. La *lezma* est à peu près l'unique contribution payée par les Kabyles (1). Étant donnée la composition des différentes classes, c'était en moyenne, avant l'introduction du nouveau système, une taxe de 10 francs par tête imposée. L'augmentation prévue par le gouvernement général est en chiffres ronds seulement de 150.000 francs à répartir entre 3000 individus, ce qui, pour un total de 85.000

---

(1) Trois autres impôts sont dus par les Kabyles : la contribution foncière sur les propriétés bâties, les prestations et les patentes. Mais leur somme ne constitue qu'une charge légère par rapport à la *lezma* : la contribution foncière ne dépasse pas, en effet, 6 ou 7 francs par individu imposé ; les prestations sont fixées à trois journées de travail par homme et par bête de somme ; quant aux patentes, elles sont en moyenne d'une trentaine de francs par redevable dans le département d'Alger.

contribuables environ, portera à 12 francs la moyenne de l'impôt par redevable (1). Comme les hommes susceptibles de porter les armes se trouvent seuls taxés, la contribution ne dépassera pas 4 francs par habitant (2). C'est en définitive, pour le Kabyle, une charge de beaucoup inférieure à celle supportée par le paysan français qui paye parfois jusqu'au tiers de son revenu.

La plupart des indigènes, dont la capitation a été augmentée par suite du nouveau système de répartition, ne sont guère à plaindre. Ils ont généralement des rentes considérables montant, pour certains, jusqu'à 10 ou 15.000 francs (3) ; quelques-uns même sont millionnaires (4). Exiger d'eux 100 francs d'impôt, est-ce vraiment les écraser sous le faix de « ces surtaxes énormes » dont on a fait un si grand bruit (5) ?

On ne saurait contester qu'il ait été commis des erreurs de répartition. Mais ces erreurs ne constituent que des cas particuliers et ne doivent pas faire con-

---

(1) Voir le rapport du secrétaire général du gouvernement, dans la *Revue algérienne de législation et de jurisprudence*, 1886, 3ᵉ partie, p. 215, note. Voir aussi les procès-verbaux du Conseil supérieur de gouvernement, 1887, pp. 310, 313 et suiv.

(2) Dans la commune mixte de Fort-National, pour 50.732 habitants, la *lezma* s'élevait, en 1886, à 157.453 francs. En 1887, elle monte à 208.020 francs, c'est-à-dire qu'elle a été augmentée de près d'un quart.

(3) Voir le rapport du secrétaire général du gouvernement, dans la *Revue algérienne de législation et de jurisprudence*, 1886, 3ᵉ partie, pp. 215 et suiv.

(4) Voir au commencement du chapitre II un exemple à l'appui de cette assertion.

(5) Voir notamment Paul Leroy-Beaulieu, *op. cit.*, p. 211.

damner le principe de l'augmentation de la *lezma*. Leur nombre a d'ailleurs beaucoup varié de commune à commune, selon le répartiteur et selon l'administrateur. Aussi, en certains endroits, s'est-il produit très peu de réclamations, et encore toutes celles qui se sont produites n'ont-elles pas été reconnues fondées. Tel est le cas à Aïn-el-Hammam. Depuis le passage de M. Berthelot, on a déjà dressé les rôles d'imposition chez les tribus les plus difficiles, sans qu'aucune protestation se soit fait entendre contre le nouveau système (1).

Les Kabyles sont généralement pauvres (2). Mais ils savent vivre presque de rien. Ainsi, par exemple, un ancien tirailleur, avec 250 francs de pension par an, mène une existence de rentier. Tous sont du reste travailleurs et industrieux.

L'agriculture ne pouvant suffire à les nourrir sur un sol naturellement ingrat, un grand nombre émigrent périodiquement, afin de chercher hors de chez eux les

---

(1) Passant de nouveau, en mai 1888, à Aïn el-Hammam, j'y ai appris que le paiement de la *lezma* n'avait, pas plus que l'année précédente, soulevé de difficultés. — A Mékla, par contre, les réclamations, qui avaient été seulement au nombre de 30 en 1887, se sont, en 1888, élevées au chiffre de 2.000. N'y aurait-il pas eu là quelque coup monté par les indigènes de la localité ?
(2) Le voisinage des colons, en assurant du travail aux indigènes, a ordinairement accru leurs moyens d'existence et leur bien-être. Une personne, dirigeant depuis plus de vingt ans une grande exploitation en Kabylie, m'a dit avoir vu s'enrichir tous les habitants des alentours.

ressources nécessaires pour vivre. Les uns se livrent au métier de colporteur (1) ; les autres vont, au printemps, louer leurs bras aux colons, auxquels ils procurent une main-d'œuvre à bon marché (2). Comme les montagnards de toutes les régions, ils rentrent chaque année dans leur pays, pour lequel ils ont un véritable culte. Leurs bénéfices servent à acquérir quelque morceau de terrain, car ils aiment passionnément la propriété foncière.

Les grandes fortunes sont moins rares qu'on ne le croirait, à en juger par le dehors misérable de tous les indigènes. Elles ont généralement commencé par le commerce et l'économie, mais elles s'accroissent par l'usure, le prêt à la petite semaine d'un marché à l'autre étant l'une des plaies de la Kabylie. Les prêteurs arrivent ainsi à placer leur argent à un taux qui oscille entre 33 et 80 % par an (3).

---

(1) Dans la commune mixte du Djurdjura, les habitants font surtout du colportage, tandis que dans celle d'Azeffoun ils vont gagner leur vie en cultivant la terre chez les colons.

(2) Un travailleur kabyle se paye de 30 à 40 sous par jour.

(3) Pour apprécier les ressources des Kabyles, on peut consulter deux monographies, éditées par la Société d'économie sociale dans son recueil des *Ouvriers des Deux-Mondes*. La première, parue en 1885, est l'œuvre de M. Darasse et a pour objet une famille de *paysans en communauté et colporteurs émigrants de Tabou-Douched-el-Baur*. La seconde, publiée en 1888, a pour auteur M. Auguste Geoffroy, et concerne un *bordier berbère* de la tribu des Beni-Yaïssi.

J'ignore de quelle façon a été faite la dernière de ces deux monographies et, par conséquent, je ne puis apprécier sa

Riches et pauvres mènent à peu près le même genre de vie. Aussi pouilleux les uns que les autres, tous ont un extérieur des plus sordides, et portent les mêmes vêtements sales et déguenillés. Le millionnaire est en haillons. C'est l'égalité dans un dénuement réel ou affecté. La différence entre le mendiant et l'individu aisé ne s'accuse que dans l'intérieur de la maison et seulement par la qualité de la nourriture.

Comment expliquer cette singulière identité d'apparence entre la misère et la fortune ? — On peut en trouver une cause dans les sentiments démocratiques qui ont toujours fait loi en Kabylie (1) et obligé la richesse à se cacher sous les dehors de la pauvreté. Mais une raison plus profonde a empêché une distinction de s'établir entre une classe pauvre et une classe aisée : c'est la complète ressemblance de tous les indigènes sous le rapport de l'éducation et de l'instruction. Tous ont des habitudes identiques et sont plongés dans l'ignorance la plus absolue. Aucun, par conséquent, ne dépasse ses concitoyens en science. Les idées égali-

valeur. Mais, quant à la première, elle renferme un certain nombre d'inexactitudes. Son auteur n'a pas étudié sur les lieux la famille qu'il décrit ; il s'est contenté de renseignements recueillis à la dérobée auprès de l'un des membres de la famille, marchand d'objets indigènes à Alger. C'est du moins ce que celui-ci m'a appris, lorsqu'à son grand étonnement je lui ai montré la brochure dont il ignorait avoir été l'objet. Il m'a dit n'être pas marié, alors qu'on lui attribuait une femme ; il a surtout protesté contre le prix infime de son pantalon coté 4 francs, alors que le mètre d'étoffe lui coûterait 28 francs.

(1) Voir ci-après, chapitre II, quelques détails sur la démocratie en Kabylie.

taires des Kabyles se trouvent ainsi répondre, dans une certaine mesure, à la réalité des choses (1).

L'abaissement du riche au niveau du pauvre est encore dû, pour une partie, à la crainte de l'autorité française. Le riche, redoutant des vexations de la part du gouvernement, ou des comptes à lui rendre, cherche un abri sous un appareil misérable. L'homme influent se perd au milieu de la foule, parce que, désormais, il ne lui est possible de la diriger qu'à la condition de ne pas laisser paraître son empire.

La misère n'emporte pas chez les Kabyles les conséquences qu'elle produit presque fatalement chez les peuples civilisés. En France, le pauvre n'est que trop souvent grossier et abruti. Il n'en est pas de même en Kabylie, pas plus, d'ailleurs, que dans le reste de l'Algérie. Le dernier des mendiants a naturellement une distinction de maintien, une élégance de manières, une fierté d'attitude, qui lui donne la tournure de l'homme

---

(1) Quoique pétris d'idées aristocratiques, les Arabes pratiquent, à certains égards, l'égalité. En effet, de même que les Kabyles, ils sont tous, quelle que soit leur condition sociale, égaux en ignorance. D'autre part, comme ils ont le culte de la hiérarchie, le grand chef peut, sans craindre de voir son rang méconnu, négliger les signes distinctifs et se montrer d'un abord facile pour ses inférieurs. Voilà pourquoi il porte le même costume qu'un homme du commun et ne s'en distingue guère que par le nombre plus considérable de ses burnous. Voilà aussi pourquoi il ne répugne nullement à user avec tout le monde d'une familiarité qui paraîtrait intolérable au moindre parvenu de ces grandes démocraties européennes ou américaines, au milieu desquelles on doit acheter son rang par la distance imposée à ses subalternes.

bien élevé et du grand seigneur. La plupart des indigènes ont de ces accoutrements qui déshonoreraient le dernier des Européens ; aucun cependant ne semble ni ridicule, ni repoussant. Si presque tous paraissent affreusement misérables, pas un seul n'a l'air voyou.

La dignité extérieure qu'affichent les Kabyles se trouve en singulière contradiction avec l'idée qu'ils se font du pouvoir. Pour eux, comme pour tous les musulmans, le pouvoir c'est la force matérielle se manifestant dans toute sa brutalité ; quelques têtes coupées sont indispensables pour le révéler et l'asseoir. Mais s'ils adorent la force brutale, ce n'est pas en elle-même ; ils lui rendent un culte bien moins bas que ses fidèles d'Europe : la force est le signe d'une mission dévolue par Dieu, et c'est accomplir un devoir religieux que de se soumettre au plus fort (1).

(1) Voici, entre mille, un exemple mettant en lumière cette conception ; je le tiens d'une personne qui a longtemps habité le pays. Quelque temps avant la conquête définitive de toute la Kabylie, un officier supérieur, Beauprêtre, qui devait plus tard être assassiné pendant l'insurrection du sud Oranais de 1864, apprit par ses émissaires qu'un complot avait été ourdi chez les tribus kabyles encore insoumises ; elles comptaient s'emparer du bordj de Tizi-Ouzou à la faveur de la réunion du marché. Beauprêtre avait depuis longtemps noué des relations avec les chefs indépendants ; il pria trois d'entre eux, organisateurs du complot, de venir conférer avec lui la veille du jour fixé pour la mise à exécution de leurs projets. Ceux-ci, ne se croyant pas découverts, accoururent sans défiance ; ils furent immédiatement décapités. Le lendemain, les Kabyles, en arrivant sur la place du marché, y aperçurent les trois têtes fixées chacune au bout d'une perche. Le bordj de Tizi-Ouzou, hors d'état de se défendre par lui-même, se trouva ainsi sauvé. Vaincus par les signes non équivoques d'une justice expéditive

Cela n'empêche pas les Kabyles d'estimer beaucoup la justice ; mais ils ne la comprennent que sévère, pour ne pas dire terrible. Jamais ils ne protestent contre une répression méritée, si cruelle soit-elle. La clémence n'est considérée par eux que comme l'aveu d'une injustice commise et, à tout le moins, comme un signe de faiblesse (1). Juste, mais impitoyable, telle est, en Kabylie, comme dans le reste de l'Algérie, la règle de conduite que doit suivre inflexiblement l'autorité (2).

Partisans d'un pouvoir fort, visible et concret, les Kabyles n'entendent pas grand'chose aux abstractions gouvernementales. La souveraineté nationale, la représentation du peuple, la responsabilité ministérielle, leur paraissent des mots vides de sens. La notion de République particulièrement ne peut entrer dans leurs têtes. Les plus intelligents, ceux qui fréquentent depuis longtemps les Français, les cavaliers d'administration comme les simples indigènes, s'obstinent à ne pas

---

et d'une force sûre d'elle-même, les indigènes n'osèrent pas tenter l'attaque à laquelle leur grand nombre aurait infailliblement assuré le succès. Ils portèrent aux nues le nom de Beauprêtre, si bien qu'aucun Français n'a encore joui, dans tout le pays, d'un plus grand prestige. Seul l'amiral de Gueydon s'en est acquis un identique pour sa juste sévérité dans la punition des insurgés de 1871. (Voir pp. 19 et suiv.) Beauprêtre et Gueydon sont encore, aujourd'hui, pour les Kabyles, les deux plus grands chefs des Français.

(1) Voir, sur le droit de grâce et ses inconvénients, le chapitre II.

(2) Voir, dans RABOURDIN, *Algérie et Sahara*, 1882, pp. 7 et suiv., deux exemples prouvant l'efficacité des exécutions capitales et les dangers du pardon à l'égard des musulmans.

comprendre les explications qu'on leur donne à ce sujet. Le buste placé dans les chambres d'honneur a été baptisé par eux du nom irrévérencieux de *Madame Poublique*. Quand on leur répète que c'est la personnification du peuple souverain, ils se mettent à sourire avec des gestes de dénégation, ou bien font des réponses analogues à celle par laquelle un cavalier d'administration remerciait M. Grault pour tout un cours de droit constitutionnel : « Toi, obéir à une femme! Maboul, les Français! Ah maboul! (1) »

S'ils croient moins que rien à la République, en revanche, ils croient fortement au *Beylik*, qu'à son tour l'intelligence française se refuse à concevoir. Le *Beylik*, c'est une sorte d'être masculin, en qui s'incarne la puissance divine sur la terre. Cet être reste invisible, mais il a droit au respect dans ses œuvres et à l'obéissance dans ses représentants. La croyance au *Beylik* pallie le défaut de prestige, qui aujourd'hui déprécie, aux yeux des indigènes, le gouvernement français. Comme autrefois à Rome le dieu Terme assurait le respect des limites entre voisins, elle garantit la conservation des travaux publics ; elle ménage aussi aux fonctionnaires une certaine influence. C'est par suite d'une

(1) Une des principales critiques adressées par les indigènes au gouvernement français, c'est qu'il se montre *moukère besef* (beaucoup femme). Donnent-ils par là à entendre que la France manque de virilité, parce qu'elle abdique son pouvoir au profit de *Madame Poublique* ? Ou bien plutôt ne blâment-ils pas simplement la faiblesse dont elle fait preuve à leur égard ?

crainte superstitieuse que les Kabyles se gardent de dégrader les routes établies par l'administration. C'est la route du *Beylik*, disent-ils, n'y touchons pas (1). Quant à l'administrateur, au préfet, au gouverneur de l'Algérie, au ministre même, ce n'est pas sans doute le *Beylik*, mais ce sont des émanations du *Beylik*, et à ce titre ils méritent obéissance.

Seulement, ces représentants du pouvoir suprême doivent, comme marques de leur mission, exhiber de brillants uniformes. A l'annonce de l'arrivée du ministre, les indigènes s'attendaient à voir un brillant cavalier, tout chamaré d'or. M. Berthelot s'est présenté en costume de voyage, paletot-sac et chapeau mou. Malgré tout ce qu'on pouvait leur dire, les gens se refusaient obstinément à le prendre pour le ministre, et remettaient leurs pétitions, comme par une sorte d'instinct irrésistible, au préfet qui, assis sur le siège de la voiture ministérielle, portait des galons à sa tunique et à son képi.

Si jusqu'à présent les Kabyles sont demeurés réfractaires à la civilisation, si leurs cervelles sont absolu-

---

(1) Les Kabyles n'apprécient qu'à moitié les routes à voitures construites par les ponts et chaussées. Coûteusement établies, avec largeur réglementaire, pentes uniformes et longs lacets, dans un pays où les habitants n'emploient pour les transports que des mulets ou des bourricots, elles sont en maints endroits abandonnées pour les anciens sentiers qui se trouvent tout aussi praticables pour des bêtes de somme et beaucoup plus directs. Si l'on veut tracer des chemins à l'usage des indigènes, il faut donc se contenter de simples pistes muletières.

ment impénétrables à toutes les idées modernes, n'en faudrait-il pas chercher la cause dans la solidité de leurs crânes ? En tous cas, l'anecdote suivante atteste une incroyable résistance aux blessures.

Il y a quelques mois, on vient prévenir l'administrateur d'Aïn-el-Hammam qu'une rixe terrible ensanglante un village voisin, Taourirt-en-Tidits. Deux frères se sont pris de querelle pour cinq ou six glands, tombés du chêne de l'un dans le champ de l'autre, et en sont venus aux mains. Appartenant à deux clans ennemis, ils ont été soutenus chacun par les gens de leur faction ; tous les habitants, divisés en deux camps, se livrent entre eux une bataille rangée. A cette nouvelle, M. Grault part au galop, accompagné d'un cavalier d'administration. A la seule annonce de son approche la lutte cesse, tout rentre dans l'ordre comme par enchantement et, quand il arrive au village, les combattants valides ont fui, les blessés se sont cachés, mais à terre gisent trois ou quatre mourants. M. Grault envoie, en toute hâte, chercher le plus proche médecin, c'est-à-dire le major de la garnison de Fort-National. Le docteur arrive bientôt ; il examine les plaies et les déclare mortelles. Un homme, labouré à coups de couteau, sème ses intestins qui sortent de l'abdomen perforé. Une femme a le crâne ouvert et la matière cérébrale à nu. Après avoir, par acquit de conscience, fait panser les divers moribonds, l'administrateur se retire. Cinq jours après, le médecin était stupéfait d'apercevoir sa mourante de Taourirt en pleine santé au marché de Fort-National : elle s'était guérie en s'enduisant la tête avec du crottin de chèvre ; une compresse de cet onguent marquait seule la blessure. Tous les autres mourants se sont également rétablis (1).

Ces faits surprenants nous donnent à envier la vigueur physique des Kabyles, que nos tempéraments français ne permettent pas d'égaler. Heureusement qu'il ne s'agit pas pour nous de braver les coups, mais simplement d'escalader un des sommets du Djurdjura. Lorsqu'à Alger nous préparions notre voyage en Kabylie, nous avions songé au pic culminant, le Lella Khredidja. Mais M. Grault, qui l'a récemment gravi, nous dissuade de notre projet. D'abord l'ascension demande, en partant d'Aïn-el-Hammam, deux journées très fatigantes. De plus, à cause de la brume qui, en été, s'élève habituellement dès que paraît le soleil, nous devrions, pour voir quelque chose, être arrivés à l'aurore. Enfin la vue que l'on a du Lella Khredidja pèche, à l'égal des vues des points culminants, notamment du Mont-Blanc, en ce que tous les accidents de terrain,

---

(1) Les exemples de vitalité extraordinaire sont tellement fréquents chez les Kabyles, que j'ai seulement l'embarras du choix pour en rapporter quelques-uns. L'adjoint de Mékla m'a dit avoir vu guérir nombre d'indigènes ayant eu les intestins coupés en morceaux. — Tout dernièrement on m'a rapporté le cas suivant. Un Kabyle avait la poitrine ouverte d'un coup de couteau : un des poumons pendait par la blessure. Le *thébib* (médecin indigène) lui coupa le morceau qui sortait et referma dans la poitrine le reste du poumon. Le malade est aujourd'hui en parfaite santé.

s'étalant sous les yeux, forment comme une plaine confuse. Au contraire, l'Azerou-n'Tohor, sommet moins élevé que le Lella Khredidja, réunit le double avantage d'être beaucoup plus facile, et de jouir d'une vue bien préférable. Aussi, après avoir tenu conseil, décidons-nous que demain nous donnerons l'assaut à l'Azerou-n'Tohor. La mise en marche est fixée à quatre heures et demie du matin.

En attendant, nous regagnons nos chambres. Nous nous couchons la tête pleine de visions kabyles. Mais la fatigue nous a bien vite fermé les yeux, et d'excellents lits nous épargnent les cauchemars que nous vaudraient le marché de Fort-National, les galettes-suppliques et les crânes de Taourirt.

CHAPITRE II

ASCENSION DE L'AZEROU-N'TOHOR. VILLAGE DE TIFERDOUL. — MOEURS ET COUTUMES DES KABYLES ; GUERRES CIVILES. ASSIMILATION.

Mercredi 22 juin. — Le matin. A mulet ; en route pour l'Azerou-n'Tohor. — Un cavalier d'administration. — Sangliers et panthères. Femme voilée. — Le chemin, la Maison Cantonnière, le refuge. — Tirourda et Taklelidjt-n'Aït-Atchou. — Col de Tirourda ; nombre des passants, les troupeaux. — Panorama du col de Tirourda. — Le déjeuner. Les *Roumis*. — La télégraphie kabyle ; perquisitions impossibles. — Le ramadan et la lune. — Le sommet de l'Azerou-n'Tohor. — Panorama ; altitude ; les cartes. — Le sorbet, la chute des corps.
Village de Tiferdoul. — La *djemâa* et le self-government. — La *kharouba* (famille), le *thaddert* (village), le *douar* (tribu, *gens*). Le *tamen*, l'*amin* et l'*oukil*, l'*amin-el-oumena* (caïd). — Embarras de l'administration française ; les *çofs*. — La race berbère. — La mosquée. — Porteuses d'eau. — Costume des femmes kabyles ; leurs ornements suivant le sexe de leurs enfants ; leurs tatouages. — Les femmes à la fontaine, les jeunes filles. — Un marabout. Maisons kabyles. Les croix grecques ; les Kabyles ont-ils été chrétiens ? — La propreté des maisons et des gens. Costume. — Métier à tisser. Maîtresses et servantes. Le couscous. L'amin de Tiferdoul. Retour à Aïn-el-Hammam. — Bijoux kabyles.

Guerres entre villages, assassinats. — Crainte inspirée par les Français. Les juifs. La *vendetta*. — La *rek'ba*, la peine du talion. — Assassins de profession. — Répression illusoire des crimes. La peine de mort, la décollation, le droit de grâce. — Solidarité entre Kabyles. Responsabilité collective. — Arrestations collectives. — Obéissance fataliste. — Peines de l'indigénat. — Arrestation verbale, la *Carta*. — Emprisonnement fictif. Prestige de l'autorité basé sur la force. — Assimilation. Les Kabyles restent nos ennemis, surtout les tirailleurs indigènes. — Singulier essai d'assimilation. — Système électoral. — Les communes de plein exercice. — Caisse syndicale des *ihadderts*. — Le chapeau haut de forme; conseils de cuisine; la Marseillaise et l'eau de Lubin. — L'essai échoue. — Ce qu'il faut penser de la naturalisation en bloc des habitants et de la fidélité des troupes indigènes. — Les indigènes au Tonkin ; les indigènes musulmans haïssent la France. — De leur naturalisation ; la religion. — Les Kabyles sont plus rapprochés des Européens que les Arabes. — Les orphelins du cardinal Lavigerie.

Mercredi 22 juin.

Les premières lueurs de l'aube me réveillent. J'ouvre bien vite ma fenêtre, pour assister au lever du jour et respirer la fraîcheur du matin. L'air embaumé est d'une légèreté exquise qu'Alger ne connaît pas, surtout en été. Le Djurdjura semble sommeiller encore sous un voile gris; des taches laiteuses, semées à profusion sur les plis inférieurs de ce voile, marquent les nombreux villages répandus au pied de la montagne. Bientôt le géant sort de son assoupissement. La tête du *Lella Khredidja* resplendit sous les rayons du soleil; les rochers revêtent une teinte rose ; les nébuleuses blanchâtres, qui indiquaient les villages, se résolvent en groupes de maisons, surmontés chacun d'un minaret ; il fait grand jour. C'est le moment de nous mettre en route pour l'Azerou-n'Tohor.

Nous nous installons sur des mulets, et à cinq heures nous partons. Ainsi débute la connaissance que nous allons faire avec la monture kabyle qui, quatre jours durant, doit secouer nos personnes à travers tout le pays.

Notre caravane compte cinq personnes. C'est d'abord M. Grault, en tenue d'administrateur, qui marche en tête. Nous venons ensuite, Mme Robert, M. Robert et moi. La marche est close par Mohammed Arab, cavalier d'administration.

Mohammed Arab porte le burnous bleu réglementaire à liserés jaunes et devant rouge. Il est monté sur une splendide mule dont il est le propriétaire. C'est, nous dit M. Grault, un homme très riche, puisqu'il a entre 25 et 30.000 livres de rente.

Comment, avec une fortune pareille, consent-il à être simple cavalier d'administration ? Un cavalier d'administration, quand il est de 1re classe, touche 75 francs par mois. Ses fonctions, absolument subalternes, en font une sorte de domestique de l'administrateur. Quelles raisons peuvent bien déterminer un quasi-millionnaire à se montrer satisfait d'une telle situation ? — Qu'on l'explique comme on voudra, il est absolument certain qu'un emploi de cavalier d'administration est l'objet de toutes les convoitises. Les avantages pécuniaires qui en résultent, la considération qui s'y attache, le pouvoir légal ou usurpé qui en découle lui donnent le plus grand prix. D'abord un traitement de 75 francs par mois constitue un profit suffisant pour tenter l'avarice de tout Kabyle, si riche soit il (1). De plus, certains gains, d'une honnêteté douteuse mais d'un montant considérable, deviennent le salaire de la connivence ou de la protection octroyée aux administrés. Enfin le burnous de cavalier d'administration rehausse le porteur aux yeux de ses concitoyens, et l'élève au rang de puissant personnage dans toute sa tribu.

Nous nous dirigeons vers le col de Tirourda, par lequel on se rend d'Aïn-el-Hammam à Maillot, dans la vallée de l'Oued Sahel. La route est horizontale jusqu'au pied même du Djurdjura, à la Maison Cantonnière, où se termine la portion vraiment carrossable. Nous mettons une heure et demie pour franchir les neuf kilomètres qui nous séparent de ce point. Nous passons près de plusieurs villages, notamment de Tiferdoul, que nous visiterons ce soir. Nous admirons de jolis arbres, frênes, chênes verts et noyers. Certains endroits, couverts de fougères, rappellent les landes d'Auvergne.

M. Grault nous montre d'épaisses broussailles sur la gauche, au delà d'un ravin : c'est un repaire de san-

---

(1) L'intérêt constitue le mobile déterminant pour le Kabyle ; c'est un positiviste.

gliers. Ces animaux abondent dans différentes localités de la Kabylie. On trouve aussi quelques panthères (1). A en juger par le trait suivant, elles présentent un singulier mélange de férocité et de couardise. Il y a quelque temps, M. D., l'administrateur d'Aïn-el-Hammam, en blessa une. La panthère, rendue furieuse, sauta sur un domestique indigène qui suivait la chasse avec un chef kabyle, et se mit à lui labourer les épaules à coups de griffes et de dents. Le maître vola au secours de son serviteur. Abandonnant alors sa victime, l'animal bondit sur le nouvel agresseur, et saisit à pleine gueule l'extrémité de son fusil. Le chef kabyle pressa la détente; mais l'arme, chargée depuis deux ans au moins, rata. Stupéfaite, la panthère lâcha le fusil et prit la fuite.

Nous ne rencontrons aucune panthère, et nous ne le regrettons guère, toute bête n'étant pas aussi accommodante que celle dont je viens de rapporter l'histoire. En revanche, nous croisons une femme voilée, accompagnée d'un homme qui nous semble être son mari.

Quoique beaucoup plus libre que la femme arabe, la Kabyle mariée ne sort cependant qu'avec son mari

---

(1) C'est surtout du côté d'Azazga, dans les immenses forêts de l'Akfadou, que l'on rencontre encore des panthères. On en tue, dans cette région, 4 ou 5 par an. Les panthères peuvent faire un chemin énorme en quelques heures. Aussi en trouve-t-on souvent fort loin de leurs centres habituels. Au mois de mai 1888, un Kabyle a été à moitié dévoré par l'une d'elles aux environs de Tamazirt où l'on n'en avait pas vu depuis plus de vingt ans.

ou une suivante, quand elle est d'une certaine condition. D'ailleurs, plus elle est riche, moins elle paraît en public. Les femmes qui circulent seules ne sont ordinairement que des veuves, des servantes ou des pauvres. Ces habitudes rappellent les mœurs françaises, qui obligent les jeunes filles d'un milieu tant soit peu relevé à ne jamais sortir qu'accompagnées de leur mère ou d'une domestique.

La femme que nous rencontrons est la première que nous voyons voilée en Kabylie. En effet, les femmes kabyles, à la différence des femmes arabes, ont toujours le visage découvert. Cependant les grands chefs et les marabouts (1) exigent que leurs femmes se cachent aux regards du public. Cette coutume commence même, en certains endroits (2), notamment aux environs de Palestro, à se répandre chez le peuple. La faute en est, soit aux Européens dont les procédés inquiètent les maris indigènes (3), soit à l'administration française qui, après

(1) Voir plus loin, au commencement du chapitre III, quelques détails sur les marabouts kabyles.

(2) Bien qu'ayant un même fond de race, de langue, d'institutions, de coutumes et de religion, les Kabyles présentent cependant entre eux, dans certains endroits, de sensibles différences. Elles tiennent vraisemblablement à la présence d'éléments étrangers au milieu de la vieille population autochthone (voir plus loin, au commencement du chapitre III), ainsi qu'à l'autonomie presque absolue dont jouissait chaque village avant la conquête par la France. (Voir ci-après, même chapitre II.)

(3) « Nos femmes sont devenues moins bonnes au contact de la civilisation européenne et au voisinage des Arabes, » me disait, il y a quelque temps, un Kabyle. — Voir plus loin, chapitre IV, quelques détails sur l'arabisation des Kabyles par

la conquête, a propagé le système de la séquestration des femmes, en introduisant les pures doctrines arabes (1).

Nous marchons à l'abri du soleil que cache encore le Djurdjura. Mais l'ombre diminue rapidement derrière nos pas, à mesure que nous nous rapprochons de la chaîne. La lumière, se déversant à flots par dessus la crête, vient à chaque instant éclairer des villages demeurés cachés jusqu'alors, et mettre en relief tous les accidents de la montagne. Celle-ci rappelle les Pyrénées. Voici, en effet, une rampe de rochers, coupée par une sorte de gave, et supportant un cirque tapissé de prairies : c'est un paysage des environs de Cauterets.

Nous sommes à la Maison Cantonnière. Ici se soude au Djurdjura la ligne de hauteurs par laquelle, sans traverser aucun ravin, nous nous sommes élevés hier depuis Sikh-ou-Meddour, sur les bords de l'Oued Aïssi, jusqu'à Fort-National et à Aïn-el-Hammam. C'est elle que nous avons encore suivie ce matin. Après avoir circulé sur un versant qui descend à l'Oued Djemâa, affluent de l'Oued Aïssi, nous débouchons maintenant dans la vallée de l'Oued El-Hallel, branche mère du Sébaou. Sept kilomètres de montée nous séparent encore du col de Tirourda.

les soins de l'administration française, spécialement de l'administration militaire, remplacée aujourd'hui par l'administration civile.

(1) Voir plus loin, chapitre IV.

4.

Un peu en dessous de la route est bâti une espèce de réduit voûté : c'est un refuge contre les tourmentes de neige. Un refuge contre la neige ! L'Algérie a-t-elle donc son Saint-Bernard ? En tout cas, elle possède un passage de grande montagne. La route est suspendue sur le flanc d'une paroi presque verticale. Deux tunnels ont été percés. Il n'y a plus, à vrai dire, qu'un simple chemin muletier. Quoique tracé à pente carrossable, ce chemin ne comporte guère le passage des voitures à cause de sa faible largeur. M. Berthelot y a néanmoins fait passer un break en avril dernier. Mais il a dû, tout le temps, aller à pied. Quant au cocher, il s'est cru vingt fois perdu et a juré de ne jamais recommencer une si folle traversée. La voie est tellement étroite, que les roues frôlaient constamment le vide. De plus, la neige amoncelée, dans laquelle des indigènes réquisitionnés avaient dû, en certains endroits, creuser de véritables tranchées, augmentait encore les difficultés du trajet.

Avec des mulets et pendant la belle saison on ne court aucun danger. Le chemin ne côtoie un précipice que pendant un kilomètre environ. Au delà des tunnels, il s'élève simplement le long d'une pente fort raide. Nous montons d'abord au milieu de genêts d'Espagne, dont les fleurs jaunes nous enivrent de leur odeur pénétrante, puis à travers des touffes de diss auxquelles succèdent des graminées diverses. A notre gauche, de l'autre côté de la vallée, se dresse l'Azerou-n'Tohor, but de notre ascension. Son pic, qui nous domine de plusieurs centaines de mètres, semble inaccessible. C'est une sorte de Cervin, pointillé de cèdres et couronné par les murs blancs de deux petits marabouts (1). Bien au bas coule le torrent qui nous apparaît comme un mince filet d'argent, et dont le bruit alpestre monte jusqu'à nous.

Ce torrent sépare deux villages : l'un, le plus proche, Tirourda, qui a donné son nom au col ; l'autre, au pied de l'Azerou-n'Tohor, s'appelle Taklelidjt-n'Aït-Atchou. Je m'en fais plusieurs fois répéter le nom et, pour le graver dans ma mémoire, je me pénètre du mot final qui indique, sans doute, des habitants fréquemment enrhumés du cerveau. Ce n'est pas, d'ailleurs, la seule dénomination amusante à relever en Kabylie. Les associations en quête d'appellations burlesques peuvent s'affilier aux Beni-Ouasif, dont la tribu coule d'heureux jours au pied du Djurdjura, en face d'Aïn-el-Hammam (2).

(1) On entend par *marabouts*, non seulement les individus faisant profession de sainteté ou appartenant à une caste religieuse (voir pour les marabouts kabyles le commencement du chapitre III), mais encore les monuments élevés sur la tombe des saints musulmans.

(2) Je profite de l'occasion pour rapprocher deux tribus découvertes par les zouaves, en dehors, il est vrai, du pays kabyle, les *Beni Pach'Ouett* de la Kasba d'Alger, et les *Alouettes-Naïves* (Ouled-Naïl) de Djelfa. J'indique, d'autre part, aux littérateurs naturalistes, une tribu des environs de Bône, les *Beni-Merdès*. Enfin, je signale les *Beni Oui-Oui*, membres des commissions municipales qui, dans chaque commune mixte, sont souverainement dirigées par l'administrateur.

Le chemin est aujourd'hui désert. Nous ne rencontrons qu'un seul indigène avec deux bourricots; et cependant, durant l'été, il passe par jour en moyenne deux mille personnes. Ce chiffre, qui nous est affirmé par M. Grault et que j'ai moi-même vérifié l'année dernière, en faisant la traversée vers la même époque, témoigne de l'humeur voyageuse des Kabyles (1). L'absence actuelle de mouvement s'explique par la fin du ramadan, tout le monde restant chez soi pour fêter la cessation du jeûne.

Nous touchons enfin au sommet. Élevé de 1760 mètres, le col de Tirourda marque, à l'Est, l'extrémité du Djurdjura proprement dit. La chaîne va s'abaissant ensuite par degrés jusqu'à Bougie. Le col ne présente aucun défilé. C'est simplement un endroit où, franchissant une étroite ligne de faîte, on passe immédiatement du versant Nord au versant Sud. De part et d'autre s'étendent de magnifiques pâturages, semblables à ceux des Alpes et des Pyrénées, et animés comme eux par la vie pastorale. Des troupeaux de moutons, de chèvres et de bœufs paissent une herbe fine et parfumée. Quant aux bergers, drapés dans leurs burnous, ils dépassent de beaucoup en pittoresque les Provençaux au manteau de bure et les Pyrénéens au béret bleu.

A huit heures et demie, nous sommes sur le col même.

(1) Voir ci-dessus, p. 43, ce qui concerne les habitudes voyageuses des Kabyles.

Par une chance assez rare en cette saison, aucune brume ne nous cache l'immense panorama qui se développe devant nos yeux, depuis le Dira, au sud d'Aumale, jusqu'aux Babors, entre Sétif et la mer. A nos pieds s'étend la vallée de l'Oued Sahel. Avec son sol rouge et ses bois d'oliviers, elle ressemble à un gigantesque bassin de terre cuite, parsemé d'ornements verts. Au delà, nous voyons plusieurs chaînes parallèles dont les premières sont couvertes de forêts. Nous apercevons, à travers une échancrure, quelques montagnes bleuâtres dans la direction de l'oasis de Bou-Saâda. A gauche, ce sont les Portes-de-Fer, dont les rochers paraissent plissés au laminoir, les montagnes des Bibans, masses jaunes, à peine pointillées par des bouquets de pins ou de thuyas, les Hauts-Plateaux, du côté de Bordj-bou-Aréridj; puis viennent les crêtes dentelées des Beni-Aydel, en face d'Akbou. Enfin, à l'Est s'élève la chaîne des Babors, presque aussi haute que celle du Djurdjura (1). Se présentant de profil, elle nous apparaît comme un énorme massif surmonté de nombreux pics.

Nous faisons une halte de quelques instants pour admirer le coup d'œil qui s'offre à nous. Mais comme nous allons suivre la ligne de faîte vers l'Est, et que, par conséquent, nous ne cesserons pas d'avoir la vue, nous nous remettons bientôt en marche. Au bout d'une

---

(1) La chaîne des Babors atteint 2.000 mètres d'altitude.

heure de simple promenade à travers les prairies, nous arrivons au pied de l'Azerou-n'Tohor.

Nous pourrions, en dix minutes, gravir son piton escarpé ; nous préférons n'en faire l'ascension qu'après avoir déjeuné. Nous nous arrêtons donc à l'ombre de deux cèdres, qui entre-croisent au-dessus de nos têtes leurs branches tourmentées, souvent battues par l'orage. Une délicieuse senteur de résine parfumée embaume notre campement. La chaleur se trouve tempérée par un air vif. Il paraît qu'à la hauteur où nous sommes on ne se trouve pas toujours aussi bien partagé ; le vent souffle fréquemment en tempête, au point de rendre tout séjour impossible ; et quant à la température, elle est parfois très basse, même en été, puisque, la semaine précédente, M. Grault avait eu excessivement froid, et que, quelques jours après notre passage, un de mes amis, M. B... B... grelottait comme en hiver. Je me rappelle, d'ailleurs, avoir, l'année dernière, à pareille époque, aperçu une grande flaque de neige au-dessous de l'endroit où nous nous trouvons.

Aujourd'hui, la température est parfaite, et nous pouvons nous installer sans arrière-pensée. Les mulets sont confiés à un petit berger, et lâchés dans une herbe épaisse qu'ils se mettent immédiatement à tondre. Le cavalier d'administration qui nous accompagne, Mohammed Arab, nous procure une eau glacée. Les provisions sont déballées. Chacun se prépare un siège sur une pierre plate ou sur les énormes racines des cèdres qui nous ombragent. Nous nous mettons à table.

L'appétit ne nous empêche ni d'admirer le paysage, ni d'observer quelques petits pâtres qui nous entourent et nous épient. Depuis longtemps déjà, l'approche d'un administrateur, accompagné de trois Roumis (1) dont une dame, a été annoncée sur la montagne. Les bergers, beaucoup plus par défiance que par curiosité, ont pris leurs mesures pour découvrir les intentions d'une caravane aussi bizarrement composée. Des sentinelles se trouvent échelonnées de sommets en sommets, afin de surveiller nos faits et gestes et d'en communiquer au loin des nouvelles. Chacun de nos moindres mouvements a été immédiatement signalé dans tous les pâturages. Maintenant que nous voici arrêtés pour déjeuner, nous sommes plus que jamais l'objet d'un espionnage constant, dont les premiers agents sont assis en cercle autour de nous, ou couchés à quelques pas dans des bouquets de cèdres. Tous les renseignements recueillis par eux sont aussitôt télégraphiés, grâce à un système des plus curieux. Nous entendons, en effet, de fréquents appels qui, partant d'auprès de nous, vont se répétant de vallons en vallons. Ces appels, rythmés sur des tons que la siccité de l'air

(1) La qualification de *roumi* est appliquée, par tous les indigènes de l'Afrique du Nord, aux Européens de n'importe quelle nation. Ce nom, qui rappelle la domination des Romains, comporte une idée de mépris, et marque l'antipathie toujours inspirée par les étrangers.

contribue à rendre encore plus perçants, constituent, par leurs différentes nuances, autant de signaux servant, à l'égal de l'alphabet Morse et du télégraphe optique, à transmettre des dépêches.

M. Grault nous explique comment, grâce à leur habileté de guetteurs, les Kabyles échappent presque à toute surveillance, et rendent vaines la plupart des perquisitions. Chaque village a son guet. Dès qu'un fonctionnaire sort d'Aïn-el-Hammam, ses mouvements sont immédiatement signalés dans toute l'étendue de la commune. Les indigènes se servent, pour communiquer entre eux, de cris à intonations déterminées et de signaux convenus, notamment de coups de burnous dans un sens ou dans un autre.

Il paraît que les cavaliers d'administration sont les premiers espions. M. Grault en a surpris un, il y a quelque temps, donnant un coup de burnous. Aussi est-il tout à fait illusoire d'effectuer une descente de lieux en plein jour. Bien avant l'arrivée de l'administrateur ou du juge de paix, armes et coupables ont disparu. C'est en vain qu'un Européen cherche à se déguiser sous un burnous, car un Kabyle sait reconnaître, à plusieurs kilomètres de distance, qu'un burnous n'est pas porté par un indigène. Le seul moyen d'approcher avec quelque chance de n'être pas découvert, c'est d'opérer la nuit ou par un temps de brouillard. Mais même alors le succès est très aléatoire. Assisté de deux ou trois cavaliers d'administration, plus ou moins zélés sinon complices des individus recherchés, un Français ne peut guère, à lui seul, réussir dans ses perquisitions. M. Grault nous rapporte qu'une fois, étant tombé, sans avoir été aperçu, au milieu d'un village où il venait pour saisir des armes, il parvint à s'emparer seulement d'un yatagan et d'un pistolet qu'une femme emportait cachés sur elle. De tous les côtés, il entendait des fuyards qui, à travers les maisons, sur les toits, par-dessus les clôtures, se sauvaient avec un mystérieux cliquetis d'armes. Aucun ne fut pris, malgré l'aide, ou peut-être à cause de l'aide des cavaliers qui l'accompagnaient. En dépit de toutes les descentes, les Kabyles possèdent de nombreuses armes dont ils sauront bien se servir s'ils en trouvent jamais l'occasion.

La vue des petits Kabyles, à la mine intelligente mais sauvage, qui assistent à notre repas et seraient, sans aucun doute, à la première insurrection, heureux de dépecer quelques chrétiens, ne ralentit pas nos coups de dents, ni surtout ceux de Mohammed Arab. En bon musulman, il ne goûte pas au vin ; en revanche, il avale de gros quartiers de gigot. C'est que le ramadan est fini pour lui depuis la veille, et qu'il faut regagner le temps perdu pendant un mois de jeûne.

Pour pouvoir, en toute sécurité de conscience mahométane, s'adonner aux délices du gigot, Mohammed Arab a dû prendre parti sur une grave question qui, aujourd'hui 22 juin, divise profondément la Kabylie. Cette question est la suivante : hier au soir, a-t-on vu la lune? Le ramadan dure un mois lunaire; il ne prend fin que lorsqu'on aperçoit le nouveau croissant. Or, hier au soir, les uns ont vu la lune, les autres ne l'ont pas vue, de sorte qu'à l'heure actuelle les premiers festoyent depuis ce matin, pendant que les seconds, continuant le jeûne, attendent encore, pour se jeter sur leur nourriture, le coucher du soleil, c'est-à-dire, en casuistique musulmane, le moment où il devient impossible de distinguer un fil blanc d'avec un fil noir. Quant à Mohammed Arab, ses directeurs de conscience, les marabouts de Taourirt-en-Tidits, ont affirmé avoir aperçu la corne d'argent impatiemment attendue, ce qui l'autorise à manger sans scrupule toute la journée. Au contraire, les bergers qui font cercle autour de nous prétendent n'avoir rien aperçu. Aussi, en dépit des assurances de Mohammed Arab, refusent-ils obstinément de toucher aux morceaux que nous leur offrons. Je ne croirai plus désormais aux docteurs de l'Islam, puisque, faisant mentir leur antique renom d'astronomes, ils ont encore besoin, tout comme M. Jourdain, « d'apprendre l'almanach, pour savoir quand il y a de la lune et quand il n'y en a point. »

J'ai donc vu se confirmer sur la cime du Djurdjura les doutes dont, un mois auparavant, j'avais été assailli à Alger au sujet de la science musulmane. Un grave débat sur la lune s'était élevé entre les gens d'Alger et ceux de Blida (1), pour la fixation du premier jour de

---

(1) Voir la *Dépêche algérienne* du 28 mai 1887.

jeûne. Les uns voyaient la lune, les autres ne la voyaient pas. Des dépêches fort vives furent échangées, chacun tenant pour ses bons yeux. Enfin Alger l'emporta, grâce à son grand muphti qui put recourir, comme il l'avait déjà fait l'année précédente, à l'observatoire installé à la Bouzaréa par les soins du Bureau des Longitudes. Le ramadan officiel n'a commencé qu'au jour où le grand muphti d'Alger a fait donner aux artilleurs, mis chaque année à sa disposition par l'autorité militaire, l'ordre de tirer le coup de canon annonçant l'ouverture du carême mahométan (1). Les pauvres Blidéens en sont maintenant pour leurs télégrammes de protestation. Allah veuille pour eux qu'à Alger on ait hier, comme à Taourirt, vu la lune !

Que le ramadan fût ou non terminé, nous avons prolongé notre festin pendant plus d'une heure et demie, au milieu des distractions gratuitement fournies par les choses et les gens. Il nous reste à gravir la pyramide de l'Azerou-n'Tohor. Nous prenons un sentier de chèvres, mal tracé au milieu des blocs de rochers, et bientôt nous parvenons au point culminant. Le sommet offre à peine un replat de quelques mètres. Deux méchantes cabanes, construites sur le tombeau de quelques saints musulmans, servent à abriter les pèlerins

---

(1) Tous les soirs, pendant le ramadan, dans chaque garnison pourvue d'artillerie, le commandant de place fait tirer un coup de canon, pour annoncer l'instant à partir duquel il est permis de rompre le jeûne.

qui viennent en grand nombre prier sur ces hauts lieux. L'intérieur est garni de nattes, de plats à couscous et de lampes en terre cuite, objets gracieusement laissés à la disposition d'un chacun. Nous examinons à distance cet ameublement primitif, car nous craignons les imperceptibles gardiens auxquels il se trouve sûrement confié. Plutôt que d'affronter de cuisantes morsures, nous aimons mieux rester exposés aux brûlants rayons du soleil, ainsi qu'aux assauts répétés d'une nuée de coccinelles qui, pour le quart d'heure, remplacent les pèlerins complètement absents.

Ces petits désagréments ne nous empêchent pas d'admirer la vue magnifique dont on jouit de notre belvédère. Isolés de la grande chaîne du Djurdjura, nous avons maintenant devant les yeux un panorama circulaire dont, jusqu'à présent, nous n'avions découvert que l'une après l'autre les différentes parties. Ce sont d'abord, à l'Ouest, les pics les plus élevés du Djurdjura ; en avant, le Lella Khredidja, semé de quelques cèdres à sa base méridionale ; derrière et sur la droite, le Raz-Timedouine, presque aussi élevé. De vastes coupures semblent séparer ces deux cimes, parallèlement à la direction générale de la chaîne. A gauche du Lella Khredidja, au-delà de l'Oued Sahel, se développent les séries de montagnes qui se sont montrées à nous quand nous sommes arrivés au col de Tirourda. A l'Est, sur le prolongement de la chaîne à laquelle appartient le sommet où nous nous trouvons, s'ouvre, au milieu des prairies, le col de Chellata, par lequel on tombe dans la vallée de l'Oued Sahel, à Akbou, sur la route de Maillot à Bougie. Au delà du col de Chellata, la chaîne se relève et s'élargit avec le Tizibert (1765 ᵐ) et les forêts de l'Akfadou. Au Nord nous voyons la mer et la suite de hauteurs qui la bordent ; enfin, à nos pieds, toute la Kabylie, depuis Azazga et son Tamgout, jusqu'aux environs de Ménerville et de Palestro, avec le Bou-Zegza et le Tigremoun. Du point dominant où nous nous trouvons, nous démêlons, comme sur un plan en relief, le réseau de vallées et d'arêtes du massif kabyle. La couleur est étrange. Sur un fond de chaumes, les arbres, généralement isolés, se détachent comme autant de points verts, les villages comme des taches blanches. On dirait que, dans les temps fabuleux, un Titan, peintre plâtrier, après avoir passé le pays au jaune et l'avoir semé de pois frais, a jeté sur le tout quelques gouttes de chaux.

Plusieurs fois nous faisons le tour de la plate-forme qui couronne l'Azerou-n'Tohor, afin de contempler par segments le panorama, et d'en mieux caser le souvenir dans notre mémoire. Nous ne pouvons nous arracher au spectacle que nous avons devant les yeux. « Encore cinq minutes », répétons-nous à l'envi. Mais à la fin la raison nous force à déguerpir, parce qu'il nous faut près de quatre heures pour rentrer à Aïn-el-Hammam, et que nous voulons nous arrêter en route pour visiter le village de Tiferdoul.

Avant de descendre, je consulte mon baromètre anéroïde holostérique, pour déterminer l'altitude de l'Azerou-n'Tohor. Je trouve 1946 mètres, alors que jusqu'ici on a donné trois cotes bien différentes : 1823, 1883 et 2020 mètres (1). Au reste, je ne garantis qu'à quelques mètres près le chiffre fourni par mon observation. En tout cas, il n'est pas plus mauvais que la plupart des renseignements topographiques donnés pour l'Algérie par les livres ou les cartes (2).

De retour au campement, je me désaltère avec un lait exquis, que Mohammed Arab a fait rafraîchir dans une source glacée. M. Grault partage avec nous ce sorbet kabyle, tandis que M. et Mme Robert, s'en dé-

---

(1) FICHEUR (*Itinéraires de la Grande Kabylie*, avril 1886. p. 26) donne 1823 mètres. La carte de l'état-major au 400.000ᵉ, revue en 1867, porte 1883 mètres. Enfin, le guide Piesse, de la collection des guides Joanne, *l'Algérie et la Tunisie*, 1887, p. 140, indique, sans le nommer, un sommet de 2020 mètres, qui est nécessairement l'Azerou-n'Tohor, puisqu'il le place entre le col de Tirourda et le col de Chellata.

(2) Les cartes de l'état-major sont des plus mauvaises pour l'Algérie en général, et pour la Kabylie en particulier. Ainsi la carte de la Grande Kabylie au 200.000ᵉ, publiée par le dépôt de la guerre en 1855, mais revue en 1885, n'indique pas Aïn-el-Hammam qui cependant existe depuis 1880 ; elle place Maillot sur les bords mêmes de l'Oued Sahel dont il se trouve distant de plusieurs kilomètres, trace la route entre la Maison Cantonnière et le col de Tirourda sur la rive droite du torrent, tandis qu'elle passe sur la rive gauche, etc., etc. La carte d'Algérie au 50.000ᵉ, actuellement en cours de publication, vaudra-t-elle mieux ? C'est ce qu'il serait peut-être téméraire d'affirmer. J'ai, en effet, entendu dire que les officiers des troupes de France, détachés pour les levés au service de la carte d'Algérie, avaient trop fréquemment considéré leur tâche comme une simple distraction de voyage.

fiant bien à tort, lui préfèrent un vulgaire grog d'estaminet. Nous reprenons nos mulets, et nous voici bientôt au col de Tirourda. Craignant d'être trop fatigués par nos montures, nous faisons à pied la plus grande partie de la descente. Nous nous arrêtons quelques instants au premier tunnel que nous rencontrons. M. Grault nous raconte qu'à cet endroit même M. Berthelot s'est amusé à faire rouler des blocs de rochers au fond du ravin. A l'imitation du savant ministre de l'instruction publique, nous nous livrons, nous aussi, à l'étude de la chute des corps. Après une seconde halte à la Maison Cantonnière pour boire à une source, nous remontons sur nos bêtes jusqu'au village de Tiferdoul que nous allons visiter.

Tiferdoul se trouve perché sur un monticule abrupte dominant la route. M. Grault, qui nous précède, lance son mulet dans un sentier raide comme une échelle. Il nous semble impossible de le suivre. Mais sans attendre le résultat de nos réflexions, nos mulets se mettent à grimper derrière celui de tête. Suspendus à la crinière, nous nous laissons enlever comme par une sorte de machine ascendante. Aux premières maisons, la difficulté se complique. Passerons-nous avec nos bêtes dans cette étroite ruelle où deux hommes ont peine à se croiser? Nous y voici cependant, presque malgré nous, écartant les murs des pieds et des mains, cherchant à maintenir nos montures au milieu du passage, refoulant quiconque vient à notre rencontre. Au bout d'une cinquantaine de pas, la ruelle fait brusquement un angle droit. Il s'agit donc d'évoluer presque sur place, ce qui ne va pas sans talonner de toute part. Enfin nous arrivons devant la *djemâa* sans trop de meurtrissures, et nous mettons pied à terre.

La *djemâa* n'est pas autre chose que l'hôtel de ville de l'endroit. Cet édifice affecte une simplicité antique. Il se compose d'une seule pièce, ouverte à tous les vents, mesurant huit mètres de long sur trois de large, et garnie de banquettes de pierre qui règnent tout le long des murs. C'est là que se passent les actes les plus importants de la vie publique.

Aucun peuple n'a poussé plus loin que les Kabyles la passion de l'indépendance, l'amour de la politique, la pratique de la démocratie. Avant la conquête par la France, chaque village ou *thaddert* formait une petite république absolument autonome, où le système du *self-government* recevait la plus radicale des applications (1). C'était, dans la réalité, le gouvernement direct du peuple par le peuple (2).

La souveraineté s'incarnait tout entière dans l'assemblée générale des citoyens, appelée *djemâa* comme

---

(1) Voir, sur l'organisation politique de la Kabylie avant la conquête, HANOTEAU et LETOURNEUX, *op. cit.*, t. II, pp. 1 et suiv. Un très bon résumé en a été donné par M. RENAN : *La société berbère*, dans la *Revue des Deux-Mondes* du 1ᵉʳ septembre 1873, pp. 138 et suiv.

(2) Ce système de gouvernement n'est plus guère pratiqué de nos jours que dans quelques petits cantons de l'intérieur de la Suisse.

le lieu où elle se réunissait. Cette assemblée concentrait tous les pouvoirs : elle faisait les lois, votait les impôts, décidait de la paix et de la guerre, rendait la justice, administrait elle-même ou par délégation les biens communaux, en un mot gouvernait le *thaddert*.

La *djemâa* était théoriquement composée de tous les hommes ayant atteint leur majorité. Mais en fait, de par la coutume, c'étaient seulement les chefs de famille, les vieillards, les citoyens renommés pour leur expérience et leur éloquence, c'est-à-dire les notables, qui prenaient la parole. Les affaires ne se trouvaient donc conduites que par quinze ou vingt sénateurs en burnous, réunis au *forum* du village.

L'assemblée nommait un *amin*, c'est-à-dire une espèce de directeur délégué. Il présidait les délibérations, exécutait les décisions, assurait le maintien du bon ordre, dirigeait toute l'administration (1). Mais dans l'exercice de ses différents pouvoirs, il n'était jamais qu'un simple mandataire toujours révocable.

Chaque *thaddert* formait ainsi, dans la constitution kabyle, une unité politique. Mais ce n'était pas le seul centre où se discutaient les intérêts communs. Les Kabyles n'ont jamais connu l'individualisme ; ils ont toujours été organisés en collectivités. Leur nom même, qui signifie *confédérés* (2), révèle le caractère dominan

(1) A côté de l'*amin*, il y avait un *oukil* ou receveur municipal. Voir plus loin, même chapitre, comment se nommait l'*oukil* et quelle était sa fonction.
(2) HANOTEAU et LETOURNEUX, *op. cit.*, t. II p. 4 note 4.

de leurs institutions. Aussi, le groupement ne se réalisait-il pas seulement dans le *thaddert :* il se produisait encore, au-dessous du *thaddert,* dans la *kharouba,* et au-dessus, dans le *douar* c'est-à-dire la tribu.

La *kharouba* consistait dans la réunion de plusieurs familles ayant généralement un auteur commun. C'était la *gens* de la Rome primitive. A sa tête se trouvait un *tamen,* choisi par l'*amin* après consultation du groupe intéressé. Le *tamen* servait d'auxiliaire à l'*amin.* Il était pour la *kharouba* ce qu'était l'*amin* pour le *thaddert.*

L'ensemble des *kharoubas* constituait le village. A leur tour, les villages, en se fédérant, formaient les *douars* ou tribus (1). Mais le lien unissant les villages était beaucoup plus lâche que celui unissant les *kharoubas.* Ce n'était guère qu'en cas de lutte contre un ennemi puissant, par exemple contre les Turcs, que s'organisait la tribu. Pour centraliser tous les efforts, un agent spécial était nommé, l'*amin* de la tribu, l'*amin* des *amins* ou *amin-el-oumena.*

Au-dessus des tribus apparaissait parfois un grand faisceau fédératif dont elles formaient les éléments. Mais à aucune époque il n'exista une ligue universelle groupant tous les Kabyles.

La société kabyle se trouvait donc, avant l'établissement de la domination française, composée de trois

---

(1) La tribu est indiquée, soit par le mot kabyle *aït,* c'est-à-dire *gens,* soit par le mot arabe *beni,* qui a le même sens. On dit ainsi *Aït-Aouggacha, Beni-Yenni,* etc.

séries de groupes hiérarchiquement superposés : au centre les *thadderts,* groupe principal; au-dessous, les *kharoubas,* au-dessus, les *douars.* Cette organisation est encore debout aujourd'hui; il y a encore des *douars,* des *thadderts* et des *kharoubas.* Mais l'autonomie des *thadderts* a disparu, et de tous les pouvoirs politiques, administratifs, judiciaires, qui jadis appartenaient à la *djemâa* et à l'*amin,* il ne reste presque plus qu'un souvenir (1).

Si les *djemâas* existent toujours et continuent à être constituées d'après les anciens usages (2), elles n'ont plus guère qu'une puissance nominale. Quant aux représentants des différents groupes, *amin, tamen, amin-el-oumena,* ils sont devenus de simples agents de l'administration française. L'*amin* n'est plus qu'une sorte de maire aux ordres de l'administrateur qui le nomme. Les *tamens,* espèce d'adjoints au maire, sont, eux aussi, institués par l'administrateur. Au-dessus des *tamens* et de l'*amin,* se trouve, comme chef du *douar,* ce qu'on appelle le *caïd,* le *président* ou l'*adjoint indigène.* Il a remplacé l'ancien *amin-el-oumena,* amin des amins. Nommé par le préfet, il se trouve placé à la tête des fonctionnaires indigènes. Il dépend directement de l'administrateur, et

(1) Après la conquête, les Kabyles avaient conservé une certaine autonomie. (HANOTEAU et LETOURNEUX, *op. cit* , t. II, pp. 132 et suiv.) Mais l'insurrection de 1871 leur a fait perdre presque tout ce qui leur avait été laissé.
(2) Voir le décret du 11 septembre 1873, art. 5. (SAUTAYRA, *Législation de l'Algérie,* p. 402.)

surveille les amins qui surveillent eux-mêmes les tamens. En outre, il est chargé de faire rentrer les impôts et, comme rémunération, reçoit 10 0/0 du principal.

En conservant l'ancienne ordonnance des institutions politiques et en essayant de faire fonctionner pour lui les divers organes de la vieille constitution kabyle, le gouvernement français a espéré prendre plus facilement pied dans le pays. Mais jusqu'à présent le succès n'est rien moins que certain. Les différents groupes demeurent intacts et se coalisent pour opposer un obstacle à peu près invincible à tout progrès. Il n'y a donc pas de prise possible sur la société kabyle, et le fond des choses est aujourd'hui ce qu'il était avant la conquête.

L'administration française n'est pas même parvenue à établir la paix publique dans les *thadderts*. Des dissensions intestines, produit naturel d'une démocratie poussée à ses dernières limites, divisent les habitants. Aujourd'hui comme autrefois, chaque village se trouve partagé entre deux çofs ou partis, le *çof oufella*, parti d'en haut, et le *çof bouadda*, parti d'en bas. Ces çofs sont des clans ennemis. Ils se livrent entre eux à des luttes acharnées, et entretiennent partout une sourde agitation qui, si elle fait moins souvent explosion depuis l'établissement de la domination de la France, se révèle encore trop souvent par des rixes et des assassinats (1).

(1) Voir sur les *çofs* HANOTEAU et LETOURNEUX, *op. cit.*, t. II, pp. 11 et suiv.

L'un des deux çofs entre lesquels se divisent les habitants d'une localité donnée passe pour être le çof français. Mais il ne faudrait pas croire qu'il soit vraiment dévoué à la France. C'est simplement celui des deux çofs qui a su le mieux se concilier les bonnes grâces de l'administration. Tous les Kabyles sans exception, de quelque çof qu'ils fassent partie, s'empresseraient, à la première occasion, de s'unir contre l'ennemi commun, le Français.

Les çofs n'en constituent pas moins une plaie invétérée qui ronge le peuple kabyle. Ces dissensions, qui arment les uns contre les autres jusqu'aux membres d'une même famille, semblent avoir été, de tout temps, le caractère propre de la race à laquelle appartiennent les Kabyles, à savoir la race berbère (1).

Déjà, au temps des Romains, les Berbères avaient pour coutume de se partager en ennemis, et de soutenir entre eux des luttes fratricides. C'est ainsi, par

(1) Cette race berbère n'est autre que l'ancienne race numide, rendue si célèbre, au temps des Romains, par la résistance acharnée de Jugurtha. Elle n'est restée intacte qu'en Kabylie, dans l'Aurès au sud de la province de Constantine, dans les montagnes du Maroc et dans le pays des Touaregs en plein Sahara. Partout ailleurs elle a été assimilée par les Arabes. — Les Kabyles du Djurdjura forment un groupe compact, comptant plus de 300.000 âmes. Les Berbères, tant arabisés que restés fidèles à leur nationalité, constituent, d'après l'opinion la plus commune, les deux tiers au moins de la population indigène de l'Algérie, l'autre tiers seulement appartenant à la race arabe pure. (PAUL LEROY-BEAULIEU, *l'Algérie et la Tunisie*, 1887, p. 29 ; WARNIER, *l'Algérie devant l'Empereur*, 1865, pp. 7 et suiv.)

exemple, qu'après avoir combattu son frère Adherbal, allié de Rome, et l'avoir traîtreusement fait mettre à mort, Jugurtha se vit, à son tour, trahi par un des siens, Bocchus, son beau-père, qui le livra à Marius. Affaiblis par des discordes perpétuelles, n'ayant jamais appris à grouper leurs efforts sous l'autorité d'un chef unique, incapables de sacrifier leurs sentiments particularistes pour concerter une action générale, les Berbères n'ont su à aucune époque former un empire homogène. Voilà pourquoi, malgré l'énergie des résistances individuelles, ils sont devenus presque tous la proie des envahisseurs (1).

Ce défaut de sens politique semble s'être encore accentué chez leurs descendants, les Kabyles. Partagés en petites républiques démocratiques, rebelles à toute idée d'unité nationale et de pouvoir central, sans cesse en guerre les uns contre les autres, ils n'ont profité de leur indépendance que pour organiser l'anarchie. Vaincus aujourd'hui et privés d'une liberté qu'ils regrettent amèrement, ils ne sont ni soumis ni corrigés, car s'ils ont encore aussi vive la haine de l'étranger, ils restent pourtant fidèles à leurs habitudes de querelles intestines. C'est toujours une race; c'est moins que jamais une nation.

Divisés entre eux quand il s'agit d'intérêts matériels, les Kabyles se trouvent cependant d'accord pour l'ob-

---

(1) Voir sur les *çofs* chez les anciens Berbères, BOISSIÈRE, *l'Algérie Romaine*, 2º édit., pp, 78, 153 et 568.

servance commune de la religion musulmane. Si la djemâa est le champ clos dans lequel toutes les inimitiés se donnent carrière, la mosquée est, au contraire, un lieu neutre, au seuil duquel elles s'arrêtent. Nous venons de voir la djemâa; il nous faut maintenant visiter la mosquée.

Nous nous dirigeons donc vers un minaret blanc qui, de loin, nous apparaît comme un joli clocher carré. Arrivés au pied, nous éprouvons une profonde désillusion, car ce n'est qu'une sorte de pigeonnier en délabre. Nous entrons dans l'intérieur de la mosquée. Mais notre déception est encore plus complète. Le temple n'est qu'une simple chambre, au-dessus de laquelle se trouve une espèce de galetas à jour. Quelques fidèles qui, dévotement, dans un coin, achèvent leur sieste, se réveillent en nous entendant passer. Nous ne troublons leur sommeil qu'un instant, car nous avons bien vite fait le tour d'un monument qu'on regarderait en France comme une écurie avec fenière. Les Kabyles n'ont donc pas pour leurs mosquées le même respect que les Arabes pour les leurs. C'est bien un endroit de réunion pour la prière, mais c'est aussi un rendez-vous pour les désœuvrés et même une hôtellerie pour les voyageurs.

Au sortir de la mosquée, nous apercevons une longue file de femmes qui montent vers nous par une ruelle presque à pic. Elles reviennent de la fontaine, portant chacune leur cruche, amphore à deux anses, ornée de dessins noirs et rouges (1). Les unes tiennent leur fardeau sur la tête, avec une grâce de porteuses antiques; les autres sur le dos, les deux bras rejetés en arrière par-dessus les épaules, la ceinture, qui s'enroule autour de leur taille, soutenant l'extrémité inférieure du vase. Le coup d'œil est digne d'un Phidias. Pourquoi faut-il que l'une d'elles dépare l'ensemble, en portant une de ces affreuses caisses en fer-blanc qui, après avoir contenu du pétrole, sont ensuite utilisées comme seaux et tendent, partout en Algérie, à remplacer les anciennes cruches? Dans un milieu presque grec, rien n'est aussi laid que les productions de la civilisation contemporaine.

Le costume de la femme kabyle est resté d'une simplicité antique. Deux pièces d'étoffe, l'une par devant, l'autre par derrière, retenues sur chaque épaule par une agrafe et serrées à la taille par une ceinture, voilà tout le vêtement. Les bras nus passent à travers les fentes qui s'ouvrent naturellement sur les côtés au-dessus des hanches. Les jambes sont libres à partir du genou. Il n'est pas question de chaussure. Rien n'est changé pendant l'hiver à cette tenue si légère, sauf parfois l'addition d'une couverture pour s'envelopper.

La coiffure n'est pas plus compliquée que le vêtement. Les cheveux sont serrés à la tête dans un mouchoir noir et rouge. Celui-ci se porte généralement d'une

---

(1) La plupart des poteries kabyles se fabriquent à Taourirt-Amokran, près de Fort-National.

manière différente, suivant que la femme est mariée ou non. Quand elle est mariée, le mouchoir, noué par-dessous, forme une sorte de coiffe à fond fermé ; lorsqu'elle n'est pas mariée, il est simplement attaché sur la tête.

Les Kabyles poussent fort loin la distinction des catégories de femmes au moyen de certains insignes. C'est ainsi que le nombre et même le sexe de leurs enfants est marqué par des bijoux portés d'une manière déterminée. Le nombre des enfants s'indique à la coiffure par des épingles qui sont comme des médailles de campagnes. Quant aux garçons, ils donnent à leur mère le droit de se mettre pendant deux mois, sur le front, une broche ronde qui, pour les filles, ne se place jamais que sur la poitrine (1).

Toutes les femmes ont en outre la figure tatouée. Le dessin se fait au couteau, et l'indélébilité de l'empreinte s'obtient avec du noir de fumée. Chaque village a son tatouage particulier. Les femmes d'une même localité se trouvent ainsi marquées d'un signe identique, comme les moutons d'un même propriétaire.

Cette assimilation à une sorte de troupeau communal est poussée d'ailleurs fort loin. Toutes les femmes d'un village sont, en effet, obligées d'aller, en même temps, chercher l'eau à la fontaine, de même que les bêtes d'une même exploitation doivent aller ensemble

(1) Voir plus loin, fin du chapitre III, avec quelle ardeur les femmes indigènes désirent avoir des garçons.

à l'abreuvoir. Une heure spéciale leur est assignée par la Djemâa, et aucun homme ne peut alors approcher de l'endroit où elles puisent de l'eau.

Les femmes de Tiferdoul, que nous voyons revenir de la fontaine, paraissent surprises de rencontrer des étrangers. Elles hésitent quelques instants à poursuivre leur chemin. Mais elles sont vite rassurées par la présence de Mme Robert, et défilent sous nos yeux, au nombre d'une vingtaine.

Quelques-unes ont de jolis traits. Toutes se distinguent par l'énergie de leur physionomie. Mais je leur trouve un air sauvage, féroce même, que, chose curieuse, j'ai rarement constaté chez les hommes. D'ailleurs, comme je l'ai déjà remarqué dans un précédent voyage en Kabylie, il y a des femmes sur le retour et des enfants : il n'y a pas de jeunes filles. Ce type idéal de jeune fille, si fréquent chez les peuples chrétiens, n'existe pas chez les musulmans. Son absence s'explique par différentes causes morales, au nombre desquelles il faut compter la précocité des mariages. Une fille est ordinairement mariée, c'est-à-dire vendue (1), entre dix et douze ans. Les épreuves d'une maternité trop hâtive, les fatigues d'une existence de bête de somme, suppriment la jeunesse et, sans transition, font d'une enfant une personne mûre. A vingt ans, une femme est déjà vieille.

---

(1) Voir plus loin, fin du chapitre III, de quelle façon les Kabyles en particulier, et les mahométans en général, conçoivent et pratiquent le mariage.

Dès que les porteuses d'eau ont disparu derrière le seuil de leurs demeures, nous nous disposons à visiter un intérieur kabyle. Les Kabyles ne ferment pas leur chez eux aussi rigoureusement que les Arabes. Chez les Arabes, un homme étranger ne peut jamais pénétrer dans un intérieur où se trouve une femme. Il y est au contraire admis chez les Kabyles, moyennant l'autorisation du mari qui, du reste, accompagne toujours le visiteur.

Mohammed Arab va nous servir de cicérone. Comme à la qualité de cavalier d'administration il ajoute celle de marabout, il jouit d'un double prestige qui lui assure partout un accueil empressé. La plupart des habitants que nous rencontrons se précipitent pour lui baiser les mains ou embrasser son burnous. Aussi n'avançons-nous qu'avec peine au milieu d'un flot de dévots, grossi des curieux qui sortent de leurs maisons pour nous observer. La plupart chuchotent, en se demandant sans doute ce que nous venons faire dans leur village. Certains d'entre eux, qui ont l'air d'être les chefs ou les éducateurs des autres, paraissent donner force explications à notre sujet, surtout au sujet de Mme Robert.

Au moment de pénétrer dans la première habitation où nous conduit Mohammed Arab, nous sommes tout étonnés d'apercevoir, sculptées en creux sur la porte, de véritables croix grecques. Serait-ce une preuve que les Kabyles ont été chrétiens? Certains auteurs l'affirment, en corroborant leurs dires par divers arguments.

D'autres, au contraire, prétendent que ce signe ne fournit aucun indice, et qu'il constitue simplement un ornement, ou serait une des lettres de l'ancien alphabet berbère, lequel, depuis longtemps, n'est plus en usage chez les Kabyles (1).

Nous visitons successivement deux maisons. Toutes sont d'ailleurs construites dans les mêmes conditions et sur un plan semblable. Elles sont groupées, au nombre de trois ou quatre, autour d'une cour fermée, et réunissent plusieurs familles composées uniquement de parents.

Bâties en pierres à peine maçonnées, elles ne comprennent, le plus souvent, qu'une seule pièce sans aucune fenêtre. Cette pièce se divise en deux compartiments, l'un pour les gens, l'autre pour les bêtes. Au milieu du premier est creusé un trou circulaire servant de foyer. Il n'y a pas de cheminée, et la fumée doit chercher une issue par la porte et à travers les fissures

---

(1) HANOTEAU et LETOURNEUX, *op. cit.*, 1872, t. I, pp. 312 et suiv., soutiennent que les Kabyles n'ont jamais professé le christianisme.

Le père DUGAS (*op. cit.*, pp. 48 et suiv.) défend l'opinion contraire. Pour ma part, j'incline à penser que, si la plupart des Berbères ont été jadis chrétiens, les Kabyles du Djurdjura sont restés païens jusqu'au jour de leur conversion à l'islamisme. En effet, pendant que l'Afrique romaine se trouvait presque partout couverte d'évêchés, le Djurdjura n'en possédait aucun. Les habitants de ce massif sont du reste demeurés indépendants jusqu'à l'établissement de la domination française. Rome notamment n'est jamais parvenue à les soumettre. (BIBESCO, *la Kabylie au temps des Romains; Revue des Deux-Mondes* du 15 décembre 1865, pp. 862 et suiv.)

du toit. Tout autour de la chambre sont disposés de larges bancs en maçonnerie, que des nattes suffisent à transformer en lits. Une sorte de panier carré, suspendu à une corde par deux bâtons en croix arcboutés aux quatre extrémités, sert de berceau. D'énormes jarres, encastrées dans les coins, renferment les provisions de grains et de figues sèches. Un coffre, contenant tous les effets d'habillement de la famille, deux ou trois grands plats en bois, un moulin à bras pour faire la farine, des poteries de ménage, une ou deux lampes en terre cuite constituent tout le mobilier.

Le compartiment affecté aux animaux se trouve un peu en contre-bas de celui réservé aux gens. Il n'en est séparé que par une claire-voie. Au-dessus de cette écurie se trouve une sorte de soupente. Les Kabyles habitent ainsi en compagnie de leurs bêtes, l'âne, la chèvre, le mouton et la poule. C'est se ménager pour l'hiver un chauffage économique, mais pour le confortable c'est loger à l'étable de Bethléem.

Nous sommes surpris de la propreté relative des habitations. Les rues nous avaient déjà frappés par la même particularité. La propreté des maisons et surtout des voies publiques dépend, en grande partie, du plus ou moins de sévérité dont fait preuve l'administration pour l'observation des règlements de salubrité. Les villages de la commune mixte d'Aïn-el-Hammam nous ont tous semblé tenus d'une façon satisfaisante; ceux de la commune mixte de Maillot, que je traversai l'an dernier, laissaient beaucoup à désirer. En tout cas, les maisons revêtent chaque année une éblouissante parure, un blanchissage annuel se trouvant imposé par l'administration.

Les arrêtés municipaux ne peuvent malheureusement pas atteindre la personne même de l'habitant. Voilà peut-être pourquoi ce qu'il y a de moins propre en Kabylie, c'est le Kabyle. Jamais il ne quitte ses vêtements. Quand sa chemise tombe en loques, il en ajoute une seconde par-dessus, conservant soigneusement sur lui ce qui reste de la première. Il porte parfois jusqu'à trois burnous superposés, le plus neuf cachant les autres. C'est ainsi qu'il se trouve recouvert de cinq ou six couches de laine, disposées par ordre de date, et réunies entre elles par de la crasse stratifiée. Avec ses solutions de continuité, cette carapace est aussi difficile à analyser que la croûte terrestre ; mais dans ses divers éléments, on peut chercher l'âge du propriétaire comme, dans les terrains tertiaires ou quaternaires, les années du monde (1).

Désireux d'apprendre comment se font les vêtements, nous prions Mohammed Arab de réquisitionner une femme, pour qu'elle nous fasse voir les procédés de tissage. Une vieille, à la figure parcheminée, tire aussitôt d'une encognure un burnous inachevé, et se met à y travailler devant nous.

---

(1) Voir ci-dessus, p. 20.

Chaque famille a son métier à tisser. Il est d'une extrême simplicité. La chaîne est suspendue verticalement au moyen de quelques bâtons. Quant à la trame, elle se passe sans navette, en introduisant le fil avec les doigts, et en le serrant ensuite sur la partie déjà faite, au moyen d'un peigne semblable à ceux des palefreniers. Avec un pareil procédé, qui rappelle plutôt le travail du vannier que celui du tisserand, il faut deux mois au moins pour faire un burnous. Mais, en revanche, l'étoffe est très solide, et comme la laine employée est à peine dégraissée, le tissu est presque imperméable.

Quel que soit le rang social d'une femme, elle n'en doit pas moins travailler à la confection des vêtements, et spécialement des burnous. Les Kabyles en sont encore aux temps homériques, où les reines filaient comme de simples bergères. Sans doute, les femmes riches ont à leur disposition des servantes (1) pour faire le gros ouvrage, notamment pour aller chercher l'eau à la fontaine. Mais, pour le reste, elles mènent exactement la même vie que les femmes pauvres, tissant les étoffes, et même faisant la cuisine (2).

Pour être complètement édifiés sur la manière de vivre des Kabyles, il ne nous reste plus qu'à voir faire

---

(1) Une servante se paye jusqu'à 30 francs par mois.
(2) Cette égalité entre les pauvres et les riches se rencontre non-seulement chez les femmes, mais encore chez les hommes. (Voir ci-dessus, pp. 45 et suiv.)

le couscous. Mohammed Arab fait appeler un cordon bleu ès couscous. Aussitôt se présente une jeune femme aux poignets chargés de bracelets d'argent. Elle paraît pénétrée de la dignité de son art, et enchantée de l'honneur que nous lui faisons en l'invitant à nous donner une leçon culinaire. Avoir enseigné à des Roumis, et surtout à une dame roumie, l'art de confectionner le couscous, voilà de quoi faire l'objet, pendant deux ou trois ans, des conversations de tout le village.

Après avoir prestement réuni à côté d'elle tout ce qui est nécessaire, à savoir un grand plat en bois, de la farine, une gamelle pleine d'eau et un tamis, notre maîtresse de cuisine se laisse tomber à terre avec grâce, s'assied et commence la fabrication. Plaçant le plat entre ses jambes, elle y jette une poignée de farine, ainsi que quelques gouttes d'eau. Puis elle se met à tourner rapidement les mains tout autour du plat, et roule bientôt sous chaque doigt des grains de pâte. Dès qu'elle a ainsi transformé une poignée de farine, elle continue avec une autre. Travaillant avec dextérité et n'étant retardée ni par la multiplicité des instruments, ni par la complication des méthodes, elle a bientôt rempli le fond du plat. Nous admirons spécialement la simplicité du système dont elle use pour jeter de l'eau sur la farine. Plongeant dans la gamelle qui se trouve à côté d'elle ses mains jointes, et les frottant pour les laver, elle les secoue ensuite avec élégance sur le plat. Ce procédé à deux fins est aussi commode qu'expéditif; mais il contribue peut-être à donner au produit une teinte grisâtre. Comme il ne faut rien perdre, notre femme, à la fin de ses opérations, gratte le plat avec ses ongles pour recueillir la pâte attachée aux parois, et le lave avec un peu d'eau. Elle donne encore quelques tours de mains. Enfin elle vide dans un tamis tout ce qu'elle a fabriqué. Ce qui passe à travers les trous ressemble à une grosse semoule, et constitue le couscous; le reste doit être brassé à nouveau, jusqu'à ce qu'il ait été réduit en grains suffisamment fins.

Le couscous une fois fabriqué, il s'agit de le faire cuire. Pour cela, on le met dans un vase percé de trous, et on le place au-dessus d'une sorte de pot-au-feu. Les grains, ainsi exposés à la vapeur, gonflent peu à peu, et acquièrent une grande légèreté. Le couscous ressemble, quand il est cuit, à un riz menu et léger. Il se mange avec une sauce fortement pimentée.

Le temps qui nous presse ne nous permet pas d'assister à la cuisson. Nous ne pouvons donc pas décerner à notre Kabyle un brevet de cuisinière, mais nous lui accordons une première médaille pour pâtes alimentaires.

En sortant de la maison où nous venons de prendre une leçon de choses, nous allons voir dans un coin de la cour l'installation pour cuire le couscous. A cause de la chaleur de l'été, on n'allume plus de feu dans l'intérieur des habitations, et c'est sous des abris de branchages qu'on prépare les repas. Une légère fumée descend lentement vers les ravins en nappes bleuâtres et transparentes, pendant que le soleil couchant dore de ses tons les plus doux tout cet ensemble de masures de terre cuite, de plats rustiques, de Kabyles au maintien grave. C'est la simplicité et le calme des églogues de Virgile.

Nous nous arrachons avec peine à un spectacle qui nous reporte à vingt siècles en arrière. Mais le jour baisse, et il faut nous remettre en marche, si nous voulons être à Aïn-el-Hammam avant la nuit.

Nous sommes reconduits à la sortie de Tiferdoul par le cortège d'indigènes qui nous a suivis partout. Nous passons à côté du moulin à huile en plein air, qui s'élève nécessairement à côté de tout village kabyle.

Un peu plus loin nous rencontrons l'amin qui revient des champs. Il présente ses hommages à M. Grault et sollicite la faveur de nous offrir à dîner. Mais quelque envie que nous ayons de nous édifier par nous-mêmes sur l'hospitalité kabyle, nous sommes obligés de refuser l'invitation, car, ayant formé le projet de partir demain de grand matin, nous ne saurions retarder davantage notre retour à Aïn-el-Hammam. L'amin paraît fort contrarié. Rentré chez lui, il éprouve un dépit plus vif encore, en apprenant que ce n'est pas à sa femme qu'a été dévolu l'honneur de fabriquer le couscous en notre présence. Quelques jours après notre passage, il venait s'en plaindre à M. Grault.

Nous remontons sur nos mulets et, tout en devisant d'amin, de couscous et de femmes kabyles, nous regagnons Aïn-el-Hammam. Cependant Mme Robert presse M. Grault de questions au sujet des bijoux qu'elle a remarqués et qui, naturellement, ont excité sa curiosité et son envie.

Nous rentrons à Aïn-el-Hammam au coucher du soleil. Comme demain nous nous mettrons en route à la pointe du jour, nous prenons immédiatement congé de l'administrateur, M. D..., ainsi que de Mme D..., qui nous ont offert une aimable hospitalité. Puis nous allons souper avec M. Grault. Il nous présente, comme compagnon de table, le suppléant du juge de paix, M. R..., et la soirée se passe aussi agréable qu'instructive.

Nous vidons tout d'abord la question qui semble surtout préoccuper Mme Robert, la question des bijoux kabyles. M. Grault et M. R... nous présentent chacun quelques pièces recueillies par eux chez les meilleurs fabricants ; ce sont des boucles d'oreilles, une broche et un bracelet, œuvres des Beni-Yenni, les orfèvres les plus renommés de la Kabylie. Les boucles d'oreilles et la broche sont très curieuses comme dessin et comme couleur. Conçues dans le style du cloisonné, elles se trouvent enrichies d'émaux rouges, bleus et jaunes. Quant au bracelet en filigrane d'argent, il est remarquable par la légèreté du travail. Mais son type rappelle un peu trop l'article de Paris. On sent que les Beni-Yenni, travaillant beaucoup pour les bijoutiers d'Alger, commencent à s'inspirer des modèles européens, au lieu de donner, comme jadis, libre carrière à leur imagination personnelle. Encore quelques années, et ils auront perdu en originalité artistique tout ce qu'ils auront gagné peut-être en savoir-faire.

Le travail des orfèvres dont nous examinons les œuvres témoigne de la disposition où se trouvent les Kabyles d'emprunter certains procédés à l'industrie européenne, surtout pour ce qu'elle offre de moins remarquable. Ils consentent à acheter des caisses de pétrole, des bougies stéariques et des allumettes. Mais en dehors de ces concessions à la civilisation, ils restent obstinément fidèles à leurs idées et à leurs coutumes. C'est ainsi, par exemple, que, rebelles aux conceptions de la justice moderne, ils pratiquent, à chaque instant, la justice privée. Leurs mœurs ne se sont adoucies qu'en apparence.

Avant l'occupation française, la guerre civile désolait fréquemment le pays. Elle naissait généralement des causes les plus futiles. On cite le cas de deux individus qui, s'étant un jour disputés pour une somme de sept centimes, entraînèrent dans leur querelle tous les habitants de leur village. Il s'ensuivit une mêlée générale, dans laquelle périrent quarante-cinq combattants(1).

(1) Voir le général DAUMAS, *la Kabylie,* 1857, p. 32.

Les motifs de conflit étant ordinairement des moins sérieux et l'esprit de conquête n'existant pas, c'était surtout par point d'honneur et par esprit de solidarité que les Kabyles se battaient. On comprend dès lors que, dans ces luttes où la haine avait peu de part, il régnât une certaine courtoisie chevaleresque. Les femmes, les enfants et les marabouts (1) étaient toujours mis hors de cause et par conséquent épargnés par le vainqueur. Des trêves fréquentes s'établissaient même tacitement entre les deux camps. Ainsi, vers le milieu de la journée, il y avait toujours, d'un commun accord, une suspension d'armes, pour permettre aux femmes d'apporter à manger aux combattants. Quand ceux-ci avaient repris des forces suffisantes, les femmes se retiraient et les coups de fusil recommençaient de plus belle (2).

Ces batailles rangées sont devenues fort rares aujourd'hui. Les temps héroïques touchent à leur fin. La crainte qu'inspire l'autorité française, l'union qui s'est formée entre tous les indigènes contre l'ennemi commun, à savoir l'étranger, en sont la cause. Mais les vengeances particulières sont toujours très à la mode et causent nombre de morts d'homme.

C'est seulement entre indigènes que les assassinats se produisent. Les Français jouissent d'une sécurité

(1) Voir sur les marabouts le commencement du chapitre III.
(2) Voir sur les guerres civiles en Kabylie avant la conquête par la France, HANOTEAU et LETOURNEUX, *op. cit.*, t. II, pp. 69 et suiv.

parfaite, et peuvent, à toute heure du jour et de la nuit circuler, même isolément, sans aucun danger. La Kabylie est infiniment plus sûre que la plupart des quartiers de Paris. Tout Français qui s'égarerait seul au milieu des tribus serait non seulement respecté, mais encore hébergé et nourri, car si le Français est abhorré, il est, en revanche, encore plus redouté. Les indigènes sont persuadés que si l'un d'eux avait le malheur d'y toucher, le pays serait immédiatement saccagé par représailles. Loin de faire aucun mal au Français, ils cherchent même à se le concilier par un accueil hospitalier.

Par Français il faut du reste entendre le Français européen. Quant au juif algérien, aujourd'hui naturalisé, il inspire une telle haine aux Kabyles, que s'il s'aventurait seul dans le pays il risquerait certainement sa vie (1). Comme, d'autre part, les Kabyles, passés maîtres en affaires, se montrent de taille à rouler tout Israël, les quelques juifs qui avaient tenté de s'implanter par groupe dans la contrée ont été bien vite obligés de plier bagage. Aujourd'hui la Kabylie n'en renferme plus un seul. Aucun représentant de la plus positive des races ne mettra plus les pieds dans une région où les risques courus ne se trouvent compensés par aucun profit.

(1) Il courrait, m'a-t-on dit, les mêmes dangers aux environs de Bône, où il prête souvent à 10 % par semaine, soit 500 % par an.

Le Français n'ayant rien à craindre et le juif ne s'exposant jamais, tous les meurtres qui se commettent ne frappent que des indigènes. Ces meurtres sont très fréquents. Le Kabyle est vindicatif et emporté. Une dispute pour la moindre cause dégénère facilement en rixe et se termine parfois par une mort d'homme. Le sang répandu devient alors une semence d'assassinats. C'est la vendetta corse, mais plus implacable encore à cause de la barbarie de la race. Chaque homicide fait naître à la charge du coupable, et même de toute sa famille, une dette de *rek'ba*, c'est-à-dire une *dette de tête*, au profit de tous les parents de la victime. Les Kabyles, à la différence des Arabes, n'admettent pas la *dia*, sorte de transaction pécuniaire par laquelle le Coran permet de racheter le sang répandu et d'éviter la peine du talion (1). C'est comme un *prêt de cadavre* : un cadavre seulement peut le rembourser. La dette est imprescriptible. Son payement est poursuivable contre un parent quelconque du meurtrier, et tout membre de la famille de l'assassiné a le droit de se payer dès qu'il en trouve l'occasion. C'est, au point de vue

---

(1) « O croyants ! La peine du talion vous est prescrite pour le meurtre. Un homme libre pour un homme libre, un esclave pour un esclave et une femme pour une femme. Celui auquel une remise de cette peine sera faite par son frère doit être traité avec humanité, et il doit à son tour s'acquitter généreusement envers celui qui lui a fait une remise... Les blessures seront punies par la loi du talion. Celui qui, recevant le prix de la peine, le changera en aumône fera bien ; cela lui servira d'expiation pour ses péchés... » (Koran, II, 173 et V, 49. La Beaume, *le Koran analysé*, 1878, pp. 577 et 578.)

tant actif que passif, un cas de solidarité atroce (1).

La créance de tête, bien que sacrée, n'est pas d'un recouvrement rigoureusement personnel: pour la faire valoir, il est permis de recourir à un étranger; la coutume autorise l'emploi d'un vengeur à gages.

Le métier d'assassin jouit, en Kabylie, d'un singulier prestige, pour ne pas dire d'une grande considération. Jamais on ne refuse une admiration mêlée de terreur à tel entrepreneur de crimes, accusé d'avoir tué déjà quarante ou cinquante personnes.

Voici, au surplus, un exemple caractéristique des mœurs et des idées kabyles en ce qui touche cette terrible profession. Il y a quelque temps, un célèbre praticien reçut cinq cents francs pour assassiner un de ses compatriotes. Trouvant cette somme insuffisante, bien qu'elle montât au prix courant, il alla trouver la victime désignée à ses coups et, lui ayant fait connaître le marché conclu, lui offrit de tuer l'embaucheur pour six cents francs. Le contrat ayant été conclu reçut bientôt exécution : celui qui n'avait donné que cinq cents francs fut assassiné pour le compte de celui qui en avait donné six cents. L'assassin, saisi et condamné, fut expédié à Cayenne, lieu de transportation des indigènes algériens. Or, ces transportés trouvent souvent, on ne sait comment, le moyen de s'évader et de revenir dans leur patrie, où parents et amis s'empressent de

---

(1) Voir, pour plus de détails sur la dette de *rek'ba*, HANOTEAU et LETOURNEUX, *op. cit.*, t. III, pp. 60 et suiv.

les cacher (1). L'assassin parvint à se sauver. Il rentra dans sa tribu et reprit son ancienne profession. Mais un jour, ayant mal combiné son attentat, il reçut de l'individu dont il s'était chargé deux coups de feu qui lui fracassèrent une jambe et une épaule. Doué d'une force herculéenne et d'une énergie indomptable, il fut, malgré ses deux blessures, sur le point de s'échapper. On ne parvint qu'à grand'peine à s'en emparer et à le garroter. M. Grault, ayant été chargé de le conduire à l'hôpital de Fort-National, dut user de toute son autorité, pour que les indigènes requis par lui osassent le porter à destination. Aux dernières nouvelles, l'illustre bandit se rétablissait et n'attendait que le jour de reprendre, en passant par Cayenne, le chemin de sa tribu et le cours de ses exploits.

Ce simple trait de mœurs montre sur le vif l'impuissance de l'administration à réprimer les crimes. Les Kabyles se tuent entre eux maintenant comme par le passé. Comment expliquer que l'introduction de la justice française n'ait amené aucune amélioration ? D'abord, les peines n'effrayent plus les meurtriers. La peine de mort, la seule que redoute un musulman (2), n'est que

---

(1) On lit fréquemment dans les journaux algériens qu'un indigène, évadé de Cayenne, a été repris ou signalé dans telle tribu.

(2) La mort par décollation est particulièrement terrible pour un mahométan. Elle risque, en effet, de le priver du bonheur céleste, parce que Mahomet, qui doit enlever les élus au paradis par les cheveux, laissera alors le cadavre sur cette terre. Aussi, en cas d'exécution capitale, les parents du sup-

très rarement infligée, non pas par la faute du jury, lequel est généralement fort sévère pour les indigènes, mais parce que le chef de l'Etat gracie presque tous les condamnés (1). Les travaux forcés, qui sont alors appliqués, n'intimident guère les indigènes, car ils ont toujours l'espoir de s'évader de Cayenne, et cet espoir n'a rien de chimérique.

Outre l'insuffisance de la répression, l'impunité complète, qui est le lot de bien des crimes, contribue à en augmenter le nombre. Voici, en effet, comment les choses se passent le plus souvent.

Un individu, traversé par une balle ou criblé de coups de couteau, est trouvé au fond d'un ravin. C'est la victime d'une vengeance. L'offensé a guetté l'offenseur pendant des jours et des nuits ; il a fini par le surprendre et, d'un bond, comme la panthère, il l'a mortellement étreint. A la découverte du cadavre, découverte qui n'a lieu généralement que plusieurs jours après le crime, l'*amin* du village avertit l'autorité française. L'ad-

plicié ont-ils soin de réclamer le corps et de recoudre la tête au tronc, avant de procéder à l'ensevelissement. Mais un condamné peut-il compter sur le dévouement et sur l'habileté chirurgicale des siens, et Mahomet se laissera-t-il prendre à un simple subterfuge ?

(1) Le droit de grâce devrait être supprimé en ce qui concerne les Algériens musulmans, parce que son exercice passe toujours pour un aveu d'injustice ou un acte de faiblesse. Or, en 1884, sur quarante individus condamnés à mort en Algérie, un seul a été exécuté. (Voir le *Rapport sur l'administration de la justice criminelle en France et en Algérie pendant l'année 1884*, dans le *Journal officiel* du 29 mars 1886, p. 1470. — Au surplus, voir plus haut, p. 74.)

ministrateur (1), le juge de paix, les gendarmes, les cavaliers d'administration se transportent sur les lieux. L'*amin* est interrogé ; mais il prétend ne rien savoir. Tous les habitants du village déclarent ne rien savoir non plus. *Manarf* (je ne sais pas) est l'unique réponse à toutes les questions, car il y a honte et danger à dénoncer aux *Roumis* un compatriote qui, ainsi trahi, se vengera lui-même ou saura se faire venger par quelqu'un de sa famille. Si, en dépit de tous les obstacles, la justice parvient à mettre la main sur un individu désigné par certaines présomptions, elle se heurte à des obstacles presque invincibles quand elle recherche les preuves de culpabilité. Qu'un indigène formule une accusation, un autre indigène se présente immédiatement pour la renverser. Il y a autant de témoins dans un sens que dans l'autre, car un accusé a toujours pour lui les partisans de son çof, et contre lui ceux du çof ennemi. Si l'accusé n'est pas spontanément défendu par ses amis, il se procure facilement des témoins à décharge moyennant finance. Rien n'est donc plus facile que d'obtenir une déposition créant un alibi.

(1) Les administrateurs de communes mixtes ont toujours eu les attributions d'officiers de police judiciaire. Une circulaire du procureur général près la Cour d'appel d'Alger, en date du 4 juillet 1888, a décidé qu'il y aurait lieu d'employer leur concours d'une façon plus suivie, et précisé dans quelles circonstances ils devraient instruire les affaires. Quant aux adjoints des administrateurs, ils viennent de recevoir les mêmes pouvoirs de police judiciaire que les administrateurs. (*Décret du 3 octobre 1888. Revue algérienne de législation et de jurisprudence*, 1888, 3° partie, p. 197.)

L'instruction des affaires criminelles se trouve ainsi hérissée de difficultés à peu près insurmontables. Très souvent le coupable, couvert par les dépositions des membres de son çof, échappe, faute de preuves (1). La justice française vient échouer sur un écueil également à craindre pour tous ceux qui ont affaire aux indigènes musulmans, à savoir la solidarité de famille, de çof, de village, de tribu. Jamais en face de soi on ne trouve d'individu isolé : c'est toujours un groupe, une collectivité, un faisceau de résistances. Cet état de choses, général dans toute l'Algérie, mais particulièrement aigu en Kabylie, doit faire conclure que peu de crimes sont individuels, et que presque tous sont collectifs (2).

Étant donné ce principe, l'autorité judiciaire est fréquemment forcée de recourir à des moyens contraires aux préjugés qui ont faveur en France. Pour avoir chance de saisir le coupable, il faut commencer par appréhender au corps tous les témoins que l'on peut découvrir. Le coupable, qui se cache généralement parmi eux, finira par se faire connaître sous la pression exercée par ses compagnons de captivité, ou sera dé-

(1) Voir plus loin, même chapitre, un exemple de solidarité de famille et de la façon dont doit procéder la justice française.
(2) C'est ce qui justifie le système de la *responsabilité collective*, notamment en cas d'incendie. Les théoriciens qui, comme M. PAUL LEROY-BEAULIEU (*op. cit.*, pp. 137 et suiv.), s'élèvent contre ce système au nom des idées de justice, ne tiennent pas suffisamment compte de ce qu'étant donnés certains milieux sociaux, on finirait, à force de prétendre être juste, par laisser impunis tous les méfaits.

noncé par eux. Si cette mesure ne donne pas de résultat, il y a lieu d'incarcérer les femmes, car pour se les faire rendre, leurs maris n'hésiteront plus à indiquer l'auteur du crime. Parfois même, il est nécessaire d'arrêter tous les habitants d'un village.

Ces procédés d'instruction criminelle peuvent révolter les âmes sensibles qui, par une pitié mal placée, conspirent à sauver les gredins. Mais ils sont rendus nécessaires et légitimes par le milieu social au sein duquel la France a le devoir d'assurer la tranquillité. Chaque peuple doit avoir la justice qu'il mérite.

La Kabylie, comme le monde musulman en général, oppose aux efforts de la civilisation, non pas des individus isolés, mais des groupes compacts d'individus; c'est à ces groupes qu'il faut s'en prendre en toute circonstance, particulièrement en matière de répression. Par conséquent, au cas de crime, comme tous les habitants du village doivent être soupçonnés de complicité, au moins par recel, il n'est pas injuste de soumettre certains d'entre eux à la détention préventive. Cet emprisonnement, autorisé d'ailleurs d'une façon complète par la loi française, n'impose pas aux indigènes un régime qui leur soit trop dur, car sans les astreindre au travail il leur assure du pain. C'est même une excellente aubaine pour des gens dont le souverain bonheur consiste à manger, et surtout à ne rien faire. N'était la privation de liberté, ils s'accommoderaient bien vite du régime, et rien ne les déterminerait aux aveux. Mais le besoin de grand air finissant par se faire sentir, des révélations se produisent, et il devient parfois possible de mettre la main sur le coupable.

Au surplus, les faits de chaque jour attestent l'efficacité d'un système qu'on est forcé de suivre, à moins de laisser les crimes impunis. Voici d'ailleurs entre mille un exemple à l'appui. Un assassinat avait été commis dans un village d'une des tribus les plus rebelles de la Kabylie. Le suppléant du juge de paix, nouvellement débarqué, frais émoulu des principes du Code d'instruction criminelle, se mit à procéder conformément aux règles en honneur dans la Métropole. Malgré tous ses efforts, il ne parvenait pas à mettre la main sur le coupable. Au dire des indigènes interrogés, il n'était plus dans le pays. L'administrateur, fort au courant des mœurs des habitants, était convaincu que le coupable était tenu caché dans le village même. Il envoya un de ses adjoints, qui n'hésitait jamais à faire, en cas de besoin, acte d'énergie. Celui-ci reçut d'abord de tout le monde la même réponse que le suppléant du juge de paix : le coupable avait quitté le pays. Mais, sans se laisser tromper plus longtemps, il fit cerner le village par les quatre cavaliers qui l'avaient accompagné, mit en arrestation tous les hommes au nombre de trois cents, et prit, en outre, soixante femmes comme otages. Puis, revolver au poing, il emmena toute cette troupe. Les hommes furent relâchés, faute de prison suffisamment vaste, mais les femmes furent incarcérées. Le résultat ne se fit pas longtemps attendu. Le lendemain, le coupable venait lui-même se constituer prisonnier. Poussé par ses concitoyens, qui l'avaient jusque-là soustrait aux recherches, mais qui ne songeaient plus qu'à rentrer en possession de leurs femmes, il se sacrifiait au bien public.

De pareilles mœurs sont faites pour jeter le désordre au milieu des idées habituelles de justice. Cette hostilité de tous les instants, qui déroute à chaque pas les recherches, jette l'esprit dans une sorte de stupéfaction, et cette stupéfaction s'accroît encore, quand on voit la soumission extraordinaire que tout indigène témoigne habituellement aux représentants de la France.

Tout s'explique cependant, quand on connaît le respect que tout musulman professe pour la force. *Mektoub* (c'était écrit) : ce seul mot de résignation fataliste résume, pour l'indigène qui se sent dominé par plus puissant que lui, toutes les raisons de sa prodigieuse docilité. Obéir au plus fort, c'est obéir à Dieu ; et comme demander à Dieu raison de la force de qui que ce soit serait commettre un sacrilège, la soumission doit être aveugle et muette (1).

Lorsque, pour saisir un criminel, on commence par mettre la main sur tous ceux qui s'offrent comme témoins, il ne vient jamais à l'idée d'aucun d'eux de protester contre la mesure prise à son égard. Qu'un agen de l'autorité prononce les mots sacramentels : *je t'ar-*

---

(1) Conf. ci-dessus, pp. 47 et s.

rête; et celui qu'il aura ainsi comme frappé d'un coup irrésistible le suivra immédiatement, sans murmurer ni chercher à s'échapper.

L'application que font les administrateurs des peines de l'indigénat (1) ne soulève, en pratique, aucune diffi-

(1) Les infractions spéciales à l'indigénat résultent de différents faits qui ne sont considérés comme punissables que lorsqu'ils ont des indigènes pour auteurs. Tel est, par exemple, le manque de respect envers un agent de l'autorité. Elles sont réprimées par les peines de simple police. Dans les communes de plein exercice, ces peines sont prononcées, conformément au droit commun, par le juge de paix, tandis que dans les communes mixtes, en vertu d'une loi du 28 juin 1881, elles sont infligées disciplinairement par les administrateurs.

Les publicistes métropolitains qui prétendent protéger les indigènes, M. PAUL LEROY-BEAULIEU notamment (*op. cit.*, p. 274), demandent à grands cris la suppression du code de l'indigénat. Quant aux Français habitant l'Algérie, comme ils connaissent peut-être mieux les questions algériennes, ils réclament tous le maintien d'une législation qui est absolument indispensable pour assurer la tranquillité du pays. Les membres du conseil supérieur de gouvernement ont, dans la session de novembre 1887 (voir les *procès-verbaux du Conseil supérieur de gouvernement*, 1887, pp. 511 et suiv.), exprimé un vœu unanime pour la prorogation, sous certaines réserves, de la loi du 28 juin 1881, qui n'a accordé que pour sept années aux administrateurs le droit d'infliger les peines de l'indigénat.

Il faut sans doute supprimer quelques cas beaucoup trop vagues, prendre des mesures contre l'arbitraire possible, permettre la défense des prévenus, organiser la publicité des décisions prises, prévenir quant à l'exécution toute idée de malversation. Mais la législation actuelle n'en doit pas moins être conservée dans son ensemble, si exceptionnelle qu'elle soit, car elle est commandée par une situation exceptionnelle. De longtemps encore, les indigènes ne se soumettront qu'à un régime tout militaire. Les administrateurs, mis à leur tête pour les gouverner, ne seront respectés et obéis qu'autant qu'ils resteront investis d'un pouvoir spécial de discipline, de même que, dans les régiments, les colonels ne conserveront quelque autorité qu'à la condition de pouvoir infliger la salle de police et la prison.

culté. Ce sont seulement les publicistes métropolitains qui, par principe, s'élèvent contre elles, et créent une dangereuse agitation pour les faire supprimer. Jamais un indigène n'a de lui-même songé à réclamer ; dès qu'il est condamné il se soumet. Aussi l'exécution de la sentence se trouve-t-elle presque toujours assurée par une simple signification. Il suffit, la plupart du temps, de faire connaître au condamné le moment où il devra se rendre au bordj d'administration pour subir sa peine ; et à l'heure dite, sans qu'il soit nécessaire de s'en occuper davantage, il s'y rendra de lui-même, et demandera son incarcération. C'est comme le soldat qui, après avoir fait l'étape fixée, va toucher son billet de logement et recevoir son prêt.

Un administrateur, se trouvant un jour en tournée, rencontra un indigène qui s'en allait tout tranquillement portant un fusil. « *La carta* (ton permis), lui cria M. Grault. — *Macache carta* (je n'ai pas de permis), répondit l'indigène. Que veux-tu? Voici mon fusil; je suis content, car je viens de tuer mon ennemi. — C'est bien, repartit l'administrateur : je t'arrête ; garde ton fusil, mais porte-le au bordj ; tu diras de te mettre en prison. » — Après avoir pris son nom, l'administra-

---

Une loi du 27 juin 1888 vient de proroger, pour deux ans seulement, la loi du 28 juin 1881. Elle a, du reste, restreint et précisé les infractions spéciales à l'indigénat. Voir le texte de la loi du 27 juin 1888, avec la discussion qui a précédé le vote, dans la *Revue algérienne de législation et de jurisprudence*, 1888, 3ᵉ partie, pp. 153 et suiv.

teur continua sa route sans plus s'inquiéter. Le soir même, le meurtrier arrivait paisiblement au bordj et demandait à être incarcéré.

Ce trait stupéfiant n'est pas un fait isolé ; c'est, entre mille, un des exemples du prestige qu'inspire l'autorité (1). Les agents du pouvoir seraient-ils doués de quelque vertu magique, leur permettant de réduire du regard les natures les plus rebelles ? Y aurait-il là un singulier phénomène d'hypnotisme ? On pourrait presque le croire, à en juger par les effets prodigieux de domptement qu'obtient l'administration dès qu'elle se fait sentir, ou même simplement dès qu'elle se montre.

Il ne faut cependant pas s'abuser sur sa puissance hypnotique. Celle-ci procède uniquement de la supério-

---

(1) Voici un autre exemple ; je le tiens de M. V..., juge de paix en Kabylie. En prenant possession d'une justice de paix qui venait d'être créée, M. V... ne trouva ni gendarmes, ni prison. Cette situation se prolongea pendant plusieurs mois, mais ne l'empêcha pas d'exercer ses fonctions. Il opérait les arrestations lui-même, assisté simplement de son *chaouch*, c'est-à-dire de son appariteur. N'ayant pas de chambre de sûreté, il se contentait de consigner ses prisonniers dans la salle d'audience. Celle-ci, par suite de l'insuffisance de l'installation, se trouvait tout ouverte, et aucune surveillance ne pouvait s'exercer, faute de personnel. Or il n'y eut jamais qu'un seul prisonnier qui se sauva, et encore réintégra-t-il bien vite le local, grâce à la mesure que prit M. V... aussitôt après s'être aperçu de son évasion. M. V... arrivait de France et, par conséquent, ne se trouvait nullement au fait des moyens dont dispose un magistrat algérien. Il consulta son chaouch sur ce qu'il y avait à faire pour reprendre le fugitif. « C'est bien simple, lui dit le chaouch ; il y a ici son frère : arrête-le, et ton prisonnier sera bientôt de retour. » M. V... mit immédiatement ce conseil en pratique. Le frère fut appréhendé et consigné à la salle d'audience ; deux heures après l'évadé était revenu.

rité des fusils et des canons français, maintes fois attestée par les preuves les plus frappantes. Que la France manque un seul jour d'opérer ses passes magnétiques avec ses instruments de divers calibres, qu'elle subisse un échec en Europe, et la fascination cessera sur-le-champ. L'enchantement s'évanouira, l'indigène se réveillera, et une insurrection, plus terrible peut-être que celle de 1871, viendra prouver que la soumission du pays n'avait jamais été qu'apparente (1).

C'est donc bien à tort que certains publicistes croient à l'existence de Kabyles ou d'Arabes vraiment ralliés à la cause française. Quiconque connaît véritablement les indigènes déclare sans hésiter qu'il n'y en a presque pas un. Je demandais un jour à un administrateur si, en cas d'insurrection, les agents de l'autorité française, isolés au milieu des tribus kabyles, seraient sûrs au moins des cavaliers d'administration.

« Sûrs, certainement non, me répondit-il. Il y aurait peut-être un cavalier qui, en homme avisé, songeant à un retour possible des événements, attendrait quelque temps avant de prendre parti. Tous les autres profiteraient immédiatement de leur situation pour nous porter les premiers coups (2).

---

(1) « Baise la main que tu ne peux couper », dit un proverbe arabe. (RABOURDIN, *op. cit.*, p. 7.)

(2) Le maréchal de Mac-Mahon, alors qu'il était gouverneur de l'Algérie, disait un jour à l'archevêque d'Alger, qu'en cas de guerre européenne et en présence d'une insurrection, on ne pourrait pas compter sur la fidélité de vingt indigènes. (Voir

L'assimilation du Kabyle est encore bien lointaine, sinon chimérique. Ni le contact journalier avec des fonctionnaires français, ni la confiance témoignée, ni les services rendus ne peuvent transformer des natures foncièrement rebelles. Tout comme l'Arabe, le Kabyle est de la race du chacal, qui paraît se résigner à la servitude, mais ne s'apprivoise jamais.

Il faut même noter que, de tous les indigènes, les plus hostiles sont ceux qui ont eu le plus de rapports avec les Français. Ainsi, par exemple, les anciens tirailleurs, une fois revenus dans leurs villages, sont ce qu'il y a de pire (1). Ils se montrent les plus insoumis de tous les habitants. Ce sont eux qui, dans chaque douar, constituent le clan des *mauvaises têtes* (2). N'est-il pas triste de constater que c'est là le plus clair résultat obtenu avec ces braves turcos qui, à la caserne, se frottent si bien d'instruction, de cirage, de civilisation et d'absinthe (3)?

GRUSSENMEYER, *Le cardinal Lavigerie*, 1888, t. Ier, p. 162.) Voir ci-dessus, p. 47.

(1) Les tirailleurs sortent surtout de la tribu des Ouadhias, qui se trouve en bas de Fort-National, dans la direction du Sud-Ouest. Chaque village de cette tribu en fournit environ une trentaine.

(2) A la moindre observation de leur administrateur, ils répondent : « Nous connaissons la loi, et nous allons écrire au gouverneur. » J'ai entendu dire que l'administration centrale avait peut-être le tort de prendre trop fréquemment au sérieux les dénonciations des indigènes.

(3) Tant qu'ils restent enrégimentés, les tirailleurs demeurent fidèles au drapeau français. En 1874, on a pu les faire combattre contre leurs compatriotes (voir BEAUVOIS, *op. cit.*, pp. 47, 334 et 340); pourquoi faut-il que, revenus dans leurs

Les efforts tentés jusqu'à présent pour améliorer les Kabyles ne sont pas simplement demeurés infructueux : ils ont plutôt produit des effets contraires à ceux qu'on attendait, car ils n'ont guère fait que susciter des haines nouvelles, renforcer l'hostilité, et finalement aggraver les dangers de la situation.

Une curieuse expérience a été faite récemment, dans une commune mixte de Kabylie, par un administrateur, M. S... Ayant reçu carte blanche du gouverneur général, M. S... inventa le système suivant (1). Partant de cette idée juste, appliquée avec tant de succès par les Romains, qu'il faut diviser pour régner, *divide ut imperes*, il tenta d'accroître encore la division, déjà si profonde, des habitants de chaque localité en deux çofs ou clans ennemis. Pour cela, il imagina de ressusciter certaines institutions de l'ancienne constitution kabyle, l'élection des fonctionnaires et la représentation des minorités. Avant la conquête, l'*amin*, nommé par la majorité de la djemâa, avait en face de lui l'*oukil*, c'est-à-dire le receveur municipal, choisi par la minorité. L'*amin* et l'*oukil* étaient naturellement les chefs des deux partis opposés. Ils se surveillaient l'un l'autre, et la bonne gestion des deniers communaux se trouvait ainsi assurée.

foyers, ils renient complètement leur passé militaire ? — Voir ci-dessus. p. 43.

(1) La Kabylie semble avoir été toujours considérée comme le champ des expériences politiques, administratives et sociales. Voir plus loin, commencement du chapitre III, quelques détails sur l'expérience scolaire qui s'y fait actuellement.

M. S... rendit aux djemâas l'élection des *amins* qui, avant lui, étaient nommés par les administrateurs (1). Il rétablit aussi les *oukils*, en décidant qu'ils seraient institués par les minorités. C'était accorder à chacun des deux çofs, dans les différents villages, le droit de se donner des représentants et d'entretenir officiellement leurs querelles. C'était aussi permettre aux ennemis de la domination française de se compter et de s'organiser.

Dans la pensée de l'inventeur du système, l'administration devait, en intervenant pour maintenir la paix extérieure, prendre pied dans les villages, s'imposer comme arbitre des partis et acquérir ainsi une influence décisive qui assurerait la soumission du pays. En outre, les luttes politiques, devenues plus ardentes par suite de l'importance donnée au suffrage populaire, allaient, au bout de quelque temps, former de véritables électeurs, accroître le goût des libertés publiques, faire naître le désir d'une association complète aux prérogatives des citoyens français, et finalement déterminer les Kabyles à venir en masse solliciter les bienfaits de l'assimilation.

Pesant de tout le poids de son autorité sur les indigènes qui paraissaient le mieux disposés, M. S... parvint à obtenir quelques demandes de naturalisation. C'est ainsi que furent naturalisés environ trente Kabyles.

(1) Voir ci-dessus, p. 76, quelle est actuellement l'organisation de la Kabylie.

Ils forment, à l'heure actuelle, un parti important parmi les électeurs de la commune de plein exercice à laquelle ils appartiennent (1).

Après avoir légiféré en matière de droit public, M. S... passa au droit privé. Pour faciliter aux indigènes l'épargne et la coopération, il institua une *Caisse syndicale des thadderts*. L'organisation de cette caisse était, dans plusieurs de ses parties, visiblement inspi-

(1) Les communes de plein exercice sont les communes régies par des règles presque identiques à celles qui sont appliquées aux communes de France. Elles ont un conseil municipal et un maire élus. (Voir, sur leur organisation, EUGÈNE GODEFROY, *Les communes de plein exercice de l'Algérie*, 1888.) Elles comprennent généralement un grand nombre d'indigènes. Ainsi, par exemple, les dix communes de plein exercice de l'arrondissement de Tizi-Ouzou en comptent 106.984 sur les 356.539 habitants de cette circonscription, soit environ les 2/7. (Voir *Les circonscriptions administratives de l'Algérie, 30 septembre 1887, département d'Alger*, p. 88.) Il y a peut-être des inconvénients à faire administrer autant d'indigènes par quelques maires élus. Ceux-ci, en effet, à cause de leurs intérêts particuliers, ou bien n'ont pas le loisir d'exercer une surveillance suffisante, ou bien se trouvent portés à abuser de leur autorité à l'égard de gens avec lesquels ils sont, comme colons, en conflit perpétuel.

En ce qui concerne spécialement les impôts, les indigènes se montrent beaucoup plus récalcitrants dans les communes de plein exercice que dans les communes mixtes. Pendant l'exercice de 1887, les Kabyles n'ont acquitté que les quatre cinquièmes de leurs contributions dans les communes de plein exercice, tandis qu'ils les ont soldées intégralement dans les communes mixtes On m'a dit qu'à Tizi-Ouzou certains indigènes, quoique solvables, n'avaient pas payé un sou depuis quatre ans. Cette situation tient à ce que, dans les communes de plein exercice, les peines de l'indigénat, ne pouvant être infligées que par un jugement du juge de paix, ne sauraient être, à cause des longueurs de la procédure, utilement employées comme moyens de contrainte. (Voir ci-dessus, p. 108, quelques renseignements sur les peines de l'indigénat.)

rée par celle de la *Caisse d'épargne postale*, établie par la loi du 9 avril 1881. C'est ainsi que le mineur se trouvait admis à opérer un versement sans l'intervention de son représentant légal ; que la femme mariée avait également le droit d'effectuer un dépôt sans l'autorisation de son mari, etc. La nouvelle législation comprenait une foule de dispositions : elle prévoyait notamment des cas de remploi au profit de la femme mariée. Est-il besoin de dire qu'étant donnée l'organisation de la famille kabyle, la subordination du mineur et le néant de la femme mariée, la plupart des articles ne pouvaient, au moins pour le moment, que rester lettre morte (1) ?

M. S... en eut certainement conscience, car en même temps qu'il faisait œuvre de législateur, il s'efforçait de réformer les mœurs : *quid leges sine moribus ?* a dit Horace ; et M. S... s'est toujours montré civilisateur classique.

Les mœurs civilisées ne sont souvent que le produit du moule dans lequel s'enferme un peuple. L'extérieur est fréquemment tenu pour un indice, voire pour une cause efficiente. Aux yeux de toute une école, le Chinois se civilise rien qu'à couper sa queue et à endosser un habit noir. Partisan convaincu de cette école, M. S... fit tous ses efforts pour convertir les Kabyles au costume européen. Je sais, d'excellente source, que son

---

(1) La caisse syndicale des *thadderts* est aujourd'hui liquidée.

idéal était de les amener surtout à porter le chapeau haut de forme, cette coiffure ayant la vertu de transformer les cervelles qu'elle abrite. Peut-être, en effet, le moderne couvre-chef a-t-il le don de faire mentir le vieil adage : *l'habit ne fait pas le moine.*

Quoi qu'il en soit, le chapeau haut de forme intéressant l'économie domestique, M. S... se trouva conduit à traiter de cette importante science jusque dans ses derniers détails. C'est ainsi qu'il arriva à s'occuper des problèmes de cuisine. On parle encore en Kabylie d'une circulaire où il enseignait aux ménagères que la betterave ferait bien dans la *marga*, c'est-à-dire dans la sauce du couscous.

Malgré ses nombreuses occupations, M. S... se fit un devoir d'éclairer l'administration centrale sur les questions kabyles. Il lui adressa, en conséquence, nombre de rapports. Plusieurs d'entre eux furent, paraît-il, singulièrement goûtés.

Satisfait des premiers résultats de son système, M. S... invita le gouverneur général à venir les constater sur les lieux. Le gouverneur général accepta et se rendit en Kabylie. Trente jeunes filles kabyles, élèves d'une école kabyle-française, le reçurent au chant de la Marseillaise. « Voilà l'assimilation », s'écria avec enthousiasme M. S... en les présentant. Puis il se mit à célébrer les progrès que faisait chaque jour la civilisation en Kabylie, et il en donna pour preuve, m'a certifié un témoin de l'entretien, ce détail de toilette, que les femmes indigènes commençaient à se servir « d'eau de Lubin ». Le gouverneur général parut content et demanda un rapport sur ces premiers succès.

Ces premiers succès furent malheureusement les seuls. L'élection des *amins* et des *oukils* jeta partout le trouble. La pratique de la représentation de la minorité acheva d'aigrir les dissensions, en armant l'un contre l'autre les deux çofs de chaque village. Une sourde agitation commença à se manifester de tous côtés. Devant l'orage qui menaçait, M. S... se retira, espérant que son sacrifice suffirait à l'apaiser. Mais le vent de la guerre civile et de la révolte avait été déchaîné, et la tempête éclata vers la fin de 1885. Un jour de marché, une bataille en règle s'engagea entre les partisans de deux chefs influents, dans la cour même du bordj d'administration. Accouru au bruit des coups de pistolet, le nouvel administrateur se jeta dans la mêlée pour séparer les combattants. Il fut renversé, foulé aux pieds, et, en fin de compte, la force armée dut intervenir pour rétablir l'ordre.

Les Kabyles n'étaient pas encore mûrs pour le système de M. S... Son application avait eu d'abord pour conséquence de réveiller leurs querelles. Puis, abandonnés à eux-mêmes, ils s'étaient naturellement retournés contre l'autorité française, montrant ainsi une fois de plus que, s'ils se divisent entre eux, ils n'en demeurent pas moins unis contre la France.

Le gouvernement remit en vigueur le régime antérieur aux innovations de M. S... Le choix des *amins* fut rendu à l'administration, et la représentation de la minorité cessa de fonctionner. De toute l'œuvre de M. S..., il ne reste plus que la trentaine d'indigènes naturalisés Français. Ce sont, paraît-il, les gens les moins recommandables. Ils n'ont considéré la naturalisation que comme un moyen d'échapper à la surveillance particulière dont ils étaient antérieurement l'objet. Devenus aujourd'hui égaux en droits à leurs anciens supérieurs, ils en profitent pour créer des difficultés à l'administration ; et comme ils forment un parti important parmi les électeurs, ils arriveront peut-être, aux prochaines élections, à renverser le maire français et à le remplacer par un maire kabyle. Pour un peu ils renouvelleront les exploits des nègres dans le Sud des Etats-Unis.

Cette expérience permet de juger le projet de loi sur la naturalisation des indigènes algériens, déposé devant la Chambre des députés par MM. Michelin et Gaulier. D'après ce projet, les indigènes musulmans seraient naturalisés en bloc, comme l'ont été les juifs en 1870. Ils se trouveraient donc soumis au service militaire (1)

---

(1) Les troupes indigènes se sont sans doute, en 1870, vaillamment battues contre l'Allemagne. Mais était-ce uniquement par amour pour la France. Voici, en effet, ce qu'en 1872 un grand chef indigène écrivait à Léon Roches, ancien secrétaire intime de l'émir Abd-el-Kader : « Vous admirez avec raison l'élan courageux de nos enfants qui sont allés partager les dangers de vos braves soldats et mourir glorieusement avec eux. Dieu me préserve de diminuer le mérite de leur détermi-

et appelés à prendre part aux élections (1).

Tous les fonctionnaires algériens sont d'accord pour affirmer qu'il n'y aurait plus alors qu'à plier bagage, parce que toute administration deviendrait impossible. Les anciens turcos causent, en effet, assez d'embarras et de soucis, pour qu'il soit inutile d'augmenter le nombre de ces gens insoumis (2) et formés au maniement des armes perfectionnées (3). Quant aux électeurs qu'on créerait, ils seraient unanimes à plébisciter, dès qu'ils l'oseraient, pour l'abandon de l'Algérie par la France (4).

nation, mais il ne faut pas l'attribuer seulement à leur dévouement à la France. Les Arabes de notre époque, quoique fils dégénérés des djouêds (nobles) qui, il y a douze cents ans, conquirent l'Afrique et l'Espagne, ont conservé pourtant, de leur noble héritage. l'amour des combats et l'esprit d'aventure. Ils ont d'autant plus facilement cédé à ces penchants, qu'ils accompagnaient vos soldats, considérés par eux comme des frères, car. chez les Arabes, la fraternité de la poudre égale la fraternité du sang. Et puis enfin, te l'avouerai-je confidentiellement, *la perspective de tuer du chrétien sans trahir son serment de fidélité n'est-elle pas un puissant attrait pour un fils de l'Islam?* » (LÉON ROCHES, *Trente-deux ans à travers l'Islam*, 1885, t. II, p. 334.)

(1) M. PAUL LEROY-BEAULIEU demande, lui aussi, que les droits électoraux soient concédés aux indigènes algériens. (Voir ci-dessus p. 38, note 1.)

(2) Voir ci-dessus, p. 112.

(3) On a récemment songé à se servir des indigènes algériens, pour constituer l'armée spéciale. indispensable aux colonies d'outre-mer. Malheureusement, l'expédition du Tonkin a prouvé que non seulement les spahis arabes, mais encore les turcos, presque tous originaires de Kabylie, résistent moins que les Français au climat de l'Extrême-Orient.

(4) Les partisans de la naturalisation des indigènes s'imaginent que ceux-ci sont reconnaissants envers la France des efforts qu'elle fait pour améliorer leur situation. C'est là mal-

Si la naturalisation en bloc des indigènes se trouve actuellement impraticable, peut-on au moins préparer

heureusement une idée *à priori,* absolument contraire à la réalité des choses. Les musulmans algériens sont bien loin d'accepter franchement et sans arrière-pensée la domination française ; ils regrettent, se résignent, mais attendent.

On peut considérer encore aujourd'hui, comme exprimant le sentiment intime de tous les indigènes, ces paroles que Léon Roches met, en 1844, dans la bouche d'un grand chef : « Vous croyez qu'avant l'arrivée des Français en Afrique nous subissions avec peine le joug des Turcs, maîtres injustes et rapaces, et vous pensez que nous devons remercier Dieu d'en être délivrés et d'être aujourd'hui gouvernés par des maîtres justes et cléments. Sachez que si nous nous soumettons aux décrets du Très-Haut qui, donnant la victoire à qui il lui convient, vous a rendus maîtres de notre pays, nous n'en haïssons pas moins votre domination parce que vous êtes chrétiens. Les Turcs étaient parfois injustes et cruels, mais *ils étaient musulmans...* Les Arabes ne comprennent qu'une chose, c'est qu'ils sont les plus faibles et que vous êtes les plus forts.... Croyez-moi, restez forts et toujours forts, car le jour où les Arabes découvriraient que vous êtes faibles, ce jour-là ils oublieraient et votre clémence et votre justice, et tous vos bons procédés, et, ne se souvenant que de vos deux titres, *chrétiens* et *conquérants,* ils vous jetteraient dans la mer qui vous a apportés. » (LÉON ROCHES, *op. cit.*, t. II, pp. 322 et 328.)

A l'heure actuelle, les indigènes musulmans, quels qu'ils soient n'ont pas changé de dispositions. Ils haïssent la France autant sinon plus qu'il y a cinquante ans, et lui savent très mauvais gré des efforts qu'elle fait en leur faveur. Les Kabyles, notamment, détestent les colons qui leur procurent du travail ; en 1871, ils ont incendié toutes les fermes dont ils se sont emparés. Ils apprécient médiocrement les chemins ouverts par l'administration. (Voir ci-dessus, p. 50, note 1.) Tout en profitant de la paix que fait régner l'autorité, ils regrettent au fond du cœur les temps héroïques où ils pouvaient faire parler la poudre dans les guerres civiles ou privées. (Voir ci-dessus p. 96.) Ils n'aiment pas la justice française, même quand elle exerce la répression au profit de l'un d'entre eux. (Voir ci-dessus, pp. 97 et suiv.) Quant à l'instruction primaire qu'on veut maintenant imposer à tous leurs enfants, elle leur est antipathique, pour ne pas dire odieuse. (Voir plus loin, au leur assimilation, en accordant individuellement la nationalité française à certains d'entre eux ? Il faut répondre non, sans hésiter ; la naturalisation, même simplement individuelle, n'est nullement à encourager pour le moment. En effet, si quelque indigène s'avise, par hasard, de solliciter la qualité de citoyen, ce n'est jamais avec le désir de se rapprocher sincèrement des Français, c'est pour se soustraire à l'autorité de l'administrateur, et, s'il se peut, lui faire échec ; c'est pour

commencement du chapitre III, la question de l'instruction primaire en Kabylie.)

Pour ce qui est de la naturalisation, ils la repoussent avec la plus grande énergie. Ainsi, par exemple, on a vu récemment tous les habitants d'un douar s'opposer par la force à l'établissement de leur état civil, sous prétexte que *cette opération entraînait leur naturalisation*. (Voir la *Dépêche algérienne* du 17 mai 1888.) On a vu aussi, à la session d'octobre du Conseil général du département d'Alger, les conseillers généraux indigènes protester contre le projet de naturalisation des indigènes. Voici, en effet, comment M. Ben-Siam, l'un d'eux, s'est exprimé en leur nom : « L'indigène tient par-dessus tout à sa religion, dans laquelle il met toute sa foi. Les personnes qui croient lui rendre un éminent service en demandant qu'il soit naturalisé tout en conservant son statut personnel sont des *réformateurs animés sans doute d'excellentes intentions, mais qui malheureusement n'ont aucune notion exacte de la question algérienne*. Dans une matière aussi délicate, aucune modification ne doit être apportée à la situation des indigènes sans qu'ils aient été préalablement consultés. Nous croyons donc devoir faire toutes nos réserves. » (*Procès-verbaux des délibérations du Conseil général du département d'Alger*, séance du 24 octobre 1888, p. 493.)

J'entends dire de tous côtés, par les vieux Algériens, que les indigènes sont aujourd'hui plus hostiles à la France qu'il y a vingt-cinq ans. Plus que jamais, il faut répéter ces paroles du maréchal Bugeaud : « Soyons justes et cléments vis-à-vis des Arabes, occupons-nous de leur éducation, de leur bien-être, admettons-les aux bienfaits de notre civilisation, mais *restons toujours forts*. » (LÉON ROCHES, *op. cit.*, t. II, p. 426.)

obtenir plus facilement une faveur gouvernementale; c'est parfois simplement pour les besoins d'un procès (1). D'ailleurs, une demande de naturalisation est un cas aussi rare en Kabylie que dans le reste de l'Algérie. Pour tout indigène, la naturalisation est une sorte de trahison et d'apostasie. Aussi ceux qui la sollicitent sont-ils en nombre absolument infime, et appartiennent-ils à la classe des individus reniés par leurs proches comme mauvais sujets (2).

Pas plus que les Arabes, les Kabyles ne sont encore acquis à la France. Vaincus, ils restent indomptés, pour ne pas dire indomptables (3). De tous les indigènes, ils sont les plus difficiles à gouverner, car ils se

---

(1) Par exemple, au temps où le Code civil n'admettait pas encore le divorce, on a vu un indigène se faire naturaliser pour entraver la demande en divorce introduite contre lui par sa femme. (Voir, dans Sirey 1887, I, 259, l'*arrêt de la Cour d'Alger*, *chambre musulmane*, du 5 juin 1883.)

(2) Dans toute l'Algérie, il n'y a guère, chaque année, que trente indigènes admis à la naturalisation, puisque de 1865 à 1884 inclus, c'est-à-dire en vingt ans, on en a compté seulement 614 (Voir la *Statistique générale de l'Algérie*, années 1882 à 1884, p. 16.) Le nombre des naturalisations d'indigènes s'est encore abaissé dans ces dernières années : il a été de 23 en 1886, et seulement de 13 en 1887. (Voir le *Conseil supérieur de gouvernement*, 1888, p. 18.)

(3) « Croire qu'ils ont perdu tout espoir de représailles est une erreur profonde; et celui qui, inconnu, pourrait s'introduire dans leurs djemâas et entendre les propos qu'ils se transmettent d'un village à l'autre s'assurerait qu'ils se tiennent assidûment au courant des affaires extérieures, qu'ils connaissent et commentent les faits et les événements politiques, et qu'ils n'attendent qu'un moment favorable pour lever, dans toute la Kabylie, le drapeau de la guerre sainte. » (ROUANET, *La sécurité en pays kabyle*, dans l'*Akbar* du 8 juillet 1888.)

montrent plus rebelles, s'il est possible, que les Arabes.

Ils seront pourtant les premiers à s'assimiler, si jamais des musulmans s'assimilent. Ce sont eux, en effet, qui sont le moins éloignés des idées modernes (1). Tandis que les Arabes se trouvent imbus de préjugés aristocratiques, admettent la communauté des terres et s'abandonnent à l'indolence de la vie pastorale, les Kabyles professent des sentiments égalitaires, pratiquent la propriété individuelle, et se montrent aussi âpres au travail que des paysans de France. Bien moins séduisants que les Arabes, ils ont beaucoup plus de fond. Ce sont des natures sauvages et incultes, mais pleines de sève et de vigueur. La France aura sans doute grand mal à s'en rendre maîtresse et à les former aux mœurs européennes; mais si elle y parvient quelque jour, ses élèves lui feront le plus grand honneur (2).

(1) Quant à croire, comme M. Paul Leroy-Beaulieu (op. cit., pp. 240 et suiv.), que les Kabyles ne diffèrent presque pas des Européens, c'est malheureusement une erreur des plus graves.

(2) On peut déjà tenir pour vraiment assimilés les indigènes, au nombre desquels on compte quelques Kabyles, recueillis comme orphelins par Mgr Lavigerie pendant la terrible famine de 1868, et devenus chrétiens. Ils sont aujourd'hui cinq cents environ.

Quelques-uns ont pu être établis dans deux villages, spécialement fondés pour eux dans la plaine du Chélif, Saint-Cyprien des Attafs et Sainte-Monique. Ils forment une cinquantaine de familles, soit une population d'à peu près trois cent cinquante personnes. J'ai appris que les enfants de ces indigènes chrétiens détestent les Arabes et refusent de parler une autre langue que le français.

Quant aux autres orphelins, il n'a pas été possible, le gouvernement ayant retiré toute subvention, de les établir comme cultivateurs dans de nouveaux villages. Ils ont été placés de différents côtés et gagnent leur vie. Plusieurs d'entre eux ne sont pas des modèles ; mais tous, jusqu'à présent, se montrent reconnaissants des bienfaits qu'ils ont reçus, et témoignent, en cas de mort, des sentiments chrétiens.

Les tentatives faites par Mgr Lavigerie pour constituer chez les indigènes quelques noyaux chrétiens et français ont donc beaucoup moins mal réussi qu'on ne le dit communément. L'amiral de Gueydon qui, de l'aveu de tous les Algériens, a été, après Bugeaud, le meilleur gouverneur de l'Algérie, disait à quelqu'un de ma connaissance, en parlant de l'œuvre de l'archevêque d'Alger : « C'est la seule chose sérieuse qui ait été faite pour l'assimilation des indigènes. »

CHAPITRE III

TAKA, LE SÉBAOU, AZAZGA. — L'INSTRUCTION, LA FEMME MUSULMANE, LES COLONS.

Jeudi, 23 juin. Adieu au Djurdjura. En route pour Azazga. — Race kabyle, son origine, ses éléments, sa langue. — Les *Beni-Fraoucen*. — Les marabouts.
L'école primaire d'Aït-Hichem. — Les instituteurs et institutrices en Kabylie, leur mission. — L'enseignement secondaire, l'instruction primaire obligatoire. — Résistance des indigènes. — Palmes académiques données à des chefs kabyles. Méthode d'instruction, singularités : *les remords de Frédégonde, la liste des ministères*, etc. — Le Coran et la mémoire; atrophie intellectuelle du musulman. — Inutilité et danger de l'instruction donnée aux indigènes. — Instruction des filles. — « C'est un meurtre. » — Problème de l'enseignement professionnel.
École de Djemâa-Saharidj; les Jésuites en Kabylie. — Le *chanfrère*. Les Pères Blancs et les Sœurs Blanches. Difficulté des conversions. — Enseignement laïque des Pères Blancs et des Sœurs Blanches.
« La selle », le *bardá*. — Village de Taka. — Cimetière. L'orfèvre kabyle; bijoux indigènes. — Négociations; les agrafes. — Un nom écrit. — Chemins et mulets; descente. Vallée du Sébaou. — Le soleil, les burnous.
Valeur vénale de la femme d'un *sidi professeur*. — Le mariage kabyle; vente de la femme, sa valeur vénale; répu-

diation ; veuve plus chère que la jeune fille. — La polygamie successive. — Femme d'été et femme d'hiver. — Situation de la femme musulmane, son abjection. — Ce que devient la vieille femme. — Naissances de garçons et de filles. — De l'amour entre époux. De l'amour entre parents et enfants.

Passage du Sébaou. — Village d'Azazga. — Le télégraphe. Les partis politiques à Azazga. — Concessions gratuites. Oisiveté des colons ; les luttes du forum. — L'État-Providence ; rôle des députés. — Le phalanstère de Maillot ; le droit à la pension ; les Saint-Simoniens. — Plan pour le lendemain, une visite. — Un pays de cocagne. — L'absinthe.

Jeudi 23 juin.

Nous sommes debout à l'aurore. Encore tout endoloris par les cahots de la veille, nous nous demandons avec crainte si nous nous tiendrons sur des mulets, aujourd'hui et les jours suivants. Mais nos appréhensions disparaîtront bien vite. Le mulet ne fatigue que pendant une première journée, et c'est en remontant le plus tôt possible qu'on se déraidit.

Nous devons aujourd'hui nous rendre à Azazga, au delà du Sébaou, en traversant dans sa largeur une partie de la Kabylie. M. Grault ne peut pas nous accompagner ; mais il nous donne pour guide un cavalier d'administration. Nous nous hissons tant bien que mal sur nos montures, et à cinq heures nous nous mettons en marche.

Le chemin s'élève tout d'abord en lacets, le long de la colline à laquelle se trouve adossé Aïn-el-Hammam.

Il atteint en quelques minutes le sommet. Arrivés là, nous disons un dernier adieu à Aïn-el-Hammam, nous saluons le Lella Khredidja, dont les rochers commencent à s'illuminer des feux du soleil levant; puis, tournant le dos au Djurdjura, nous prenons la direction du Nord, en suivant une étroite arête, telle qu'en présente seul le système de l'orographie kabyle, c'est-à-dire mince comme une lame de couteau, et dont les deux versants presque à pic aboutissent à de profonds ravins. Devant nous, mais bien en bas, c'est la plaine du Sébaou, et au delà une chaîne de montagnes qui la sépare de la mer.

Nous sommes accompagnés par deux jeunes Kabyles qui veillent sur nos mulets. Ils sont sous les ordres de Rabah n'Aït Amram, le cavalier d'administration auquel nous a confiés M. Grault.

Rabah a les cheveux rouges et les yeux bleus. C'est une sorte d'Anglais en burnous. Il appartient à cette espèce de Kabyles qui, avec leur teint blanc, leur chevelure blonde et leurs yeux clairs, rappellent les hommes du Nord.

Les Kabyles présentent le plus singulier mélange de types dissemblables. Les uns, par leur taille peu élevée, leurs cheveux noirs et légèrement crépus, se rapprochent des Bretons et des Basques; les autres, à la face rouge, font songer à ces Égyptiens dont les figures de vermillon ornent les sarcophages des momies; certains, comme Rabah, ressemblent aux anciens Normands, représentés aujourd'hui par les Norvégiens et les Anglais. Cette diversité de types désespère les ethnologistes, de même que les éléments hétéroclites de la langue kabyle font le malheur des linguistes. Les Kabyles constituent une branche des Berbères descendants des anciens Maures et Numides. Mais qu'étaient-ce que les Maures et les Numides ? Il est bien difficile de le savoir, étant donnée l'insuffisance des documents. La seule chose visible, c'est que les Kabyles présentent un singulier mélange de races disparates. Sous l'empire d'événements demeurés à peu près inconnus, plusieurs races se sont fondues entre elles, pour composer un alliage d'une remarquable cohésion, comme le granit, mais dans lequel on distingue encore différents éléments constitutifs (1). La multiplicité d'origines des Kabyles se trouve d'ailleurs attestée par leur langue qui n'appartient en propre à aucune famille, puisqu'elle est en même temps aryenne et sémitique, aryenne par ses racines et sémitique par sa grammaire.

Comme tous les pays de montagnes, la Kabylie a dû servir d'asile aux vaincus et aux révoltés. Les différentes invasions qui ont passé sur l'Afrique n'ont pu moins faire que de laisser derrière elles des individus

---

(1) Voir, sur l'ethnologie kabyle, HANOTEAU et LETOURNEUX, *op. cit.*, t. Ier, pp. 301 et suiv. ; RENAN, *la Société berbère* (*Revue des Deux-Mondes* du 1er septembre 1873, pp. 138 et suiv.); HOUDAS, *Ethnographie de l'Algérie*, 1886 ; le commandant RINN, *Essai d'études linguistiques et ethnologiques sur les origines berbères* (*Revue africaine*, 1886, pp. 64 et suiv.). Voir ci-dessus, p. 81.

de nationalités diverses, qui se sont fondus dans la race autochthone (1). Il n'est pas jusqu'à des déserteurs français qui n'aient cherché un refuge au pied du Djurdjura, et ne se soient trouvés absorbés dans la population (2). Qu'y a-t-il d'étonnant à ce qu'on trouve chez les Kabyles tous les types possibles (3) ?

(1) Les Beni-Fraoucen se disaient d'origine française, même avant la conquête par la France. C'est ce qui m'a été affirmé par deux indigènes. — Cette tradition, éclairée par la ressemblance du mot Fraoucen avec le mot Francs, peut faire supposer que les Beni-Fraoucen sont les débris de l'invasion franque dont une partie parvint en Afrique vers l'année 265. Cette invasion franque, la seule qui ait traversé la Méditerranée, est signalée en ces termes par Aurélius Victor (*De Cæsaribus*, cap. 33) : « *Francorum gentes, direptâ Galliâ, Hispaniam possi-« derent, vastato ac penè direpto Tarraconensium oppido, nac-« tisque in tempore navigiis, pars in usque Africam permearet.* »

(2) Voir Hanoteau et Letourneux, *op. cit.*, t. Ier, p. 304. « Nous en connaissons un, disent ces auteurs, natif d'Angers, « qui est établi près de Fort-Napoléon depuis plus de vingt-« cinq ans. Amnistié après la conquête, il a renoncé à sa natio-« nalité et préféré rester Kabyle. A part un fort penchant à « l'ivrognerie qu'il satisfait volontiers dans les cabarets du « fort, il a perdu toutes les habitudes de sa jeunesse, et rien ne « le distingue plus de ses nouveaux compatriotes. Il a des en-« fants qui ne savent pas un mot de français, sont des mu-« sulmans fanatiques, et nous sont aussi hostiles que le reste « de la population. »

(3) La diversité de types qu'on rencontre chez les indigènes de l'Algérie est quelquefois facile à expliquer. Voici, en effet, ce qui se passe actuellement dans la ville d'Alger. Les enfants européens, nés hors mariage, sont généralement mis en nourrice chez les Mauresques de la Kasba. Trop souvent, après avoir payé un ou deux mois, la mère disparaît. L'enfant est alors adopté par les gens chez lesquels il se trouve, surtout si c'est un garçon. Au bout de quelque temps, il est tout à fait indigène. On m'a rapporté qu'un gamin de onze ans, précédemment abandonné par sa mère, n'a jamais voulu revenir chez elle, déclarant qu'il était musulman. C'est ainsi que s'opère la fusion des races, mais aux dépens des Européens.

Il est, d'autre part, hors de doute qu'un certain nombre d'Arabes se sont établis dans le pays (1). Sans cela, on ne pourrait guère expliquer la conversion des Kabyles à l'islamisme, ainsi que la présence de beaucoup de mots arabes dans leur langue. Quelques personnes prétendent même que ces Arabes ont laissé une postérité propre dans les marabouts qui se rencontrent un peu partout. Cette opinion est discutable, et MM. Hanoteau et Letourneux, dans leur excellent ouvrage sur *la Kabylie et les coutumes kabyles,* soutiennent qu'il y a des marabouts de toute provenance, mais que la plupart sont de race berbère, comme la grande masse des habitants (2). En tout cas, les marabouts kabyles ont su constituer une classe séparée et privilégiée. Tandis que dans le reste de l'Algérie les marabouts ne sont que des hommes renommés par leur piété et leur science religieuse, en Kabylie ils forment une caste fermée où l'on entre seulement, mais nécessairement, par la naissance. Aussi font-ils bande à part au milieu de la population et habitent-ils des villages distincts. Ces villages ne se trouvent pas établis, comme les autres, sur le sommet des montagnes ; ils sont bâtis dans le fond des vallées, à côté des meilleures terres.

(1) On rencontre encore en Kabylie quelques purs Arabes, surtout dans les plaines. (HANOTEAU et LETOURNEUX, *op. cit.*, t. Ier, p. 303.) — Voir, pour un exemple, le commencement du chapitre IV.

(2) HANOTEAU et LETOURNEUX, *op. cit.*, t. II, pp. 89 et suiv.

Cette particularité de situation doit être attribuée à la considération et au respect dont jouissent les marabouts. Ayant, par privilège, le droit de rester étrangers aux guerres privées et, par suite, demeurant toujours en paix avec tout le monde, ils n'ont pas été contraints, par les nécessités de la défense, de s'installer sur les hauteurs comme dans de véritables forteresses. Ils ont donc pu, en toute sécurité, construire leurs maisons près des cours d'eau, à proximité des terrains les plus fertiles. D'un autre côté, leur neutralité leur permettant d'intervenir en qualité de médiateurs entre les partis, ils ont trouvé, dans l'exercice de la diplomatie, un moyen d'accroître leur influence et leur fortune (1).

J'ignore si Rabah est marabout. En tout cas, le burnous bleu lui vaut, ainsi qu'à nous par association, le salut d'un chacun. C'est ce que nous remarquons dans les villages que nous traversons, Aït-Melal d'abord, puis Aït-Hichem.

Aït-Hichem possède une école primaire, récemment fondée. Un certain nombre d'enfants y reçoivent l'instruction française par les soins d'une directrice française et d'une monitrice indigène. La maison offre un extérieur fort convenable. Bâtie en avant du village,

---

(1) Les marabouts de Kabylie ne se distinguent pas seulement par l'emplacement de leurs villages : ils diffèrent encore des autres habitants en ce que, comme les Arabes, ils obligent leurs femmes à se voiler devant les étrangers. Cette coutume peut servir d'argument aux partisans de l'origine arabe des marabouts kabyles.

elle se détache sur un fond de masures kabyles. Le contraste qui en résulte la fait paraître absolument isolée.

Rien qu'à voir une pareille habitation, on s'imagine immédiatement la vie solitaire qui doit s'y mener, et on est naturellement porté à admirer les Français et surtout les Françaises qui n'hésitent pas à se séparer complètement de leurs compatriotes, pour aller demeurer tout seuls au milieu de tribus qu'il s'agit de gagner à la France. Sans doute, les administrateurs, les juges de paix et, généralement parlant, les divers fonctionnaires dispersés en Algérie vivent, eux aussi, séquestrés du reste du monde civilisé ; mais, réunis en groupes, ils peuvent échanger des idées entre concitoyens. Au contraire, les instituteurs ou institutrices, disséminés en Kabylie, se trouvent ordinairement seuls chez des gens indifférents pour ne pas dire hostiles. Ils n'ont personne avec qui causer de ces mille choses chères à des Français. Leurs élèves constituent bien une intéressante société ; mais valent-ils, à eux tous, le commerce du moindre Européen ?

Si la vie des instituteurs et institutrices est pleine d'abnégation et de sacrifice, elle comporte, en revanche, une des plus belles missions, celle de dompter, d'élever, de civiliser une des races les plus jalouses de leur autonomie et de leurs coutumes. Pour arriver à ce résultat, ils ont entre les mains le moyen que l'on tient aujourd'hui pour le plus efficace, l'instruction primaire.

C'est avec l'instruction primaire qu'ils doivent subjuguer les natures farouches, gagner les cœurs rebelles, et transformer des ennemis irréconciliables en citoyens reconnaissants et dévoués (1).

Les lois récentes sur l'instruction primaire obligatoire ayant été déclarées applicables en Algérie (2), la Kabylie a été spécialement choisie pour en faire l'essai. Des écoles ont été immédiatement installées dans quel-

(1) Il y a vingt-cinq ans, dans les beaux temps du *Royaume arabe*, c'était l'enseignement secondaire donné aux fils des grands chefs qui devait transformer l'Algérie, en faisant pénétrer la civilisation par le haut dans la masse des indigènes. Ce système ayant donné de mauvais résultats (Voir plus loin, même chapitre, pour des exemples) se trouve aujourd'hui mis de côté. Aussi le nombre des élèves musulmans d'enseignement secondaire diminue-t-il chaque jour. De 263 en 1879, il est tombé, suivant une progression descendante constante, jusqu'à 145 en 1884 (voir la *Statistique générale de l'Algérie*, années 1882 à 1884, pp. 240 et 241) et à 101 seulement en 1887. En 1888, il s'est relevé à 111. (Voir le *Bulletin universitaire de l'Académie d'Alger*, décembre 1888, p. 463.)

(2) La loi du 30 octobre 1886 *sur l'organisation de l'enseignement primaire* a, dans son article 68, édicté quelques dispositions spéciales à l'Algérie. Ce texte se trouve aujourd'hui complété par les décrets du 8 novembre, du 12 novembre, et du 9 décembre 1887.(Voir *Revue algérienne de législation et de jurisprudence*, 1888, 3ᵉ partie, pp. 4, 13 et 15.) — L'instruction primaire est obligatoire pour les enfants des deux sexes, de six ans révolus à treize ans révolus, quelle que soit la nationalité des parents. Mais cette obligation n'est applicable à la population indigène musulmane, même dans les communes de plein exercice, qu'en vertu d'arrêtés spéciaux du gouverneur général. (*Décret du 8 novembre 1887*, art. 14.)

Les indigènes ont, en divers endroits de l'Algérie, énergiquement protesté contre l'obligation qui leur était imposée, particulièrement quant à l'instruction des filles. Une manifestation significative, à laquelle ont pris part plus de 500 Arabes, s'est produite à Tlemcen au commencement de 1887. (Voir *le Petit colon* du 31 mars 1887.)

ques villages. Les élèves ne se présentent pas d'eux-mêmes, les administrateurs ont dû se mettre en campagne pour en réunir un certain nombre. Les pères de famille, menacés des peines de l'indigénat (1) pour le cas où leurs enfants cesseraient d'être assidus, se sont résignés à la violence qui leur était faite. Mais ils ne comprennent guère, pour le moment, les bienfaits de l'instruction française (2). Si quelques-uns d'entre eux paraissent accepter de bonne grâce l'obligation scolaire, c'est qu'ils pensent acquérir, en compensation, des titres aux faveurs administratives. « J'envoie mon fils

---

(1) Voir plus haut, p. 108, en quoi consistent les peines de l'indigénat.

(2) En 1884, le sous-préfet de Tizi-Ouzou ayant déclaré que l'obligation n'existait pas, les écoles perdirent du jour au lendemain les trois quarts de leurs élèves. (Voir la *Revue internationale de l'enseignement* 1887, t. XIII, p. 506.)

L'empressement pour les écoles ne paraît pas avoir fait, depuis 1884, de sérieux progrès. Voici, en effet, ce que le recteur de l'Académie d'Alger était obligé de reconnaître devant le Conseil supérieur de gouvernement, dans la session de novembre 1888 : « La fréquentation a été, pour les élèves
« indigènes, très irrégulière. Beaucoup d'entre eux, habitués à
« vagabonder en plein air, trouvent pénible de rester assis
« des heures entières sur les bancs d'une école. Leurs parents
« ne les y poussent guère. Sans le concours des chefs indi-
« gènes, stimulés par MM. les administrateurs des com-
« munes mixtes, les commandants de cercle et officiers
« des bureaux arabes et aussi par quelques maires des com-
« munes de plein-exercice, nos instituteurs auraient de la peine
« à empêcher la désertion de leurs écoles..... Il se passera bien
« des années encore avant que les familles indigènes soient
« pénétrées de l'utilité de l'instruction française, et se fassent
« spontanément les auxiliaires des instituteurs pour assurer
« la fréquentation régulière des écoles. » (*Conseil supérieur de gouvernement*, 1888, p. 408.)

à ton école, disent-ils à l'administrateur de leur commune mixte, nomme-moi donc cavalier d'administration (1). »

Quoi qu'il en soit, un certain nombre d'élèves ont été réunis (2). Le petit Kabyle est très intelligent, et se trouve servi par une bonne mémoire. Les maîtres trouvent certainement des esprits assez ouverts pour mettre en exercice leur savoir.

Le fond de l'instruction qu'ils donnent est formé par le français, l'arithmétique, l'histoire et la géographie. Ces différents points ne peuvent être vraiment enseignés aux jeunes indigènes que d'une façon éminemment pratique. Certains instituteurs l'ont compris, et c'est en parlant avec leurs élèves, en leur nommant les divers objets qui peuvent tomber sous les yeux, en pro-

---

(1) Quelques chefs kabyles affichent de la sollicitude pour l'instruction de leurs compatriotes. Mais ne serait-ce pas surtout pour s'attirer les faveurs de l'administration ? En tout cas, certains y ont gagné les palmes académiques, ce qui n'est peut-être pas le comble de leurs espérances. L'un d'entre eux, créé officier d'académie par M. Berthelot, est venu trouver, il y a quelque temps, l'administrateur de sa commune, et lui a tenu ce langage : « J'ai entendu dire que la violette était « faite pour les savants. Moi, je ne suis pas savant. Pourrais-« tu me la changer contre la rouge ? »

(2) Au 1ᵉʳ juin 1887, les écoles d'instruction primaire française établies en Kabylie avaient 2.863 élèves, dont 204 filles seulement, pour une population comptant plus de 300.000 âmes. (Voir le *Bulletin universitaire de l'Académie d'Alger*, juin 1887, p. 89.)

L'assiduité a beaucoup diminué en 1888 dans certaines localités. On me parlait, vers la fin de mai 1888, d'une école où le nombre des élèves était tombé de 60 à 12.

8.

voquant des questions et y donnant des réponses intéressantes, qu'ils parviennent à leur inculquer assez rapidement quelques notions utiles.

Des méthodes originales ont même été inventées. C'est ainsi qu'une institutrice a imaginé, m'a-t-on dit, un curieux système d'enseignement simultané de la géographie et du français. Chaque enfant a été baptisée du nom d'un département : il y a l'élève *Pas-de-Calais*, l'élève *Manche*, l'élève *Bouches-du-Rhône*, etc. C'est une géographie vivante de la France. Mais n'y a-t-il pas quelque risque de faire naître parfois un peu de confusion, quand, pour empêcher le *Pas-de-Calais* de taquiner la *Manche*, on les sépare par les *Bouches-du-Rhône*?

Tous les maîtres n'ont pas la sagesse de s'en tenir aux notions élémentaires, voire à la géographie amusante. Beaucoup veulent, à tout prix, faire montre de l'ensemble des connaissances qu'ils ont acquises dans les écoles normales. Ils n'épargnent à leurs enfants aucune des anomalies de la grammaire française, s'évertuant à les mettre en garde et contre les singularités du subjonctif, et contre les inconséquences du pronom, et contre les pièges du participe. Nourris de belles-lettres, ils enseignent à leurs pouilleux les délicatesses de la poésie française. Ils leur font apprendre des vers; et même ils les forment à chanter, pour les voyageurs de haute marque, des odes de circonstance.

Comme le fait très bien observer Paul Bert, dans ses

Lettres de Kabylie (1), « l'instituteur enseigne ce qu'il
« sait, ce qu'on lui a appris à enseigner, ce qui est
« estimé dans les écoles normales et apprécié de
« MM. les inspecteurs... Un jour, ajoute Paul Bert,
« dans une école de la Grande Kabylie, l'instituteur
« me montrait avec fierté des enfants qu'il préparait
« au certificat d'études. C'est là une conception déli-
« rante. Le certificat d'études : les casse-tête de
« l'arithmétique, les Mérovingiens, les subtilités de la
« grammaire, les bizarreries de l'orthographe ! Dans
« une autre, je prends le cahier de rédaction du meil-
« leur élève. Dictée :.... je vous le donne en mille, les
« *remords de Frédégonde !*.... Mais ces enfants, fami-
« liers avec Brunehaut et les intérêts composés, je leur
« demandais en vain l'étendue de la France, le nombre
« de ses soldats, le bien qu'elle a fait à leur pays, leurs
« devoirs envers elle. »

Les systèmes se jugent à leurs fruits. Pour apprécier
la méthode d'instruction appliquée en Kabylie, il suffit
d'en connaître les résultats.

C'est d'abord un point certain, que le jeune Kabyle
prend, au contact de son maître, quelque teinture de
français. Il peut évidemment en tirer profit, quand, devenu grand, il va au loin se livrer au commerce ou travailler chez les colons. Mais que fait-il pour tout le
reste ? Grâce à la promptitude de sa mémoire, il par-

---

(1) PAUL BERT, *Lettres de Kabylie*, 1885, p. 63. — Paul Bert
est un des rares hommes d'État qui aient à peu près connu
l'Algérie et particulièrement la Kabylie.

vient très vite à retenir ce qu'on lui serine. Certains enfants sont même surprenants à cet égard. C'est ainsi que précisément à Aït-Hichem, où nous passons en ce moment, un petit prodige a pu donner mot à mot à M. Buisson, inspecteur général de l'instruction primaire, qui accompagnait M. Berthelot dans son voyage, la liste des ministères qui se sont succédés depuis Louis-Philippe. Il paraît d'ailleurs que la plupart des élèves s'intéressent à l'histoire; mais ce qu'ils en retiennent le mieux, m'a-t-on assuré, ce sont les batailles perdues par la France.

En dehors de quelques phrases de français et des défaites de la France, les jeunes Kabyles ne savent presque rien. Sans doute ils répètent par cœur des définitions de grammaire ou des fables de La Fontaine. Mais quant à les comprendre, ils n'en ont aucun souci. C'est ce qui m'était récemment affirmé par quelqu'un ayant souvent l'occasion d'interroger les élèves. Dans une école qu'il visitait récemment, aucun des plus brillants sujets ne se montra capable de réduire au même dénominateur les fractions 1|5 et 1|7. Par contre, l'un d'eux récita, sans y changer une syllabe, la fable de *la Grenouille qui veut se faire aussi grosse que le bœuf*. Malheureusement, il ne put donner un seul mot d'explication prouvant qu'il saisissait le sens des expressions. L'élève et même le maître s'échouèrent sans rémission sur les mots *chétive pécore* (1).

(1) Les meilleurs élèves indigènes des écoles primaires, ceux

Cette prédominance de la mémoire est dans les traditions de l'Islam. La science musulmane se résume à savoir mot à mot le Coran avec ses commentaires. Quant à en saisir le sens, c'est ce qui est tenu pour parfaitement superflu. Le Kabyle est, sur ce point, au niveau de l'Arabe. Dans toutes les zaouias, c'est-à-dire dans toutes les écoles indigènes, l'instruction n'a jamais comporté que l'étude du Coran et la récitation de mémoire (1).

qui suivent les cours de l'école normale d'instituteurs, ne valent guère mieux que les autres au point de vue du développement intellectuel. Voici, en effet, comment ils sont jugés par un de leurs maîtres : « Pour tirer tout le profit désirable
« de leur séjour à l'école, il faudrait..... que nos élèves entras-
« sent un peu mieux préparés. Ils nous arrivent dans un état
« voisin de l'ignorance et même pire à certains égards, car
« ces jeunes cervelles ne sont point en friche, mais cultivées
« à rebours et déjà remplies de superstitions et d'idées fausses :
« il faut arracher autant que planter. Leurs années de séjour
« à l'école primaire n'ont pas été ce qu'elles auraient dû être.
« Au lieu de leur élargir l'esprit, on s'est contenté d'y empiler,
« par la méthode des rabâchages une foule de notions inutiles.
« N'est-il pas absurde de voir ces enfants, encore tout impré-
« gnés de leurs gourbis, réciter en perroquets les hauts faits
« de Charles le Chauve ou la liste des sous-préfectures du
« Morbihan, perdre le plus souvent deux heures par jour à des
« dictées et autres exercices orthographiques dont ils ne soup-
« çonnent ni la signification ni l'utilité ? » (*Revue pédagogique* du 15 juin 1887, p. 509.)

(1) Le Coran est considéré par les mahométans comme le dernier mot de toutes les sciences, notamment du droit. La connaissance des textes constitue, à elle seule, la science juridique musulmane. « Un des jurisconsultes les plus en réputa-
« tion en Algérie, rapportent MM. HANOTEAU ET LETOURNEUX (*op.*
« *cit.*, t. II, p. 114), nous donnait un jour la définition suivante
« des diverses classes de savants : L'*âlem*, c'est-à-dire le vrai
« savant, est l'homme qui, étant posée une question de droit,
« peut réciter immédiatement les textes des auteurs qui l'ont

Ces habitudes invétérées d'apathie intellectuelle ont fini par engendrer chez l'indigène une sorte d'anémie héréditaire de l'intelligence. Jusqu'à l'âge de 12 ou 13 ans, le jeune Kabyle peut se mesurer, sans trop de désavantage, avec le jeune Européen. Son excellente mémoire lui permet de faire tout d'abord de rapides progrès. Mais bientôt, quand il doit réfléchir et raisonner par lui-même, il est arrêté net par une singulière atrophie de ses facultés. Sauf de très rares exceptions, il est absolument incapable de s'élever au-dessus d'un certain degré et de saisir la moindre abstraction ; il ne comprend que le côté concret des choses (1).

« traitée. Le *taleb* de premier ordre est celui qui, incapable
« d'un pareil effort, sait néanmoins indiquer sans hésiter les
« pages des livres où se trouvent les textes. Les autres *tolbas*
« prennent rang ensuite dans la hiérarchie scientifique, sui-
« vant le degré de facilité avec lequel ils indiquent ces pas-
« sages. En résumé, font observer MM. Hanoteau et Letour-
« neux, les hommes qui se consacrent à l'étude passent leur
« vie à apprendre des mots. Leurs cerveaux sont comme des
« cases d'imprimerie ; ils peuvent, à volonté, en tirer des
« phrases toutes faites, mais le prote manque pour ajuster les
« mots et leur faire produire un sens. »

(1) Cette inaptitude presque absolue des indigènes se constate notamment à la médersa d'Alger, école supérieure destinée à former les *cadis*, c'est-à-dire, les juges musulmans. Sur 15 ou 20 étudiants suivant un cours de droit français des plus élémentaires, c'est à peine si deux ou trois comprennent quelque chose. Tous les autres se montrent d'une nullité désespérante. Ils sont incapables de distinguer le Président de la République d'avec la Chambre des Députés, ou un président de tribunal civil d'avec un garde champêtre. Il y a quelque temps, un membre de l'Institut, visitant un certain matin la *médersa* d'Alger, adressa la question suivante à l'élève qui lui paraissait le plus intelligent : « Eh bien, mon ami, que pen-
« sez-vous faire en sortant de cette école ? — Je pense aller dé-

Aucune conception d'un ordre tant soit peu supérieur ne saurait pénétrer chez lui. On peut le comparer à cette espèce de poissons, trouvée dans les puits artésiens du Sahara, qui, enfouie sous terre depuis de nombreuses générations et n'ayant plus eu, par conséquent, moyen d'exercer son organe visuel, se trouve aujourd'hui aveugle.

C'est précisément au moment où son intelligence se noue pour ainsi dire, c'est-à-dire vers 12 ou 13 ans, que l'enfant indigène quitte l'école. Pour tout bagage, il emporte un peu de français et quelques formules apprises par cœur. Il s'est aussi légèrement dépouillé de ses manières sauvages.

Rentré dans son village, que va-t-il faire de sa science et de son éducation? Comme il n'a guère occasion d'user des connaissances que l'instituteur français s'est efforcé de lui inculquer, il s'empresse d'oublier ce qui n'avait été confié qu'à sa mémoire, c'est-à-dire presque tout. Replongé dans un milieu où règne l'hostilité contre la civilisation française, il perd bien vite le vernis dont il avait été badigeonné. Au bout de peu de temps, il est aussi Kabyle que s'il n'avait jamais mis les pieds dans une école française.

Ce ne sont donc pas seulement les indigènes ayant passé par l'armée qui, comme je l'ai entendu dire bien

---

jeuner, lui répondit l'indigène. » L'honorable visiteur n'en put tirer aucune autre réponse.

des fois (1), se hâtent, aussitôt rentrés chez eux, de jeter au maquis tout leur bagage de civilisation. Les anciens élèves des écoles françaises, et généralement tous les indigènes ayant fait mine de s'européaniser reviennent, dès qu'ils le peuvent, à leurs anciennes habitudes. Instruction, idées modernes, éducation, propreté, ils rejetent tout ce qui leur donnait une tournure civilisée. En dépit des égards et des soins dont ils ont été l'objet, ils redeviennent aussi ignorants, aussi fanatiques, aussi crasseux que par le passé. Les exemples à l'appui de cette assertion sont innombrables. En voici quelques-uns.

C'est d'abord un fils de grande famille, ancien membre de l'Enseignement Supérieur, ancien assesseur musulman au Conseil général et à la Cour d'appel d'Alger, jadis un des élégants du boulevard, qui, ayant dû revenir en Kabylie, a complètement repris, m'a-t-on certifié de différents côtés, l'extérieur pouilleux et les mœurs barbares des derniers de ses concitoyens. Il s'est remis à marcher pieds nus, et il envoie sa femme chercher l'eau à la fontaine en compagnie des autres femmes du village. — Pour ma part, j'ai rencontré un ancien élève du lycée de Marseille, qui est tout à fait retourné à la vie kabyle. Il a repris le costume du pays, et il préfère, m'a-t-il assuré, à toute la cuisine française, le couscous et l'huile rance de son pays. — J'ai vu

---

(1) Voir ci-dessus, p. 112.

aussi un jeune homme qui, après avoir passé quatre ans au lycée d'Alger, ne semble guère avoir changé d'habitudes et de goûts. Il porte, à la vérité, un pince-nez ; mais, ayant trouvé les lits européens très incommodes, il s'est remis avec délice à coucher par terre, sur une natte, à côté des animaux de son père (1). Tous ces Kabyles avaient reçu une éducation beaucoup plus complète que ceux qui sont élevés dans les écoles primaires, et cependant, revenus chez eux, ils sont retournés, au plus vite, à l'existence indigène. Il en est de même, *à fortiori*, pour tous ceux qui, ayant passé simplement par les écoles primaires, ont reçu beaucoup moins d'éducation.

Si la plupart des soins donnés aux indigènes se trouvent complètement perdus, ce n'est, en définitive, qu'une perte de temps et d'argent. Malheureusement, tout ne se borne pas à ce résultat simplement négatif. J'ai entendu dire que les écoles étaient, en Kabylie, « la plaie de l'administration », et que l'enseignement, tel qu'il est donné à l'heure actuelle, constituait un *crime*. En effet, l'instruction distribuée dans les établissements publics se trouve également funeste à l'indigène qui la reçoit et à la France qui la donne.

(1) La cuisine française, ainsi que les matelas et les draps sont, paraît-il, au nombre des obstacles qui empêchent les Kabyles de venir à l'hôpital français de Fort-National. Aussi est-il question d'établir un hôpital indigène, où les malades recevront une nourriture kabyle et coucheront sur de simples nattes.

Si un père envoie, sans trop rechigner, son fils à l'école, ce n'est nullement dans le désir de le voir initié aux idées françaises, c'est uniquement pour en faire un *chaouch*, c'est-à-dire un appariteur, un cavalier d'administration, un moniteur indigène dans une école (1), un interprète judiciaire, en un mot un employé du gouvernement. Par malheur, les places à distribuer sont fort peu nombreuses. C'est, sur un autre théâtre, une situation analogue à celle qui se présente en France pour les jeunes filles munies de brevets : il y a vingt demandes pour un emploi (2). Après avoir fait des

(1) « Je demandais un jour, rapporte le recteur de l'Académie d'Alger (*Bull. univ. de l'Acad. d'Alger*, février 1888, p. 81), « à un petit Kabyle de l'école de Mira (commune mixte d'Azeffoun), un jeune enfant de sept ans, très intelligent, ce qu'il « voulait être plus tard. « Professeur », me répondit-il. C'est « une ambition qui ne peut que nous faire plaisir. Cependant « nous ne pouvons pas pousser tous nos bons élèves indigènes « vers la carrière de l'enseignement. Il y aurait même un « danger à leur laisser croire que l'instruction n'est faite que « pour préparer aux places ou aux emplois. Ils ne sont déjà « que trop disposés à avoir de pareilles pensées. »

(2) Voici en quels termes, M. Belkassem ben Sedira, professeur à l'Ecole supérieure des lettres d'Alger, pose et résout la question de l'avenir des indigènes élevés dans les écoles françaises (*Une mission en Kabylie*, 1887, p. LVI) : « Quand on « aura fondé le plus possible d'écoles, dirigées par des maîtres « remplissant les conditions d'honnêteté et d'aptitude voulues, « que faire des essaims qui en sortiraient suffisamment in« struits ? Quelles places leur donner ? Quelle situation leur « réserver, pour les empêcher de retomber sous le joug des « influences hostiles ? L'avenir se charge de résoudre la ques« tion. Pourquoi s'en préoccuper intempestivement ? Pourquoi « vouloir prendre une décision avant l'heure ? L'essentiel, « pour le moment, est d'éduquer, de civiliser, de vaincre la « barbarie, pour me servir de l'expression courante. Plus tard « les bénéficiaires de ce nouvel état de choses seraient les pre-

déclassés, le gouvernement ne peut guère que susciter de nouveaux mécontents. Quant aux indigènes qu'il pourvoit, il n'aboutit généralement qu'à les rendre plus dangereux pour l'influence française. Les moniteurs indigènes doivent être très soigneusement surveillés,

« miers à se soucier de leurs propres intérêts. Est-ce que l'on
« pense longtemps à l'avance à la position future des enfants
« français ? »
Quant aux résultats obtenus pour le moment en Kabylie, au prix des plus grands sacrifices et des plus louables efforts, on trouve l'aveu suivant dans l'*Akbar* du 6 avril 1888 : « La ques-
« tion est de savoir si les sacrifices sont en rapport avec les
« résultats, si l'on n'a pas fait, si l'on ne fait pas encore fausse
« route, en ce moment où on travaille à appliquer le système
« employé en Kabylie au reste de l'Algérie..... Deux cas se
« présentent généralement : ou bien les enfants, parvenus à
« l'âge de 12 à 13 ans, c'est-à-dire au moment où ils ne peu-
« vent guère plus rien apprendre dans les écoles actuelles,
« rentrent dans leur tribu, ou bien ils poursuivent leurs étu-
« des, soit auprès de leurs anciens maîtres, soit dans une de
« nos villes. Dans ce dernier cas, l'Arabe, qui prend toujours
« de nos mœurs ce qu'il y a de pire, devient un déclassé,
« cherchant un emploi de l'État, le quémandant et le récla-
« mant même comme un dû, mais ne cherchant jamais à
« utiliser les connaissances que nous lui avons données pour
« gagner honorablement son existence dans l'agriculture ou
« dans l'industrie. Ce danger a été souvent signalé par des
« administrateurs prévoyants, dont nous pourrions citer les
« noms, et dont les rapports à ce sujet peuvent être utilement
« consultés. — Dans le premier cas, l'Arabe rentre dans sa
« tribu au sortir de l'école, reprend toutes les habitudes de
« ses pères, et oublie très rapidement tout ce qu'on lui a en-
« seigné, n'ayant plus aucune occasion d'utiliser ses connais-
« sances. » — L'auteur de l'article de l'*Akbar* ajoute que le remède consiste à retenir les élèves à l'école jusqu'à l'âge de 16 ou 18 ans, en créant de nouvelles écoles pour les adultes et en confiant l'instruction à des indigènes sous la surveillance des administrateurs ou des maires. Il demande en somme qu'on s'enfonce de plus en plus dans la voie qui a conduit aux fâcheux résultats si bien indiqués par lui.

parce que, sans cela, ils usent de leur influence sur les enfants dans un sens contraire aux intérêts de la France.

L'hostilité d'un indigène se mesure à son degré d'instruction française. Plus il est instruit, plus il y a lieu de s'en défier. Longtemps, je me suis insurgé contre une vérité aussi désespérante. Je n'ai cédé que devant le concert unanime de toutes les personnes que j'ai pu consulter. J'ai rencontré un accord complet, toujours, partout et chez tous, cette année comme l'année dernière, en Kabylie, à Tizi-Ouzou et Aïn-el-Hammam, comme dans le reste de l'Algérie, par exemple à Téniet-el-Hâd, chez les administrateurs et les magistrats comme auprès des premiers venus (1). Ma conviction s'est encore accrue, quand j'ai lu ces graves paroles, prononcées au Conseil supérieur de gouvernement, dans la séance du 18 novembre 1886, par le gouverneur général de l'Algérie (2), et dont il faut bien peser la portée : « L'expérience tend à démontrer que c'est quelquefois chez les indigènes

---

(1) « Défiez-vous surtout de ceux qui sont les plus polis, » me disait, il y a quelque temps, en me parlant des Kabyles, le cocher qui me conduisait de Tizi-Ouzou à Fort-National. Cette règle de sagesse est-elle observée par le Gouvernement ? J'aime à le croire pour les choses importantes. Mais j'ai entendu dire que, quant aux décorations, elles étaient souvent données aux chefs indigènes les plus hostiles et les moins recommandables. Peut-être est-ce là un calcul politique.

(2) Voir les *Procès-verbaux du Conseil supérieur de gouvernement*, 1886 p. 428.

à qui nous avons donné l'instruction la plus complète que nous rencontrons le plus d'hostilité (1). »

A y réfléchir sans parti pris, cette ingratitude des indigènes n'est vraiment guère coupable. C'est sous l'empire de la contrainte qu'ils subissent l'enseignement français comme une des conséquences de la conquête. Ils ne sont donc pas, en bonne justice, obligés de s'en montrer reconnaissants. S'ils se servent des connaissances que la France met à leur disposition comme d'autant de verges pour la battre, ils se trouvent fort excusables (2).

D'autre part il est à remarquer, qu'accepter sincèrement les bienfaits de la civilisation, c'est, pour un indigène, se faire mettre comme transfuge au ban de ses concitoyens. Les quelques grands chefs qui se sont véritablement rapprochés de la France ont perdu par là même toute influence sur leurs coreligionnaires. Elevé à l'européenne, un indigène ne peut se faire pardonner par les siens son éducation, qu'en redoublant d'hostilité contre les conquérants de son pays. Son intérêt

---

(1) Il en était déjà de même, il y a 30 ans. Voir dans FROMENTIN (*Une année dans le Sahel*, 6ᵉ édition, pp. 147 et suiv.) l'histoire de Si ben Hamida, ex-collégien du lycée Saint-Louis à Paris.

(2) On veut, en définitive, faire le bonheur des Kabyles malgré eux. Cela se comprendrait peut-être, si l'on s'inspirait d'idées morales d'ordre supérieur et obligatoire. Mais, étant donnée l'indifférence doctrinale de l'Etat moderne, est-il bien logique de prêcher officiellement à des musulmans des principes pour lesquels ils témoignent une extrême répugnance ?

s'accorde avec ses sentiments intimes pour faire de lui un ennemi irréconciliable.

Au surplus, les faits sont malheureusement là pour prouver cette désagréable vérité. On m'a spécialement parlé d'un fils de grande famille, sachant parfaitement le français, ancien élève du lycée d'Alger, aujourd'hui investi de l'importante charge de caïd (1) dans une commune mixte de Kabylie, comme étant un des ennemis les plus acharnés de la France. A chaque soulèvement on a trouvé, aux premiers rangs des insurgés, quelques anciens élèves des écoles françaises. C'est ainsi qu'en 1871 ce furent les anciens élèves de l'École des Arts et métiers de Fort-National qui dirigèrent le siège de Fort-National. Ils mirent à profit les connaissances qu'ils avaient acquises, pour construire des échelles, tracer des parallèles et creuser des mines (2). Il serait bien facile de citer encore de nombreux exemples d'ingratitude (3). Mais il me paraît suffisamment établi que jusqu'à présent l'instruction donnée par la France aux indigènes algériens leur a servi à mieux la combattre au jour de l'insurrection.

L'instruction donnée aux garçons ne paraissant pas

(1) Voir ci-dessus, p. 79, ce qu'il faut entendre par caïd.
(2) BEAUVOIS, *op. cit.*, pp. 330 et suiv.; PERRET, *Récits algériens*, 1848-1886, p. 339.
(3) Ainsi l'insurrection kabyle de 1871 a été soulevée par un grand chef comblé d'honneurs par la France, le célèbre Mokrani. En dépit d'un long passé de fidélité, il s'est immédiatement révolté le jour où il a cru pouvoir chasser les Français. (Voir, sur Mokrani et sa famille, FARINE, *Kabyles et Kroumirs*, 1882, pp. 243 et suiv.)

suffisante pour civiliser les Kabyles, on s'est mis à la distribuer également aux filles. La femme faisant l'homme, transformer la femme c'est transformer l'homme. C'est pourquoi on a fondé plusieurs écoles de filles.

Une première difficulté concernait le recrutement des élèves. Elle tenait à l'idée que les musulmans se font de la femme, et au genre de vie qu'ils lui imposent. Pour eux, la femme, n'ayant qu'une demi-intelligence (1), ne mérite pas qu'on l'instruise. De plus, étant données les mœurs indigènes, elle ne saurait s'éloigner de la maison paternelle ou maritale, sans courir à sa perte. Il était donc presque impossible de se procurer des jeunes filles kabyles pour essayer sur elles les effets de l'instruction française.

On tourna l'obstacle en ramassant quelques orphelines dont les familles étaient bien aises de se débarrasser. A ce premier noyau on ajouta des enfants pour lesquelles on payait 10 francs par mois à leurs pères : c'étaient des orphelines de convention, ayant souvent leurs deux parents (2). L'orphelinat s'ac-

(1) Certains musulmans tiennent pour indécise la question de savoir si les femmes ont une âme. (VILLOT, *Mœurs, coutumes et institutions des indigènes de l'Algérie*, 3ᵉ édit., p. 41.)
(2) La coutume de rémunérer les élèves indigènes se trouvait en vigueur à l'ancienne école des Arts et métiers de Fort-National. Au lieu de payer pension, ils touchaient chacun une solde d'un franc par jour. (BEAUVOIS, *op. cit.*, p. 330.) Cette solde s'est trouvée supprimée du fait des élèves eux-mêmes, qui brûlèrent leur école dès le commencement de l'insurrection

crut encore des filles de tous les Kabyles naturalisés, ceux-ci se trouvant, malgré leur répugnance, contraints, en raison de leur qualité de Français, de laisser instruire leurs enfants. Ainsi s'est trouvée constituée une école comptant environ soixante élèves. Elles sont un peu de tous les âges ; sept ou huit ont dix-huit ans.

Cette école de filles compte déjà quelques années d'existence. Elle a été dirigée jusqu'à présent par une femme peu commune. Certains résultats ont été acquis. Peut-être permettent-ils d'apprécier l'œuvre entreprise.

Il faut d'abord proclamer les mérites de la directrice, qui a su donner très rapidement à ses élèves une instruction souvent remarquable. Quelques petites Kabyles sont arrivées, en un an, à apprendre le français et même à l'écrire un peu. Un de mes amis, visitant l'école, a été fort surpris des réponses étonnamment intelligentes obtenues d'enfants de six à sept ans.

L'instruction des filles peut donc donner de bons résultats pédagogiques. Mais au point de vue social ses fruits sont déplorables. « C'est *un meurtre*, » me disait quelqu'un bien placé pour apprécier les conséquences du système.

Par suite de son passage à l'école, toute jeune fille devient fatalement une déclassée et pis encore. Abandonnée de sa famille par le fait même qu'elle est remise

de 1871. Quant aux pères d'orphelines, on m'a dit qu'ils ne recevaient plus aujourd'hui de traitement.

à une maîtresse française, elle se trouve dans l'impossibilité absolue de se marier. Un Français n'a pas l'idée d'épouser une Kabyle (1). D'autre part, aucun indigène ne veut d'une femme ayant fréquenté l'école. « Que veut-on que nous fassions de femmes plus instruites que nous, » disent à l'envi les Kabyles; et ils ont raison, car jamais une indigène instruite ne peut, après avoir goûté de la vie européenne, consentir à reprendre l'existence menée par sa famille et à se courber sous les coups d'un époux kabyle. Il y a quelque temps, une ancienne élève de l'école d'orphelines n'a jamais voulu suivre le mari qui l'avait achetée 500 francs à ses parents (2). Sur une vingtaine d'anciennes orphelines de quinze à dix-huit ans, c'est-à-dire ayant de beaucoup dépassé l'âge du mariage (3), il n'y en a qu' une ou deux ayant trouvé preneur. Elles n'ont été prises, m'a-t-on dit, que par d'affreux vauriens, qui les rendent horriblement malheureuses.

La Kabyle, élevée à l'école française, ne peut pas rester indéfiniment sous la surveillance de son institutrice. Que devient-elle le jour où elle se trouve livrée

---

(1) Dans toute l'Algérie, il n'y a eu, en 12 ans, de 1873 à 1884, que 146 mariages entre Européens et musulmans (72 entre Européens et musulmanes, 74 entre musulmans et Européennes), soit, en moyenne, 12 par an. — Voir la *Statistique générale de l'Algérie*, 1882-1884, p. 58.
(2) Le mariage chez les Kabyles n'est que l'achat d'une femme par un homme. (Voir plus loin, même chapitre.)
(3) La Kabyle est mariée entre dix ou douze ans. (Voir plus loin, même chapitre.)

9.

à elle-même (1)? Rejetée par les siens, chassée par la misère, attirée par le désir de mieux connaître cette indépendance que le contact journalier d'une Française lui a fait entrevoir (2), elle abandonne son pays pour aller échouer dans quelque mauvais lieu où l'instruction qu'elle a reçue lui permet de se livrer plus lucrativement, auprès des Européens, au métier de prostituée (3). Ainsi finit généralement la brillante élève de l'école française (4). Est-il étonnant que les pères de famille considèrent l'école comme un lieu de perdition pour leurs filles ? « On nous raconte, disait dernière-

(1) L'instruction des jeunes filles indigènes a donné, dans le reste de l'Algérie, les mêmes résultats qu'en Kabylie. C'est ainsi que les anciennes élèves d'une école fondée jadis à Alger par le maréchal Pélissier, n'ayant pu trouver à se marier, ont généralement très mal fini.

(2) Ce n'est pas sans raison que l'indigène écarte soigneusement de sa femme le contact des Européens et même des Européennes. S'il la laissait tant soit peu libre, il serait ou trompé, ou abandonné. Aussi n'est-il jamais permis à une indigène de rendre les visites qu'elles a reçues d'une Européenne.

(3) Quelques-unes des jeunes filles kabyles élevées à la française ne font pas cependant une fin aussi triste. Mais toutes n'en deviennent pas moins des déclassées, car elles rompent avec la société indigène sans se faire accueillir par la société européenne. Tel est le cas des deux filles d'un grand chef kabyle, que me citait, il y a quelque temps, un de mes amis. Après avoir reçu une éducation française, elles n'ont pu trouver de mari. Aujourd'hui elles sont âgées de plus de 25 ans, et leur père se repent amèrement de sa conduite. « J'ai eu « bien tort, disait-il un jour à mon ami, de faire élever mes « filles à la française : sans cela, elles seraient maintenant « mariées. »

(4) Les difficultés et les dangers que présente l'éducation des jeunes filles indigènes ont été très bien signalés par M. Belkassem ben Sedira (*op. cit.*, pp. LVIII et suiv.).

« ment un père kabyle au recteur de l'Académie
« d'Alger, que tu veux prendre toutes nos filles dans
« tes écoles ; si cela est vrai, nous n'avons plus qu'à
« *travailler* une route pour aller nous jeter dans la
« mer (1). »

Les résultats de l'instruction primaire française en Kabylie, qu'il s'agisse des filles ou des garçons, sont, en fin de compte, des moins satisfaisants. Il est même probable qu'on ne se trouve encore que dans la période des premiers déboires, les écoles étant de fondation trop récente pour avoir lancé dans la société kabyle un grand nombre d'anciens élèves. Dès à présent, on est obligé de se demander ce que vaut, en Kabylie tout au moins, cette panacée universelle, chargée aujourd'hui de guérir tous les maux et de prévenir tous les dangers : l'instruction primaire.

Il n'est donc pas étonnant qu'on songe déjà à modifier de fond en comble le programme actuel. Lors du passage de M. Berthelot, on fit exposer au ministre, par un certain nombre d'indigènes, que l'instruction donnée ne présentait pas l'utilité qu'offrirait un enseignement professionnel (2). Et de fait, pour un Kabyle, il vaut tout autant savoir manier une pioche, conduire

---

(1) Ce trait est rapporté par M. Belkassem ben Sedira (*op. cit.*, p. LIX). — Un père kabyle, avec lequel j'ai eu occasion de causer longuement, témoignait une grande répulsion pour l'instruction des filles. « Si j'avais une fille, disait-il, jamais « je ne l'enverrais à l'école ».

(2) Voir BELKASSEM BEN SEDIRA, *op. cit.*, p. XLI, note 1.

une charrue, travailler la pierre, le fer et le bois, que connaître l'accord des participes, le calcul des intérêts composés, les sous-préfectures du Pas-de-Calais, l'histoire de Frédégonde, ou la liste des ministères qui se sont succédés depuis Louis-Philippe. Aussi a-t-on décidé la création de l'enseignement professionnel (1). On ne formera pas simplement des grammairiens, des mathématiciens, des géographes et des historiens, mais encore des agriculteurs, des maçons, des charpentiers, des menuisiers et des forgerons. En conséquence, on va instituer des professeurs de charrue et de graines, des professeurs de mortier, des professeurs d'enclume, des professeurs de rabot et de scie, etc...

Quels seront les fruits de ce nouvel enseignement ? Il paraît prudent d'attendre un certain temps, avant de se prononcer. Sans doute on doit encourager les Kabyles à introduire chez eux quelques plantes nouvelles, la pomme de terre, par exemple. Mais prétendre leur enseigner l'art d'utiliser le terrain de culture, c'est peut-être pure présomption, puisqu'ils savent vivre vingt-cinq sur un champ où un seul Français mourrait de faim (2).

---

(1) Voir à ce sujet, dans le *Bulletin universitaire de l'Académie d'Alger*, juin 1887, p. 91, un *Mémoire de deux instituteurs de Kabylie sur l'enseignement du dessin et du travail manuel chez les indigènes*.

(2) C'est ce qui saute aux yeux, quand on consulte les rôles de contributions. Voici, en effet, des exemples relevés dans

ENSEIGNEMENT PROFESSIONNEL

Pour ce qui est des métiers industriels, il faut avouer que les efforts dépensés jusqu'à présent pour apprendre aux Kabyles à s'y perfectionner ont été bien mal récompensés. En effet, l'ancienne École des Arts et métiers de Fort-National a formé des élèves dont la France n'a guère eu à se louer pendant l'insurrection de 1871 (1). Quant à l'École des Arts et métiers de Dellys, qui a remplacé celle de Fort-National, elle n'a pas encore réuni, que je sache, un grand nombre d'indigènes. Son existence même se trouve mise en question par le gouvernement (2).

Malgré l'échec des premiers essais d'instruction professionnelle, on peut espérer que le nouveau système, en établissant l'enseignement manuel dans chaque

---

la commune mixte de Fort-National : 1° Ali n'Aït Hassen ou Ali, du village d'Agouni-Fouran, tribu des Beni Sedka Chenacha, n'a, pour vivre avec les 25 personnes de sa famille, que 5 hectares de terre et 1/10 de moulin à huile ; — 2° Mohamed ou Boû Djemaâ n'Aït Ali, de Tagmount-Azouz, tribu des Beni Mahmoud, a seulement 2 hectares 1/2 de terre et 1/3 de moulin à huile pour 19 personnes ; — 3° Ahmed n'Aït Bouraï, de Tagmount Iaddaden, chez les Aït ou Malou, possède pour toute fortune 2 hectares de mauvaise terre, avec une famille de 15 personnes, etc.., etc...

Dans la commune mixte du Djurdjura, 56.921 indigènes vivent sur 23.704 hectares, dont seulement 14.000 environ sont cultivables, ce qui fait au moins 4 habitants par hectare de culture. Voir ci-dessus, p. 10.

(1) Voir ci-dessus, p. 129.

(2) Une commission a été instituée, sous la présidence du ministre du commerce, pour examiner dans quelle situation se trouve cette École, et rechercher si elle doit être maintenue, supprimée ou déplacée. (Voir le *Journal Officiel* du 19 déc. 1888.)

école primaire, permettra de répandre plus facilement certaines connaissances. Mais qu'en feront les Kabyles ?

Employeront-ils les charrues à vapeur sur les pentes à 45 degrés de leurs montagnes ? Se bâtiront-ils des maisons à six étages pour économiser le terrain si précieux dans leur pays ? Au lieu de fabriquer ces bijoux pleins de cachet qui font l'admiration des étrangers, produiront-ils à bon marché l'article en faux genre de Paris ? Renonceront-ils à tresser des corbeilles aux formes originales, à façonner des vases d'une élégance antique, à sculpter, dans une planche à peine équarrie, des pupitres d'un curieux travail, pour faire des souvenirs d'eaux, la potiche à deux sous, le chalet suisse ou le peigne de Saint-Claude ? Ou bien plutôt, comme ces ouvriers indigènes que le gouvernement français prit jadis soin de former, pour l'émir Abd-el-Kader, au travail du fer et à la fonte des canons (1), profiteront-ils des progrès de leur art pour perfectionner leur armement et transformer leurs fusils (2) ? C'est ce qu'on saura bientôt peut-être, à la prochaine insurrection (3).

(1) Voir les *Commencements d'une conquête*, par Camille Rousset (*Revue des Deux-Mondes* du 1ᵉʳ avril 1885, p. 562).

(2) Bordj-Bou-Aréridj a manqué être pris par les insurgés de 1871, grâce à des ouvriers indigènes qui avaient été employés au percement de la route des Portes de Fer. Mettant à profit les connaissances qu'ils avaient acquises, ils creusèrent une mine comme de véritables sapeurs du génie. Si leur poudre n'avait pas fusé, le rempart sautait et la ville était prise. (DE FONTANES, *Deux touristes en Algérie*, 1879, p. 201.)

(3) Voir, sur les dangers d'une prochaine insurrection en

On n'est donc pas encore sorti, en matière d'instruction, pas plus qu'en matière d'administration, de la période des projets contradictoires et des expériences aussi dangereuses que coûteuses (1). Très probablement cette période ne sera pas close de longtemps, étant données la mobilité perpétuelle et la prodigieuse inconstance des idées gouvernementales. Vraisemblablement les propositions succéderont aux projets, les essais aux expériences, les déboires aux insuccès. En tout cas, ce ne sont ni les progrès purement matériels, ni la concession des droits politiques, ni la diffusion de l'instruction soit primaire, soit secondaire, qui suffiront à garantir la soumission de la Kabylie. Bientôt peut-être, chaque vallée possédera son chemin de fer, chaque tribu son député, chaque *thaddert* ses écoles et son bataillon scolaire. Mais Dieu veuille que, si des complications se produisent en Europe, la France puisse laisser une bonne garnison à Fort-National (2).

Kabylie, un article de M. ROUANET, relatif à la *sécurité en pays kabyle*, dans l'*Akbar* du 8 juillet 1888.

(1) Le budget des communes se trouve fortement obéré par les frais de construction des écoles. On a bâti des palais et installé des mobiliers scolaires perfectionnés pour recevoir des enfants habitués à d'affreuses masures et à de simples nattes.

(2) Allant, l'an dernier, en chemin de fer, à Ménerville, j'ai entendu soutenir par un voyageur, qui devait appartenir à l'enseignement primaire, que la France, aussitôt après l'occupation de la Kabylie, aurait dû, pour soumettre et civiliser les habitants, rétablir l'inquisition et imposer par la force le christianisme. Ce voyageur ajoutait d'ailleurs que, quant aux Français, comme ils avaient tous un même fonds d'idées essentielles, l'instruction suffisait à les maintenir unis en leur tenant lieu de religion commune.

En quittant Aït-Hichem, nous prenons la direction de Djemâa-Saharidj, village situé au pied des contreforts qui, d'Aïn-el-Hammam, vont tomber dans la plaine du Sébaou. Djemâa-Saharidj, arrosé par des sources abondantes, se trouve, paraît-il, enfoui dans une luxuriante végétation, et forme comme un petit paradis terrestre. Des ruines romaines attestent que ce site enchanteur a eu ses jours de civilisation.

Pour renouer ces traditions, on y a fondé une école importante. Elle a d'abord été dirigée par les Jésuites (1), qui parvinrent à y réunir jusqu'à 150 enfants indigènes. Mais en 1881, au moment des décrets sur les congrégations religieuses, les Jésuites ont été obligés d'abandonner la mission.

J'ai entendu dire que certaines susceptibilités religieuses s'étaient éveillées chez plusieurs Kabyles, et que quelques plaintes avaient été formulées auprès de l'administration. Il est bien possible que des maladresses aient été commises. Mais il n'en est pas moins vrai que les Jésuites étaient bien vus de la masse des indigènes. L'un des pères avait si bien su inspirer confiance, que plusieurs Kabyles, au moment de partir pour le marché, lui confiaient la garde de leur bourse, ce qui est tout à fait prodigieux, étant données l'avarice et la défiance de tout indigène.

---

(1) Les Jésuites s'étaient également installés chez les Beni-Yenni, à Aït-el-Arba,

Le passage des Jésuites en Kabylie a laissé quelque trace encore sensible aujourd'hui. C'est auprès d'eux, en effet, que beaucoup d'indigènes ont appris un peu de français (1). Aussi leur souvenir est-il encore vivant dans le pays.

Ce souvenir n'est qu'en partie le fait de leurs anciens élèves. Il tient surtout, paraît-il, à la renommée que s'était faite *le Chanfrère*. *Le Chanfrère*, ainsi baptisé par les indigènes pour l'avoir entendu appeler *le cher frère*, était un simple frère jésuite, presque illettré. Il jouissait, comme médecin, d'une immense popularité dans tout le pays. Devenu presque Kabyle, il avait très bien appris la langue, sans grammaire ni dictionnaire, rien que par la pratique. Puis il s'était mis à soigner tous les malades. On était bientôt accouru de toute la Kabylie, pour lui demander ses soins. Grâce à des connaissances médicales des plus bornées, il soulageait bien des misères, pansant les plaies et guérissant les teigneux. Avec deux sous d'onguent et un dévouement à toute épreuve, il était devenu, en Kabylie, le plus populaire de tous les Français.

Les Jésuites ont été remplacés par les missionnaires du cardinal Lavigerie, Pères Blancs et Sœurs Blanches. Les Pères Blancs ont six établissements, notamment à Aït-el-Arba, chez les Beni-Yenni, aux Aït-Menguellet,

---

(1) La plupart des moniteurs indigènes, actuellement employés dans les écoles kabyles-françaises, sont d'anciens élèves des Jésuites.

près d'Aïn-el-Hammam. Les Sœurs Blanches ne sont installées qu'aux Ouadhias (1).

Les Pères Blancs ne font aucun prosélytisme. Cette conduite leur est imposée par la situation présente. Sans parler du fanatisme musulman qui, pour le moment, serait peut-être trop surexcité par la prédication de l'Évangile, la société kabyle, telle qu'elle se trouve actuellement constituée, résiste, en masses compactes, à tous les efforts faits pour la civiliser. Elle se compose de groupes dans lesquels se trouve absorbé l'individu (2). Les conversions individuelles sont à peu près impossibles. On ne doit donc espérer que des conversions en bloc (3).

A l'heure actuelle, les Pères Blancs cherchent uniquement à se concilier les Kabyles. Ils vont visiter les malades et leur distribuent quelques remèdes. De plus ils tiennent des écoles où ils essaient de dégrossir les enfants. Ils leur enseignent les éléments de la propreté, le français, l'arithmétique et un peu d'histoire. Jamais,

---

(1) Depuis novembre 1888, elles ont une seconde maison à Djemâa-Saharidj.
(2) Voir ci-dessus, pp. 76 et s., la constitution de ces groupes.
(3) Il est très difficile de convertir les musulmans au christianisme. Cela tient probablement à ce que l'islamisme, tout en satisfaisant certains des besoins religieux de l'homme, lui donne toute latitude pour s'abandonner à ses passions. Les Kabyles étant moins fervents musulmans que les Arabes (voir plus loin, chapitre IV), il est peut-être permis de penser qu'on en ferait un peu plus aisément des chrétiens. Quant à la question de savoir si les Kabyles ont jamais professé le christianisme, elle a été précédemment exposée à la note 1 de la page 88.

sous aucun prétexte, ils n'abordent avec eux la question religieuse. Ils se bornent à leur rappeler, en cas de besoin, les grands principes de la morale pratique : c'est la laïcité par des religieux.

En évitant soigneusement de blesser le sentiment mahométan, les Pères Blancs tournent l'obstacle résultant de leur qualité de prêtres catholiques. Ils se sont d'ailleurs rapprochés autant que possible des indigènes, en adoptant presque leur costume. Vêtus de laine blanche, portant la chechia et le burnous, ils ne peuvent en être distingués à cinquante pas de distance.

Étant donnée leur extrême réserve, ils puisent néanmoins dans leur caractère religieux une grande force auprès des indigènes. Comme tous les musulmans, les Kabyles sont fort choqués de l'irréligion professée par la plupart des Français avec lesquels ils se trouvent en rapport. Aussi témoignent-ils sinon une grande sympathie, du moins un profond respect pour les marabouts français, c'est-à-dire les prêtres catholiques qui, eux au moins, savent prier Dieu. En tout cas, ils apprécient les services rendus par les Pères Blancs, et ils leur confient leurs enfants. Dépourvus de toute protection officielle, tout juste tolérés par le gouvernement, ces religieux parviennent pourtant, aussi facilement pour le moins que les instituteurs publics, à peupler leurs écoles.

C'est par les mêmes moyens que les Sœurs Blanches des Ouadhias réunissent autour d'elles plus de cent jeunes filles indigènes (1). Un Kabyle, avec lequel je parlais naguère d'instruction, m'a laissé entendre qu'il préférait de beaucoup les Sœurs Blanches aux institutrices laïques. Si j'ai bien compris, les Sœurs Blanches garderaient mieux leurs élèves, et leur apprendraient des choses infiniment plus utiles ; au lieu d'en faire des demoiselles à la française, elles se contenteraient de former des ménagères kabyles ; bref, elles rendraient service et aux pères de famille et aux maris (2). Elles ne font apprendre ni les chinoiseries de la syntaxe, ni les exploits des Mérovingiens ; mais elles s'efforcent de corriger les mauvais penchants de leurs élèves, particulièrement leur propension toute spéciale à la colère. En outre, elles leur enseignent les différents usages du savon, quelques rudiments de cuisine et beaucoup de raccommodage. Cette dernière science est particulièrement goûtée des hommes qui, le croirait-on, avec des femmes ordinaires, sont obligés de rapiécer eux-mêmes et chemises et burnous.

Aussi les anciennes élèves des Sœurs Blanches trouvent-elles sans difficulté à se marier (3). Demeurées Kabyles, quoique ayant acquis d'utiles talents d'intérieur, elles font, somme toute, des épouses supérieures aux autres. Ce ne sont pas de pseudo-Françaises portant

(1) Leur nombre a dépassé 150 pendant l'année scolaire 1887-1888.
(2) Un certain nombre d'élèves des Sœurs Blanches sont des femmes mariées Elles viennent à l'école avec leurs nourrissons.
(3) Voir ci-dessus, pp. 153 et suiv.

jupons et chapeaux, comme les élèves de l'orphelinat dont il a été question plus haut (1); ce sont tout simplement de bonnes Kabyles, ayant conservé leur costume, mais sachant à peu près coudre et laver. Si l'indigène n'a accepté jusqu'ici, en fait de civilisation, que le pétrole et les allumettes chimiques, il lui faudra probablement de nombreuses années encore pour arriver à priser, dans la nouvelle éducation des femmes, autre chose que le maniement de l'aiguille et du savon.

Nous avons laissé les Ouadhias bien loin derrière nous. Mais Djemaâ-Saharidj se trouve presque sur notre route. Nous avons grande envie d'y passer. Malheureusement Rabah déclare que nous allongerions notre trajet d'une heure ou deux. Le soleil, déjà haut, commence à faire sentir ses rayons. Comme la plaine du Sébaou, que nous avons à traverser, est particulièrement brûlante, il faut nous hâter, pour ne pas effectuer ce passage au moment de la plus forte chaleur. Nous renonçons donc à Djemaâ-Saharidj, et nous pressons nos mulets.

« La selle! la selle! » — Puis un bruit sourd de paquet qui tombe. C'est Mme Robert qui culbute. Le mulet était mal sanglé, et la charge a tourné. Le petit Kabyle, qui se tenait à la tête du mulet, s'est précipité pour tout recevoir dans ses bras. Il a été aplati contre terre, mais il a amorti le choc. Mme Robert en

---

(1) Ces élèves, traitées à l'européenne, ne trouvent pas à se marier. (Voir ci-dessus, pp. 153 et suiv.)

est quitte pour la peur. Mais désormais elle veillera à la sangle.

A vrai dire, la sangle n'est qu'une simple corde. Elle vaut toutefois le reste du harnachement. Les selles sont inconnues en Kabylie. Elles se trouvent remplacées par des *bardâs*. Le bardâ est une espèce de bât en paille, recouvert de laine ou de peau. Ce bât, aussi long que le dos de la bête, permet au cavalier de voyager de la croupe à l'encolure. En travers du bardâ se place généralement un *chouari*, sorte de cacolet en palmier nain. Il sert à charger les bagages et les provisions. L'ensemble présente une largeur respectable.

Mme Robert ne s'est guère souciée d'enfourcher un pareil édifice. Elle a préféré cheminer assise de côté. Elle se trouve ainsi fort peu solide, et doit, soit aux montées, soit aux descentes, se tenir cramponnée de son mieux. Mais en revanche, elle a l'avantage de pouvoir parler avec une égale facilité à son compagnon de tête et à celui de queue.

La femme de Rabah et les bijoux qu'elle porte défrayent la conversation. En excellent mari, Rabah fait souvent des cadeaux à sa femme. C'est ainsi qu'il vient de lui acheter un superbe collier. Mme Robert voudrait bien voir ce fameux collier, ou, à tout le moins, acheter des bijoux indigènes. Or, précisément, au dire de Rabah, nous allons traverser le village de Taka, où sont venus s'établir, il y a quelque temps, trois orfèvres des Beni-Yenni. A la prière de notre compagne de route, nous décidons que nous irons voir ces orfèvres.

Bientôt, du haut d'une descente, nous apercevons Taka, perché sur un renflement de l'arête que nous suivons. Le coup d'œil est prodigieux. A droite et à gauche s'enfoncent de profonds ravins aux flancs presque à pic. Des frênes, taillés en candélabres gigantesques, des chênes verts énormes, aux bras tordus en tout sens, ombragent le chemin. Aperçues au travers du feuillage, les maisons de Taka, toutes uniformes et serrées les unes contre les autres, ressemblent aux alvéoles d'une ruche fantastique, suspendue tout près à quelque branche.

Voici, sur un petit plateau en avant du village, un chaos de tombes blanches, que cachent à moitié des arbres magnifiques aux rameaux inclinés jusqu'à terre. Des enfants jouent de tous côtés. Le lieu n'a rien de la tristesse des nouvelles nécropoles établies d'après les données de la science. Les musulmans n'ont jamais songé à reléguer bien loin leurs morts. Ils les enterrent aussi près d'eux que possible, dans l'endroit le mieux situé, et continuent à vivre en quelque sorte avec eux. Il est vrai qu'ils croient encore à la vie future.

Au delà du cimetière commence le village. Ce n'est guère qu'une ruelle tortueuse, raide comme une échelle. Tous les habitants accourent pour nous contempler.

Rabah s'enquiert de la demeure des orfèvres. On nous indique immédiatement un vieillard accroupi contre un mur. Après de longues explications que lui donne

Rabah, il tire gravement de dessous ses vêtements une petite sacoche en cuir contenant tous ses trésors. C'est paraît-il, l'habitude, de porter constamment sur soi ce que l'on a de plus précieux. Le Kabyle nous montre quelques bijoux qui n'ont rien de remarquable. Il les tient d'ailleurs à un trop haut prix pour que nous les achetions (1).

Nous nous rendons chez un autre orfèvre. Toute la population de Taka nous accompagne, et s'efforce d'entrer à notre suite dans la cour de la maison. Cette cour, occupée par plusieurs ménages, est déjà pleine de monde. Dans un coin, on prépare du café. On s'empresse de nous en proposer. Les tasses sont couvertes d'un vernis à la crasse. Mais comme nous sommes encore à jeun, nous acceptons sans trop hésiter, et nous trouvons le breuvage délicieux.

Le café dégusté, nous demandons où habite l'orfèvre. On nous montre un trou noir, n'ayant guère plus d'un mètre de haut. Nous donnons, tête baissée, dans le trou noir, et nous nous trouvons probablement dans une chambre. Mais, plongés dans une obscurité presque complète, nous ne voyons absolument rien pour le moment. A force d'ouvrir les yeux, nous finissons par distinguer un spectre blanchâtre : c'est l'orfèvre en personne. Il nous offre des coussins jetés à terre. Nous nous asseyons de notre mieux, et nous cherchons à nous rendre compte de l'endroit où nous sommes.

(1) Voir ci-dessus, p. 95.

Rien ne rappelle les magasins du Palais-Royal aux somptueux ameublements et aux expositions éblouissantes. Un marteau, quelques poinçons, un petit soufflet et une enclume minuscule gisent à terre : voilà tous les instruments qui servent à transformer des douros, c'est-à-dire des pièces de cent sous, seule matière d'argent employée par les indigènes, en broches, en bracelets, ou en agrafes. En fait de vitrines, il n'y a que quelques tas de ferraille, des loques éparses et, dans un angle de la chambre, un amas de charbon de bois.

Majestueusement accroupi au milieu des objets disparates qui encombrent son antre, et comme enchâssé dans un écrin, le maître de céans vaut, à lui seul, tous les bijoux kabyles. C'est un vieil alchimiste d'Albert Durer, qui aurait revêtu le burnous.

Tout d'abord, il jette des yeux scrutateurs sur le lorgnon de Mme Robert, et le considère attentivement. Puis, le saisissant sans façon, il l'essaye avec une dignité d'un comique achevé. Nous l'intriguons certainement encore plus qu'il ne nous intrigue nous-mêmes. Aussi ne se presse-t-il nullement de faire voir ses bijoux. Il faut les injonctions de Rabah pour le tirer de son inertie contemplative.

D'un monceau de loques, il extrait une cassette en fer. C'est le coffre-fort où il conserve ses trésors, pliés dans de vieux chiffons. A côté d'écus de cinq francs, ce sont d'abord de petits parallélipipèdes percés de trous. Enfilés à une corde, ils forment des colliers qui se portent au cou comme amulettes ; leurs pareils, fabriqués à Alger, sont vendus aux Anglais pour des boîtes d'allumettes kabyles. Voici ensuite des broches rondes, couvertes d'émaux généralement rouges et jaunes. Enfin des bracelets de pieds, larges d'au moins cinq centimètres, ressemblant à des fers de forçats, complètent la collection. Ces différents bijoux sont curieux, sans être vraiment jolis. Aucun, en tout cas, ne vaut, comme pittoresque, leur propriétaire. Si nous pouvions l'emporter, comme potiche, lui et son antre! Mais il faut se contenter de ses produits ; et encore en demande-t-il obstinément un prix si élevé, qu'après maints pourparlers, nous n'arrivons pas à nous accorder avec lui. Nous sortons sans avoir rien acheté.

Quitterons-nous donc Taka les mains vides? M. Robert opine pour nous remettre immédiatement en route. Mais Mme Robert, avec un acharnement tout féminin, médite quelque coup désespéré. Comme nous sortons de chez notre bijoutier, elle aperçoit des ombres humaines se dissimulant dans un réduit obscur. D'un bond, elle saute dans la place, et tombe sur deux agrafes suspendues à des loques mouvantes qui cherchent à s'enfuir. Ce sont de ces agrafes en argent, plus ou moins grosses, plus ou moins chargées d'émaux suivant la fortune du mari, au moyen desquelles les femmes kabyles retiennent sur leurs épaules les deux pièces d'étoffe constituant leur vêtement.

Mme Robert demande qu'on tente un dernier effort

pour avoir des bijoux kabyles. Nous faisons venir le mari de la femme aux agrafes. Il consent bien à les vendre. Malheureusement il en veut un prix que Rabah déclare exorbitant. Nous battons donc, encore une fois, en retraite, car, à l'exemple des grands capitaines, nous ne voulons pas acheter le succès par des sacrifices exagérés. Nous sortons de la cour, et nous descendons la rue de Taka, pour nous replier sur nos mulets.

C'est le moment de tenter un effort suprême, en faisant entrer en ligne nos montures. Le pied à l'étrier nous feignons de prendre nos dernières dispositions pour partir. Alors nos adversaires, se ravisant, commencent à lâcher pied. Tous les habitants du village voudraient nous vendre quelque objet. Appelant tout d'abord la ruse à notre aide, nous commençons par opérer une diversion en nous faisant montrer différents bijoux. Mais ils nous plaisent beaucoup moins que ceux découverts tout à l'heure. Ce sont les agrafes qu'il faut emporter de haute lutte. Le mari, qui nous les avait offertes, se présente de nouveau. Nous combinons notre attaque, Mme Robert et moi, en convenant de nous partager les dépouilles ; puis, battant la charge avec quelques écus, nous donnons résolûment l'assaut. Au moment décisif nous faisons entrer en ligne les réserves du portefeuille et, maîtres enfin des positions ennemies, nous enlevons les agrafes. En fin de compte, notre victoire ne nous coûte que quelques-unes de ces blessures, cuisantes sans doute, mais dont on dit : *plaie d'argent n'est pas mortelle.*

Remontés triomphalement sur nos mulets, nous disons adieu à Taka, et nous reprenons notre marche. Rabah, qui tient la queue de la colonne, me rejoint bientôt. — « Peux-tu m'écrire un nom? dit-il. — Oui « sans doute, mais qu'en veux-tu faire? — Il y a une « mauvaise tête qui vient de me dire des sottises, et à « vous tous aussi. Je veux donner son nom à M. Grault. » — J'accède au désir de Rabah, et je lui écris, sur une de mes cartes de visite, le nom d'Arezki Amar. — Je devais apprendre, quelques jours plus tard, que le susdit avait été, grâce au mot écrit sous la dictée de Rabah, frappé des peines de l'indigénat (1). C'était précisément le mari auquel nous avions acheté les agrafes.

Au sortir de Taka, le chemin descend la vallée du Sébaou, en suivant une arête fortement inclinée. C'est un vrai chemin kabyle. Rien ne ressemble moins que les chemins kabyles aux routes carrossables. Presque tous se trouvent tracés sur les crêtes, montant et descendant avec elles. Ils forment de petits ravins, aux talus escarpés et bordés d'arbres. Leur fond, encombré d'énormes cailloux, présente généralement des escaliers naturels et, par endroits, des dalles de pierre polie inclinées et glissantes. Ce sont comme des lits de ruisseaux qui passeraient sur les lignes de faîtes. Bêtes et

---

(1) Voir ci-dessus, p. 108, le régime des peines de l'indigénat.

gens ont, depuis un temps immémorial, l'habitude de passer par là : c'est tout le secret de la voirie kabyle.

Les mulets s'accommodent à merveille de pareils chemins. On dirait même qu'ils s'y trouvent plus à l'aise que sur un macadam bien uni. Ils ont un art étonnant pour se tirer des plus mauvais pas. Contournant les blocs de pierre, assurant leurs pieds sur les marches qui se présentent, se laissant glisser des quatre fers sur les dalles en pente, ils ne s'abattent jamais malgré des charges de 100 à 120 kilog. Il n'y a donc qu'à leur laisser toute liberté d'allure, et à s'en fier aveuglément à leur instinct et à leur adresse. Ces qualités particulières les font préférer aux chevaux. Ceux-ci ne se rencontrent guère que dans la plaine. Ils s'y paient de 2 à 300 francs, tandis que les mulets valent plus du double.

La côte que nous descendons plonge de plus en plus droit. Elle finit par devenir si raide que nous mettons pied à terre. Il est moins pénible d'user de ses jambes que d'accomplir continuellement des tours de gymnastique pour se maintenir sur un bardâ. Nous ne reprenons nos montures qu'au bas de la descente. Voici quelques villages à moitié cachés dans les oliviers, puis enfin la vallée du Sébaou.

Ici, le pays change absolument de caractère. Ce ne sont plus des pentes abruptes, chargées d'arbres et de cultures, avec des villages sur chaque piton ; c'est une plaine légèrement ondulée, n'offrant ni arbres ni buissons, peu cultivée, et tout à fait déserte. Le contraste est saisissant. Nous suivons maintenant une sorte de large piste, qui s'égare à travers champs. Tout est jaune-rouge autour de nous : le sol, les moissons et les herbes. Le soleil semble avoir réduit le pays en brique.

On se croirait vraiment au beau milieu d'une fournaise, car on est rôti de tous côtés. La chaleur ne tombe pas seulement du ciel en ondes flamboyantes, elle sort encore des entrailles surchauffées de la terre, et monte par bouffées à la figure. Sans quelques légers souffles de brise qui viennent de temps en temps nous ranimer, nous risquerions de périr desséchés. Nous sommes d'ailleurs munis de coiffures qui défient tout danger d'insolation. M. et Mme Robert s'abritent sous des chapeaux de paille avec cache-nuque en toile blanche imperméable. Je me tiens caché sous un vaste casque, au fond duquel je maintiens la fraîcheur grâce à des mouchoirs imbibés d'eau. Quant à Rabah, il enfonce sa tête dans les capuchons de ses deux burnous (1).

Cela ne l'empêche pas pourtant d'entretenir la conversation. — « As-tu déjà vu par ici des dames fran-
« çaises ? lui demande Mme Robert. — Oui, j'en ai vu,

---

(1) Les burnous superposés s'emploient aussi bien contre la chaleur que contre le froid. Ils marquent, d'ailleurs, par leur nombre même, le rang social de l'individu qui les endosse. Ainsi un cavalier d'administration revêt toujours deux burnous ; un grand chef dérogerait s'il en portait moins de trois. Ce moyen de se distinguer du vulgaire par un surcroît de vêtements, utiles en définitive, vaut bien autant que quelques galons ou qu'un ruban.

« lui répond-il; pas beaucoup, mais *pas aussi courageuses que toi.* » — Le compliment est fort mérité. Mais Rabah tient Mme Robert encore en bien plus haute estime qu'il ne le laisse pour le moment soupçonner. De retour à Alger, nous avons appris qu'il lui avait reconnu une valeur vénale extraordinaire.

Voici en effet les propres termes de l'interrogatoire que Rabah a subi à sa rentrée à Aïn-el-Hammam. « Tu as mené à Azazga les sidis professeurs ? lui demanda M. Grault. — Oui, répondit Rabah. — Et la dame a-t-elle été fatiguée ? — Non. — Eh bien ! comment la trouves-tu, la femme de sidi professeur ? — Ah ! *mlihh, mlihh bezef* (bonne, bonne beaucoup). — Alors dis-moi donc combien vaut pour toi la femme de sidi professeur. — *Ah bezef, bezef* (beaucoup, beaucoup). — Mille francs. — Oh ! bien plus. — Quinze cent francs ? — Encore plus. Ajoute trois fois cent francs. — Tu veux dire dix-huit cents francs ? — Oui, dix-huit cents francs. — Mais tu es fou, mon pauvre Rabah ! Ne sais-tu pas que, chez vous autres, la femme la plus chère, une fille de marabout ou de grand chef, ne s'achète pas plus de mille francs ? — C'est vrai. Mais que veux-tu ? pour moi, la femme de sidi professeur, elle vaut dix-huit cents francs. » — Mme Robert a été très flattée de savoir que son excellent ami Rabah l'avait estimée près de deux fois plus cher que la plus chère des femmes kabyles.

Comme tous les musulmans, les Kabyles tiennent la

femme pour un objet de vente comme un autre, mule ou jument à deux pattes (1). Aucun euphémisme n'est même en usage pour déguiser la réalité des choses. Se marier, pour un Kabyle, c'est, en propres termes, « acheter une femme (2). » Le mari acquiert, moyennant finance, le pouvoir du père et, à défaut de père, du parent mâle le plus proche, sur la jeune fille. Le prix est, au maximum, de 1,000 francs. Il descend parfois jusqu'à 50 francs. En moyenne, pour ce qu'on peut appeler *qualité bon ordinaire*, il atteint 300 francs ; c'est-à-dire qu'il est inférieur de moitié à celui d'une mule et à peu près égal à celui d'une jument (3). La valeur d'une

---

(1) D'après les purs principes du droit musulman, le mariage est un contrat synallagmatique, en vertu duquel la femme livre sa personne et le mari preste une dot. Théoriquement, la dot devrait être payée à la femme comme prix d'elle-même. Mais, en fait, ce sont ses parents qui touchent l'argent. Le mariage n'est vraiment qu'une vente de la femme, consentie par ses parents. Voilà pourquoi ceux-ci cherchent si souvent à jeter la désunion dans les jeunes ménages et à provoquer des répudiations plusieurs fois répétées : ils se procurent ainsi une occasion de se faire payer une dot à chaque nouveau mariage. (Voir Zeys, *Traité élémentaire de droit musulman algérien*, t. Ier, pp. 9 et 13.)

(2) Voir Hanoteau et Letourneux, *op. cit.*, t. II, p. 149, note 2. — Un habitant de Taourirt-Amokran me soutenait cependant qu'aux environs de Fort-National, par exception, le mari n'achetait pas sa femme. Il prétendait que dans son village la jeune fille recevait une dot de son père et choisissait son mari. « Je te jure, me disait-il, que c'est comme chez les Français. » Peut-être voulait-il, par cette comparaison, flatter mon amour-propre national. En tout cas, il ajoutait que, dans le reste de la Kabylie, notamment du côté de Maillot et d'Azazga, la femme était achetée par le mari.

(3) Voir ci-dessus, p. 173, pour les prix comparés de ces bêtes de somme.

femme varie avec ses charmes personnels, son talent à faire le couscous, le rang de sa famille, et aussi suivant qu'elle a déjà eu ou non un mari. Chose singulière, une femme précédemment mariée se vend plus cher qu'une jeune fille. Cette particularité du marché féminin ne peut s'expliquer que par les principes tout spéciaux des Kabyles en matière de mariage.

L'acheteur pourra rendre la marchandise dès qu'elle aura cessé de lui plaire, voilà la clause essentielle et comme le fond même du contrat intervenant entre le mari et les parents de la femme. Rien n'est donc plus facile pour l'homme que la répudiation : il lui suffit de déclarer d'une façon quelconque sa volonté de rompre le mariage (1). La femme retourne alors dans sa famille, à laquelle d'ailleurs elle n'a jamais cessé d'appartenir. Mais elle ne recouvre pas pour cela sa liberté vis-à-vis de son ex-mari. Celui-ci a, en effet, sur elle une espèce d'hypothèque, pour obtenir le remboursement, avec intérêts, de ce qu'il l'avait payée. Frappée, en quelque sorte, d'indisponibilité, elle ne peut être dégagée et redevenir ainsi l'objet d'une autre vente ou mariage, que si sa famille ou un nouvel acheteur désintéresse l'ex-mari (2). La somme qu'il exige alors

---

(1) La coutume kabyle se montre encore plus dure pour la femme que le véritable droit musulman, car elle lui refuse le droit d'obtenir le divorce, même pour les causes les plus légitimes. En Kabylie, la femme jouit simplement d'une certaine faculté *d'insurrection* qui lui permet bien de revenir chez ses parents, mais ne rompt pas le lien qui l'enchaîne à un homme. (Voir HANOTEAU et LETOURNEUX, *op. cit.*, t. II, pp. 176 et 182.)

(2) HANOTEAU et LETOURNEUX, *op. cit.*, t. II, p. 159.

est généralement supérieure à celle déboursée par lui, car, en matière de commerce, on ne cède habituellement une acquisition que pour un prix supérieur au prix d'achat. Ainsi s'explique cette singularité qu'une femme qui a été mariée s'achète plus cher qu'une jeune fille (1).

Étant donné que le Kabyle est maître de répudier sa femme, comme qui se débarrasse d'une bête de somme, et qu'il y trouve bien souvent une source de bénéfice, la monogamie lui est bien légère à supporter. Quoique le Kabyle ait théoriquement le droit d'avoir en même temps plusieurs femmes, il ne s'en offre très généralement, à cause de sa pauvreté, qu'une seule à la fois (2). C'est en la changeant fréquemment qu'il se rattrape. L'argent que vaut la femme mise à la porte peut servir à acheter sa remplaçante (3). Un capital

---

(1) HANOTEAU et LETOURNEUX, *op. cit.*, t. II, p. 180.
(2) J'ai pu me procurer à cet égard des renseignements précis pour deux villages de la commune mixte de Fort-National, Aguemoun et Taourirt-Amokran. Aguemoun ne compte que 2 polygames sur 300 habitants ; Taourirt-Amokran, cinq fois plus considérable, n'en possède aucun. — La polygamie est beaucoup plus fréquente chez les Kabyles qui passent à Alger une partie de l'année pour faire le commerce : ils ont souvent deux femmes, l'une à Alger, l'autre en Kabylie. C'est ainsi, également, que les Mozabites, indigènes de race berbère comme les Kabyles, dont le pays se trouve au sud de Laghouat et qui émigrent chaque année pour aller se livrer à divers métiers mercantiles, entretiennent généralement double ménage, à savoir : une femme d'hiver à Alger, où ils viennent chercher fortune pendant la saison d'hiver, et une femme d'été au Mzab, où ils retournent passer leurs vacances pendant les fortes chaleurs.
(3) Voir l'alinéa précédent.

d'environ trois cents francs permet d'acheter successivement les talents et les charmes d'un certain nombre d'épouses. On arrive ainsi à se procurer tous les agréments de la polygamie, sans s'exposer à ses ennuis ; le système de la polygamie simultanée est une cause d'embarras sans fin, parce qu'il est impossible de maintenir la paix entre les divers ménages (1). Le système de la polygamie successive, tel qu'il se trouve pratiqué par le Kabyle, assure la tranquillité du mari, tout en lui laissant une latitude absolue pour changer de femme suivant son bon plaisir (2).

On dit fréquemment la femme kabyle moins malheureuse que la femme arabe ; et on en donne pour preuve la liberté plus grande dont elle jouit à l'extérieur, étant autorisée à circuler hors de chez elle le visage découvert. Il y a là, me semble-t-il, une erreur. Toutes les musulmanes sont, à raison même des lois et des mœurs musulmanes, aussi malheureuses les unes que les autres (3). Il existe entre elles parité complète

---

(1) « Pourquoi n'as-tu qu'une seule femme? demandait un « jour une dame de ma connaissance au fils d'un grand pro-« priétaire indigène. Ton père en a bien plusieurs. — J'ai vu « mon père, répondit-il, s'efforcer vainement, pendant toute sa « vie, de faire régner la paix entre toutes ses femmes. J'aime « mieux vivre tranquille avec une seule. »

(2) La répudiation par le mari est très fréquente. Dans certaines localités, presque toutes les femmes la subissent au moins une fois. Il n'est pas rare d'en rencontrer ayant appartenu successivement à une demi-douzaine de maris. Il paraît cependant que dans les villages des environs de Fort-National, où l'achat de la femme est moins ouvertement pratiqué (voir ci-dessus, p. 176, note 2), la répudiation est assez rare.

(3) Il est certain qu'avant leur conversion à l'islamisme, les

d'avilissement, de déchéance et de misère. Le Coran déclare expressément que la femme est un être inférieur à l'homme (1). Il la tient pour une créature dégradée et dangereuse (2), ce qui autorise tous les excès à son égard.

La pratique vaut encore moins que la doctrine. Le mari traite sa femme comme une bête humaine, chair à plaisir ou machine à tout faire. Selon son humeur, il la choye à la façon d'un caniche, ou bien la roue de coups à l'instar d'un bourricot. C'est un joujou dont il s'amuse, un instrument qu'il emploie, une chose sur laquelle il calme ses nerfs, ce n'est jamais une compagne (3).

Berbères, dont les Kabyles constituent une des branches, étaient loin d'abaisser la femme comme ils l'ont fait depuis. Ils comptent, en effet, dans leurs annales, une célèbre reine El Kahéna, qui arrêta longtemps dans l'Aurès l'invasion arabe. (MERCIER, *Histoire de l'Afrique septentrionale*, 1888, t. Ier, pp. 212 et suiv.)

(1) « Les hommes sont supérieurs aux femmes à cause des « qualités par lesquelles Dieu a élevé ceux-là au-dessus de « celles-ci, et parce que les hommes emploient leurs biens « pour doter leurs femmes. » (Koran, IV, 38; — LA BEAUME, *le Koran analysé*, 1878, p. 595.)

(2) « Être qui grandit dans les ornements et les parures, et « qui est toujours à disputer sans raison... O vous qui croyez! « vous avez des ennemies dans vos épouses... » (Koran, XVIII, 17, et LXIV, 14; — LA BEAUME, *op. cit.*, pp. 596 et 597.) — Djelâl-ed-din-Abou Soleiman-Dâoud, dans *la Médecine du prophète*, rapporte de Mahomet le propos suivant : « Je ne connais pas « de défaut dans le domaine de l'intelligence et de la religion « qui soit plus puissant qu'une de vous, femmes, à faire disparaître le sens moral de l'homme même le plus prudent et le « plus raisonnable. » (LA BEAUME, *op. cit.*, p. 596, note 1.)

(3) Un mari qui parle de sa femme, ou qui reçoit des compliments à son occasion, ne peut s'empêcher de sourire comme

Le droit de battre sa femme est considéré par les mahométans comme le premier des droits de l'homme (1). L'anecdote suivante, qui m'a été racontée par un témoin de la scène, montre au vif ce sentiment. Il y a quelque temps un conseil municipal des environs d'Alger nomma adjoint un Mozabite (2), en remplacement d'un vieil Arabe qui remplissait ces fonctions depuis vingt-trois ans. « Comment ! s'écria celui-ci, ce sera « ce Mozabite qui interviendra quand je battrai ma « femme ? » Ce n'était pas l'officier municipal évincé qui protestait, c'était le mari qui craignait d'être atteint dans sa plus chère prérogative (3).

Ce qu'il y a de particulièrement navrant, c'est que la musulmane semble n'avoir aucune conscience de son abjection. Jamais elle n'a eu l'idée d'une autre existence. Comme l'âne, elle est résignée à son destin. Les enseignements mêmes de l'Islam qui, par leur fatalisme, l'aident à tout supporter, ne font que mieux l'affermir dans son abaissement.

s'il s'agissait de quelque meuble grotesque ou d'un animal plein de gentillesse.
(1) « Vous réprimanderez les femmes dont vous auriez à « craindre la désobéissance, vous les reléguerez dans des lits « à part, vous les battrez ; mais, dès qu'elles obéissent, ne leur « cherchez point querelle... » (Koran, IV, 38 ; — La Beaume, *op. cit.*, p. 598.)
(2) Voir ci-dessus, p. 178, note 2, quelques détails sur les Mozabites.
(3) L'habitude pour le mari de battre sa femme était déjà invétérée en Afrique au temps de saint Augustin, *quum matronæ multæ quarum viri mansuetiores erant, plagarum vestigia, etiam deshonestátá facie, gererent.* (Confessions de saint Augustin, IX, 9.)

Moins islamisées que les femmes arabes et, par conséquent, un peu moins abruties, les femmes kabyles sont peut-être plus à plaindre, par cela même qu'elles se doutent davantage de leur déchéance. Ayant une intelligence plus développée, elles sentent mieux leur infortune. Parfois, en causant avec une Européenne, elles semblent soupçonner toute l'horreur de leur existence, et souffrir spécialement de l'absence totale d'affection de la part de leur mari (1). Elles jettent alors des yeux d'envie sur cette femme bien traitée, et sûre de ne pas être renvoyée. « Tu es heureuse, toi, ton mari t'aime ! » Être jolie pour être aimée, être aimée pour ne pas être chassée, voilà à leurs yeux le bonheur idéal. Ce bonheur, elles l'ont bien rarement et, quand elles l'ont, ce n'est que pour quelques jours, car la décrépitude suit de bien près le mariage (2), et vient les vouer fatalement à l'abandon et aux mauvais traitements.

Le mari ne répudie pas toujours sa femme devenue vieille. Il la garde souvent auprès de lui, mais comme un maître conserve une jument fourbue, pour avoir à

---

(1) On peut poser comme axiome qu'aucun musulman n'aime sa femme. Une personne qui, depuis 17 ans, voit une foule de femmes indigènes, m'assurait qu'elle n'avait jamais trouvé que deux Arabes aimant leur femme. Elle n'avait pas encore rencontré un Kabyle dans ce cas. — Voici d'ailleurs, entre mille, un exemple donnant exactement la mesure de l'affection maritale dont sont capables les indigènes : « Envoie « donc ton mari chercher des remèdes, disait la personne dont « j'ai parlé plus haut à une femme gravement malade. — Il « ne veut pas, répondit-elle tristement. Il me dit : dépêche-« toi de mourir, parce que je veux en chercher une autre. »

(2) Voir plus loin, même chapitre.

qui demander sans crainte les services les plus pénibles. Tandis qu'elle se trouve condamnée aux derniers travaux, une jeune femme lui succède en qualité d'épouse et la reçoit comme servante. Le gros ouvrage du ménage et la culture de la terre, voilà désormais ce qui lui est réservé. Elle est employée aux charrois des fardeaux les plus lourds et les plus répugnants, particulièrement des fumiers et des immondices.

On en use aussi comme d'un marchepied portatif. Voici, en effet, ce que j'ai vu, de mes propres yeux, aux environs de Sétif, en Petite Kabylie (1). Un homme revenait du marché avec un mulet et deux femmes, l'une jeune et l'autre vieille ; arrivé dans la campagne, il rangea la bête à côté de la vieille qu'il fit courber ; et la jeune, mettant le pied sur l'échine de la vieille avec autant d'aisance qu'elle aurait fait sur une borne de la route, s'élança lestement sur le mulet. Dans quelques années, elle servira à son tour d'escabeau.

Bien que sachant ce qui les attend, les jeunes filles kabyles n'ont qu'un désir, celui de se marier. C'est vouloir se vouer à l'abrutissement. Avant leur mariage, elles sont, en général, jolies et intelligentes. A peine livrées à un mari, elles dépérissent à vue d'œil, et prennent un air vieux et abêti. Un propriétaire français me citait récemment l'exemple de la fille d'un jardinier kabyle. Au moment de se marier, elle était vrai-

---

(1) Voir p. 6, note 1, ce qu'on entend par Petite Kabylie.

ment belle et pleine d'intelligence. Trois semaines après, elle paraissait flétrie ; son visage s'était couvert de rides ; son regard avait perdu sa vivacité juvénile : c'était une vieille et une abrutie.

Quel est le secret de la foudroyante transformation que le mariage fait subir aux jeunes filles ? Il ne m'est guère possible de soulever le voile qui cache les misères et les turpitudes de presque toutes les familles musulmanes. Qu'on s'imagine comme on voudra ce qu'une femme peut attendre d'un mari sans amour et sans morale. La coutume kabyle ne fixant pas plus que la loi musulmane d'âge pour contracter mariage, la jeune indigène est, sitôt qu'il y a acheteur, vendue à un mari. C'est, en fait, vers dix ou douze ans et souvent avant cet âge, car quelqu'un m'a assuré avoir assisté au mariage d'une Kabyle de huit ans (1). Dans ces conditions, une femme est incapable de résister aux épreuves de son nouvel état (2).

L'expérience, si dure soit-elle, n'empêche pas la plu-

(1) Il y aurait, peut-être, maintenant une certaine tendance à reculer un peu le moment du mariage pour les filles.
(2) Le Prophète épousa l'une de ses femmes alors qu'elle était âgée de sept ans seulement. Certains musulmans, à son exemple, achètent des jeunes filles non encore parvenues à la nubilité. (Voir HANOTEAU et LETOURNEUX, *op. cit.*, t. II, p. 149, note 3.) On comprend que des accidents, parfois mortels, en puissent résulter. Un juge de paix m'a affirmé avoir eu plusieurs fois des instructions à faire pour de véritables meurtres, que des maris avaient commis sur leurs femmes impubères par voie de viol. — Voir, sur le viol dans le mariage, le docteur KOCHER, *De la criminalité chez les Arabes au point de vue de la pratique médico-judiciaire en Algérie*, 1884, pp. 179 et suiv.

part des femmes veuves ou répudiées de se remarier. A peine redevenues disponibles, elles ont comme idée fixe de se faire acheter par un nouveau mari. Si on leur demande pourquoi elles n'ont pas assez des coups qu'elles ont reçus de leur précédent époux, elles répondent invariablement qu'elles espèrent en trouver un autre moins méchant.

Cette singulière passion pour le mariage est faite pour surprendre. Elle peut s'expliquer, en observant que les musulmans n'ont aucune idée de la chasteté dans le célibat, surtout pour les femmes. A leurs yeux, une femme nubile qui reste non mariée est nécessairement une prostituée. Le désir, insensé en apparence, qu'a toute musulmane d'appartenir à un mari, a donc sa source dans un sentiment respectable. Quoi qu'il en soit, j'ai entendu une personne qui, depuis fort longtemps, se trouve en relation avec une foule d'indigènes, affirmer n'avoir jamais vu que deux femmes répudiées continuer, sans convoler en de nouvelles noces, à mener une vie honnête.

Une fois mariée, la femme kabyle ne souhaite plus qu'une seule chose, avoir des enfant mâles, car c'est à cette condition seulement qu'elle jouira de quelque estime auprès de son mari et des autres femmes du village. Si elle demeure stérile, ou si elle n'a que des filles, elle sera inévitablement répudiée. Rarement un Kabyle garde une femme qui lui a donné trois filles sans aucun garçon. Souvent même il la chasse à la seconde fille. La malheureuse est alors notée d'une sorte d'infamie et n'inspire plus qu'une pitié mêlée de mépris (1).

J'en ai eu, il y a quelque temps, une preuve des plus curieuses. La femme d'un de mes amis entra un jour chez une femme kabyle. Celle-ci, qui allaitait un garçon, la questionna immédiatement sur le sujet qui passionne le plus une indigène, le mariage et le nombre des enfants. « Es-tu mariée, lui demanda-t-elle ? — Oui.
« — Combien d'enfants ? — Trois, j'en ai trois, répon-
« dit Mme P. L... avec un certain orgueil, en montrant
« trois doigts ouverts pour appuyer son dire. — Ah !
« ah ! dit la Kabyle, d'un ton admiratif. Mais combien
« de garçons ? — Trois filles. — Trois filles ! trois
« filles ! s'écria la Kabyle, en jetant sur Mme P. L...
« des regards de profond mépris. Et ton mari t'aime !
« et ton mari te garde ! » Et serrant son enfant contre sa poitrine, elle tourna le dos à sa visiteuse.

Cette anecdote montre sur le vif ce qu'est, aux yeux des Kabyles, une mère sans garçon. Mais elle ne prouve pas que les femmes aiment leurs enfants, fussent-ils

---

(1) « Si l'on annonce à quelqu'un d'entre eux la naissance d'une fille, son visage s'obscurcit, et il devient comme suffoqué par la douleur. » (Koran, XVI, 60 ; — LA BEAUME, *op. cit.*, p. 601.) — A la Kasba d'Alger, m'assurait une personne qui la connaît à fond, il n'y a pas de petites filles estropiées, tandis qu'il y a beaucoup de petits garçons. Cela tient à ce que les indigènes laissent mourir les filles infirmes pour lesquelles ils ne pourraient trouver acheteur, au lieu qu'ils soignent toujours les garçons, quels qu'ils soient, les considérant comme un honneur pour la famille.

du sexe masculin. Quand on leur demande combien elles ont de garçons, elles comptent toujours ceux qui sont morts, et répondent par exemple : « J'ai trois garçons, dont deux morts. » Pour elles, l'essentiel est d'avoir donné le jour à des fils. Vivent-ils, cela leur paraît presque indifférent. Leur désir de la maternité ne se manifeste que pour les enfants mâles, et procède uniquement de l'égoïsme : des fils leur sont nécessaires pour ne pas être répudiées, et voilà tout.

Du moment que l'amour maternel n'est qu'un sentiment égoïste, il ne dépasse pas le niveau qu'il atteint dans la bête. C'est à ce degré d'abaissement que descendent parfois les femmes kabyles. Je n'ai que l'embarras du choix parmi une multitude d'exemples, tous aussi navrants les uns que les autres.

Une personne de ma connaissance, qui visitait une maison kabyle, trouva une femme étendue à terre et dormant du sommeil le plus paisible. Contre elle gisait un paquet ; c'était sa petite fille qui venait de mourir. Entendant entrer quelqu'un, la mère se souleva nonchalamment, en poussant du dos le cadavre. « Et ton « enfant, lui demanda sa visiteuse ? — Tu peux bien « voir si tu veux, répondit-elle d'un air indifférent. « Peut-être ce n'est pas mort. » Et se recouchant tranquillement elle se rendormit. C'était l'insouciance de la brute.

La femme indigène se trouve parfois au-dessous de la bête. Une femelle mammifère donne toujours son lait à ses enfants. Or, quelqu'un m'a rapporté avoir rencontré une misérable qui refusait obstinément de nourrir sa fille.

« Elle m'a trop fait souffrir, disait-elle, elle est
« mauvaise; il faut qu'elle parte pour le cimetière. »
Son mari était, depuis plus de quinze jours, obligé de la contraindre à allaiter son enfant.

Si les mères n'aiment guère leurs enfants, ceux-ci le leur rendent bien. Quelques-uns, sans doute, ont pour elles certaines prévenances, mais la plupart se montrent indifférents, parfois même dénaturés. Comment en serait-il autrement, puisque la femme est un être sans dignité, une pouliche à deux pattes, qu'un homme prend pour un temps et qu'il renvoie sitôt qu'il en a assez? Aussi voit-on des fils vendre, eux-mêmes, à un nouveau mari, leur mère devenue veuve (1).

Ordinairement, les enfants assistent impassibles à la mort de celle qui les a mis au monde. « Pourquoi ne
« viens-tu pas chercher des remèdes pour ta mère qui
« est malade ? » disait une personne charitable à un Kabyle. — « Oh! laisse-la donc mourir, répondit-il en
« souriant. Ça, c'est vieux, vois-tu. Ça peut mourir. »
Tous les Kabyles n'ont pas cependant de pareils sentiments. J'en ai rencontré deux ou trois, suivant à pied

---

(1) Voir le cas de Kassi Mohamed Aït el Haoussin, dans une monographie de M. AUGUSTE GEOFFROY, publiée par la *Société d'économie sociale*. — *Les ouvriers des deux mondes*, 2ᵐᵉ série, IIᵐᵉ fascicule : *Bordier berbère de la Grande Kabylie*, 1888, p. 70.

un mulet, sur lequel était montée une vieille femme qui pouvait bien être leur mère. Mais je ne suis pas sûr que ces égards ne fussent pas de la même nature que ceux d'un berger chargeant sur son âne la bête qui ne peut plus marcher (1).

J'aime à croire que Rabah, s'il a encore sa mère, est meilleur fils que la plupart de ses compatriotes, car sa conduite envers sa femme témoigne d'un excellent naturel. Malgré sa fortune, qui lui permettrait d'en avoir plusieurs (2), il se contente d'une seule. Nous l'en estimons davantage, et nous songeons avec regret que nous aurons à nous séparer de lui une fois arrivés à Azazga.

Nous voici au bord d'un plateau qui, par une rampe d'une cinquantaine de mètres, descend au lit même du Sébaou. Au sommet de la rampe se trouvent deux misérables gourbis, les seules habitations que nous ayons rencontrées depuis une heure de marche. En bas sort une source abondante. Les petits Kabyles, qui accompagnent à pied nos mulets, s'y désaltèrent avec délice, tandis que nous avons la sagesse de n'y pas toucher. Nous traversons un petit bois de lauriers-roses en fleurs, et nous sommes sur les bords du Sébaou.

(1) Le Kabyle respecte son père, à titre de chef de famille. Mais ce respect, originairement fondé sur la crainte, ne se maintient que par la force de l'habitude et l'autorité des coutumes publiques ; il n'a pour base ni la reconnaissance, ni l'affection. — Le père semble d'ailleurs avoir pour son enfant plus d'attachement que la mère.
(2) Voir ci-dessus, p. 178.

Le Sébaou qui, dans les grandes crues, ressemble à un véritable fleuve, n'a guère, pour le moment, que dix mètres de largeur sur cinquante centimètres de profondeur. Nos mulets, mourant de soif et de chaleur, se précipitent dans l'eau, et s'arrêtent au milieu du courant pour boire en prenant un bain. Nous envions leur bonheur, car le soleil est torride. Nous voudrions qu'un accident imprévu nous fît faire un de ces plongeons que la raison défend de chercher, mais qui s'acceptent avec joie quand il a été impossible de les éviter. Malheureusement, nos bêtes restent fermes au milieu de l'eau, et nous sur nos *bardâs*.

Faute de bain, il faut nous contenter de la fraîcheur du paysage. Cette eau limpide, sur laquelle nous semblons marcher tandis qu'elle s'écoule avec un léger murmure à quelques centimètres au-dessous de nos pieds, ces rives couvertes d'arbres verdoyants, ces mulets qui, le cou tendu, les naseaux ouverts, les oreilles pendantes, aspirent l'eau à longs traits, tout cela forme un délicieux tableau, dont la vue seule repose et ragaillardit. Le cadre même accentue, par le contraste, l'impression du calme et du bien-être. Là-bas, derrière cette verdure, vers le fond de la vallée, on aperçoit, en effet, comme le flamboiement d'un four à briques, et l'on s'estime heureux de se trouver dans un milieu moins brûlant. C'est ici comme l'oasis au milieu du désert.

Plongés dans une douce contemplation, nous resterions encore longtemps en pleine rivière, si nos mulets, désaltérés et ne se sentant pas encore au bout de leur étape, ne nous amenaient d'eux-mêmes sur l'autre bord.

Nous remontons la berge du Sébaou par un sentier raide comme une échelle. Il faut, d'une main, se cramponner aux crins de nos bêtes, et de l'autre écarter les broussailles qui viennent nous fouetter la figure.

Nous grimpons à présent une côte exposée à toutes les ardeurs du soleil. Il est dix heures, et la chaleur se fait de plus en plus sentir, car la brise, qui nous avait accompagnés jusqu'ici, est maintenant complètement tombée.

Enfin, à force de monter à travers les maquis et dans des pierres roulantes, nous arrivons à des oliviers qui nous mettent un peu à l'ombre. Nous trouvons bientôt un chemin horizontal se dirigeant du côté d'Azazga. Nous pressons nos montures pour nous soustraire à un soleil de plus en plus ardent, et à onze heures nous entrons à Azazga.

Azazga est situé sur un plateau légèrement incliné au Nord. Quand on l'aborde comme nous par le Sud, on ne voit les premières habitations qu'en y arrivant. Azazga est un village entièrement français. Bien que fondé depuis 9 ans, il en est encore à la période de formation. Il a d'ailleurs été conçu sur le plan de tous les villages français de l'Algérie. De larges avenues bordées d'arbres, une belle place publique avec une fontaine artistique, de somptueux monuments publics, mairie, écoles et gendarmerie, puis des maisons basses n'ayant presque jamais d'étage et éparses,çà et là dans de grands carrés de jardins.

Il y a deux hôtels. Nous descendons à celui qui présente la meilleure apparence. La maîtresse de céans se montre peu aimable et prétend qu'elle ne peut nous loger. Cependant, à force de diplomatie, Mme Robert parvient à nous obtenir deux chambres (1).

Une fois logés, nous payons nos muletiers : c'est neuf francs en tout, somme qui n'est vraiment pas exagérée, pour la journée de trois mulets et de deux hommes.

Après avoir déjeuné, nous offrons le café à Rabah, et nous prenons, non sans quelque peine, congé de cet excellent guide. Puis nous rentrons dans nos chambres, pour faire la sieste jusqu'à quatre heures. La température est beaucoup plus élevée qu'à Aïn-el-Hammam. Cela tient à la faible altitude d'Azazga et au sirocco qui commence à faire sentir son souffle.

Nous sommes moins endoloris que le premier jour. Aussi la sieste nous a-t-elle bien vite délassés. Mais M. et Mme Robert payent leur passage du Sébaou. La chaleur, produisant le même effet que le froid, a forte-

---

(1) J'ai appris plus tard pourquoi nous avons été mal reçus. Comme dans la plupart des villages français, les habitants sont à Azazga au plus mal avec l'autorité, à tel point que dans aucun hôtel on ne veut recevoir d'agent de l'administration, quand même il appartiendrait à une autre commune. C'est donc la présence de Rabah qui, en nous communiquant un caractère officiel, nous a valu un accueil peu sympathique.

ment gercé leurs lèvres qui laissent perler des gouttes de sang. Ce désagrément, d'ailleurs sans danger, aurait été facilement évité par l'emploi de quelque pommade préventive.

Pendant que Mᵐᵉ Robert continue à se reposer, M. Robert se rend avec moi au télégraphe pour donner de nos nouvelles à nos familles. En Algérie, tout village européen a son bureau de poste et son télégraphe. On peut donc compter, comme une des commodités particulières d'un voyage en ce pays, la faculté de pouvoir, à chaque étape, communiquer rapidement avec les siens.

Tandis que nous rédigeons nos télégrammes dans un coin du bureau, entre un individu le chapeau sur l'oreille. Il passe triomphalement un papier à l'employé du télégraphe et se met à parlementer. Nous entendons confusément les mots de *provocation… insulte… politique… parti… dépêche*, etc. Au bout d'un instant, l'individu veut bien nous mettre au courant des difficultés qui lui sont faites. La dépêche, adressée à un ami de Tizi-Ouzou, est ainsi conçue : « *Misérable infamie est annulée, zut.* » L'employé refuse de transmettre un texte qui lui paraît injurieux. Consultés sur le point de droit, nous engageons discrètement l'expéditeur à se méfier de la loi sur la diffamation, et nous attendons paisiblement l'issue de la discussion. Après de longs pourparlers, l'employé finit par céder devant ces considérations que l'auteur de la *misérable infamie* n'est pas nominativement désigné, et que les termes du télégramme constituent simplement un langage convenu, quelque bulletin chiffré annonçant une victoire.

Nous venons évidemment d'ouïr les secrets d'un des partis politiques d'Azazga. Mais comment les pénétrer, n'en possédant pas la clé ? — Je finis par me souvenir qu'il y a quelques jours j'ai aperçu, dans différentes feuilles publiques d'Alger, des lettres d'Azazga dévoilant à la face du monde les sourdes menées de tel ou tel parti, les calomnies abominables de M. Pierre, les misérables infamies de M. Paul. Mais quelles étaient ces sourdes menées, ces calomnies abominables, ces misérables infamies ? Ma mauvaise mémoire ne me permet pas de rassembler mes idées à cet égard. Tout ce que je me rappelle, comme une sorte de cauchemar, c'est que l'ennemi était aux portes, que ses approches se poussaient avec une fiévreuse activité, que des mines ténébreuses menaçaient d'éclater au milieu même de la place, que des traîtres se disposaient à livrer la cité, que les purs patriotes allaient être égorgés sans pitié par les suppôts de la tyrannie et que, généralement parlant, Azazga et la patrie étaient en danger (1).

(1) J'ai été assez heureux, à mon retour à Alger, pour retrouver quelques détails sur le péril couru par Azazga. Il paraîtrait que ce village a manqué voir des horreurs dignes de 93. Voici, en effet, ce que j'ai découvert à son propos, dans un numéro du *Petit Colon* en date du 6 février 1887, sous ce titre : *Une infamie judiciaire* « ...Nous et nos amis avons affaire à un « syndicat puissamment organisé. Ce syndicat opère dans « l'ombre ; eh bien, dévoilons ses manœuvres au grand jour...

La politique constitue, dans la plupart des nouveaux centres, le passe-temps, pour ne pas dire l'unique occupation des colons. Dotés par la munificence gouvernementale de confortables habitations et d'avances importantes (1), ils commencent ordinairement par louer leurs terres à des indigènes, qui bien souvent ne sont autres que les anciens propriétaires. Une fois déchargés des soucis de la culture, ils doivent songer aux moyens d'occuper leurs loisirs. Ils se trouvent loin des villes de plaisir, sans théâtres, sans casinos, parfois même sans cafés-concerts (2), privés, en un mot, de toute espèce de distractions. Des intelligences d'élite comme les leurs ne sauraient toutes trouver au fond d'un verre un aliment suffisant pour leur dévorante activité. Force est donc de se rabattre sur la politique qui, seule, avec ses horizons infinis, permet aux grands hommes de se donner libre carrière et d'enfanter des merveilles.

On monte alors, sur la scène municipale, des comédies et des drames. Le sujet se trouve généralement emprunté aux luttes de l'antique forum. La municipa-

« pour obtenir satisfaction d'une iniquité commise vis-à-vis
« de ceux qui luttent avec nous contre le *parti de la terreur.* »

(1) Le gouvernement semble renoncer, pour le moment, aux concessions gratuites et à la colonisation officielle. Ce qui reste de terrains domaniaux n'est plus employé à créer des villages de toutes pièces, mais on l'aliène peu à peu, par voie de vente aux enchères. Le nouveau système paraît jusqu'à présent donner de bons résultats au point de vue pécuniaire.

(2) Voir plus loin, à la fin du même chapitre, l'usage que les colons font des cafés-concerts.

lité en exercice et les chefs de l'opposition, sous le masque du Sénat et des tribuns, s'y livrent à des luttes épiques. Les quatre-vingts ou cent électeurs, artistes subventionnés pour représenter le peuple romain, se partagent en deux chœurs qui jouent, l'un les patriciens, l'autre les plébéiens. Grâce à leur ardeur, les pièces se succèdent rapidement, toujours palpitantes d'intérêt. Des comptes rendus littéraires publiés dans un journal local, ou, à défaut de journal local, dans un des journaux de la sous-préfecture, tiennent l'univers au courant du mouvement artistique. Malheureusement les écrivains qui font spécialement de la critique d'art professent, même en Algérie, des préférences. Les félicitations adressées à l'une des troupes d'acteurs ne vont pas sans des reproches faits à l'autre. L'émulation se change en rivalité, l'opposition dégénère en querelles, les démonstrations belliqueuses amènent fatalement une déclaration de guerre. L'orchestre donne, le tonnerre gronde, et les artistes, prenant leurs rôles au sérieux, finissent par en venir aux mains. C'est ainsi que nombre de pièces ont eu leur dénouement en police correctionnelle ou aux assises.

On s'imagine facilement les embarras de l'administration, obligée de louvoyer perpétuellement entre les deux partis qui divisent chaque commune. Ne pouvant pencher vers l'un sans encourir l'inimitié de l'autre, elle est trop heureuse quand elle parvient à se faire oublier. Les affaires en souffrent, et les colons ne manquent pas de se plaindre d'un état de choses qu'ils ont eux-mêmes créé. Faisant presque toujours métier de mécontents, ils ne songent guère qu'à reprocher à l'administration aussi bien son inaction dont ils pâtissent que son activité qui les gêne.

C'est cependant vers le gouvernement qu'ils se tournent sans cesse, comme vers une sorte de dieu, capable, par ses largesses, de semer la prospérité et de distribuer le bonheur. Il est bien rare qu'ils fassent œuvre d'initiative personnelle et cherchent, dans le groupement des forces individuelles, le moyen d'assurer par eux-mêmes le succès d'une entreprise. Ils ne comptent que sur l'autorité publique et, par une singulière contradiction, ils la repoussent dès qu'elle se manifeste. Les demandes de subvention sont ordinairement accompagnées de dénonciations contre tel ou tel fonctionnaire, ainsi que de récriminations touchant le mode de distribution des faveurs administratives. C'est la députation algérienne qui se trouve chargée de faire prévaloir toutes les réclamations auprès du gouvernement. Elle est la véritable souveraine de l'Algérie, souveraine portée aux nues ou honnie, suivant qu'elle est ou non favorable. Les colons disent bien rarement : « *Faisons;* » mais ils répètent à l'envi : « *Chargeons-en notre député;* » ou bien, quand le député appartient au parti adverse : « *Renversons le député, il ne fait rien pour nous.* »

Le droit à la subvention est, en Algérie, ce qu'est en

France le droit au travail réclamé par les ouvriers. Il fait parfois l'objet des plus amusantes revendications. On m'a parlé de Maillot, comme d'un sol fécond en propositions absolument étonnantes. Maillot a jadis été le centre d'un phalanstère (1), fondé par les Saint-Simoniens sous le bienveillant patronage du gouvernement d'alors (2). De ce phalanstère, il ne reste aujourd'hui qu'un certain goût des Maillotins pour les réunions publiques. Un vénérable colon de la première heure s'est acquis la spécialité des motions réjouissantes. Quelqu'un de ma connaissance, en veine de gaîté, s'était amusé à lui soutenir que les habitants de l'endroit s'exposant, pour le bien public, aux dangers d'un climat exceptionnellement fiévreux, chacun d'eux devrait recevoir de l'État une pension de mille francs par an. « Vous avez bien raison, dit le vieux colon. « La question doit être mise à l'étude. Je vais provo- « quer à ce sujet une réunion publique, et nous enver- « rons un projet au gouvernement général. » Je n'ai pas encore vu ce projet dans les journaux, mais je suis sûr que les gens d'Azazga l'appuyeront chaudement, pourvu qu'il leur soit étendu au nom de l'égalité.

Peut-être, un jour venant, nous sera-t-il donné d'ad-

---

(1) Un autre phalanstère avait été établi à Saint-Denis du Sig, dans la province d'Oran. Ce n'est, depuis longtemps, qu'un simple souvenir, comme celui de Maillot.
(2) Les idées saint-simoniennes ont longtemps reçu en Algérie une application pratique dont l'histoire serait très curieuse.

mirer un village idéal, dont tous les habitants seront pensionnés du gouvernement. Mais ne voulant pas attendre indéfiniment à Azazga le moment où on verra pareille merveille, il nous faut préparer notre départ pour le lendemain. Durant les journées précédentes, nous avons voyagé dans la partie cultivée de la Kabylie ; il nous reste maintenant à traverser, en deux jours, les immenses forêts qui couvrent toute la région Est du pays, entre Azazga et El-Kseur, situé dans la vallée de l'Oued Sahel. Nous n'avons pas l'honneur de connaître l'administrateur d'Azazga. Mais nous pouvons recourir à l'obligeance des forestiers. Je me suis muni, à Alger, de recommandations, et j'ai eu l'occasion, il y a un an, de voir le garde général d'Azazga, M. Laurent. Nous allons donc le trouver ; il nous accueille très bien. M. Laurent se charge de nous procurer des mulets. Il se propose même de nous accompagner, si cela lui est possible. En tout cas il nous promet de mettre à notre disposition un de ses gardes pour nous conduire. Nous irons coucher demain soir à la maison forestière de l'Akfadou, chez un garde français, M. Alexandre.

Ayant ainsi organisé notre journée du lendemain, nous allons nous asseoir à l'ombre, dans le jardin de l'hôtel. De l'endroit où nous nous trouvons, nous découvrons toutes les montagnes qui nous séparent de la mer, distante d'environ vingt kilomètres. Cette chaîne est entièrement boisée. Sur la droite, s'élève le Tamgout des Beni-Djennad, que nous avons déjà aperçu de Fort-National. Cette montagne en pain de sucre est couverte d'une splendide forêt, sauf sur le sommet, qui ressemble à un crâne chauve. Nous apercevons comme d'immenses sapins qui se détachent sur le ciel : ce sont, nous dit-on, des chênes d'une espèce particulière.

Avant de dîner, nous nous présentons chez Mme Laurent, femme du garde général. Elle nous reçoit de la façon la plus aimable. Nous causons beaucoup d'Alger et aussi d'Azazga. Elle se trouve bien isolée. C'est à peine si deux ou trois fonctionnaires sont mariés. La ville la plus proche est Tizi-Ouzou, à une quarantaine de kilomètres ; or Tizi-Ouzou se trouve encore bien loin d'Alger. Néanmoins, les commodités de la vie se sont considérablement accrues depuis trois ans que Mme Laurent habite Azazga. Quand elle s'y est établie, il n'y avait pas de chemin pour y arriver. On ne voyageait qu'à dos de mulet, et l'on ne pouvait pas toujours passer le Sébaou sur lequel il n'y avait pas encore de pont. La première fois que Mme Laurent vint à Azazga, elle fut obligée d'attendre plusieurs jours avant que le Sébaou, gonflé par des pluies torrentielles, eût suffisamment baissé pour qu'on pût le traverser à gué. Aujourd'hui, il y a une route à voitures, desservie par une diligence. Le Sébaou ne se franchit plus à gué, mais sur un beau pont. Les relations avec le monde civilisé sont donc devenues beaucoup moins difficiles.

M#me# Laurent n'en paraît pas moins peu désireuse de finir ses jours au milieu des habitants d'Azazga.

Nous rentrons à notre hôtel pour dîner. La nuit tombe pendant que nous sommes à table. M. et M#me# Robert se retirent bientôt dans leur chambre. Pour moi, je vais faire une tournée d'inspection à travers le village.

Je suis, en effet, fort intrigué par le genre d'existence que me semblent mener les habitants. Pendant le jour, j'ai vu des gendarmes, j'ai vu des gens qui se promenaient d'ici de là, avec l'air de fonctionnaires en villégiature ou de députés hors session; j'ai vu des citoyens, en manches de chemise, qui se rendaient au café, j'ai vu de joyeux compagnons autour de tables chargées de verres et de bouteilles, j'ai vu en maint endroit des gens occupés à prendre l'absinthe (1). Mais à l'excep-

---

(1) L'absinthe est le plus terrible fléau de l'Algérie. Un vieil Algérien m'a cependant assuré qu'à l'heure actuelle elle causait moins de ravages qu'autrefois. On ne prend plus, en effet, que de l'eau à l'absinthe, tandis qu'il y a vingt ans on prenait de l'absinthe à l'eau. J'ai cherché à établir combien, dans les cafés, il y avait proportionnellement de consommateurs d'absinthe, et j'ai constaté qu'ils formaient les cinq sixièmes. L'absinthe, en Algérie, constitue un repas, et l'on invite très bien quelqu'un à prendre l'absinthe comme on l'inviterait à déjeuner ou à dîner. Il suffit de passer quelques instants sur les quais de n'importe quel port, pour voir qu'il s'en fait une importation colossale. A Bône, le représentant de la célèbre maison Pernod, a, sans compter le casuel, vingt mille francs d'appointements. Cela suppose un chiffre énorme d'affaires. Certains publicistes ont prétendu qu'aux États-Unis les villes ou villages, qui viendraient à disparaître, auraient leur emplacement marqué par des piles de boîtes de conserve ; en Algérie, ce serait par des bouteilles Pernod.

Prise rarement et à faible dose, l'absinthe peut constituer

tion de quelques ouvriers italiens qui construisaient deux ou trois maisons, je n'ai pas aperçu un seul travailleur. Mme Laurent m'a assuré tout à l'heure qu'elle aussi n'en avait jamais vu. Je me refuse à le croire. Sans doute les colons travaillent la nuit, et si Mme Laurent ne les a jamais vus à l'œuvre, c'est faute de courir les chemins à huit heures du soir. Je veux juger par moi-même, et c'est pourquoi je me mets à parcourir Azazga en tous sens.

Il est huit heures du soir, et dans tous les jardins sont dressées des tables chargées de bouteilles. Les salles de festin paraissent illuminées comme pour un jour de fête. On mange avec entrain, et on boit de même. De joyeux éclats de rire se font entendre de toutes parts. Vraiment, les colons d'Azazga sont pleins de bonne humeur, et ils savent se préparer gaiement au travail. Je voudrais voir comment, vers onze heures, ils se mettent à leur tâche, mais je ne saurais rester, comme eux, sur pied pendant toute la nuit. Je rentre donc vers neuf heures à l'hôtel. J'y trouve une grande

---

une boisson inoffensive et même hygiénique. Dans le Sahara, elle a l'avantage de corriger le mauvais goût des eaux saumâtres. Mais l'abus entraîne les accidents les plus graves. Nombre d'Algériens y succombent visiblement, et l'on ne connaît pas tous les méfaits du redoutable poison. Une personne bien informée me parlait d'un village français où plus de la moitié des habitants sont atteints de tremblements. Au dire des journaux, c'est un effet des fièvres du pays. Mais une enquête administrative, dont le résultat fut d'ailleurs tenu secret, établit que c'est tout simplement le *delirium tremens* occasionné par l'absinthe.

table dressée au milieu de la cour. Des hommes et des femmes boivent et mangent en devisant joyeusement.

Décidément, Azazga est un pays de cocagne. Se reposer pendant le jour, festoyer chaque soir, voilà la vie de ses habitants. Qu'on accuse maintenant la Kabylie d'être inhospitalière aux colons! Cette gaité, dont j'ai été témoin à Azazga, je l'ai rencontrée presque dans tout le pays. Si tard que j'ai passé à Haussonviller, j'ai toujours trouvé des cafés ouverts et des gens en train de boire. Bordj-Ménaïel est encore plus joyeux qu'Haussonviller. Je traversais ce village l'an dernier, pendant la semaine, à dix heures du soir ; tous les débits de boissons étaient encore ouverts, et des familles entières, pères, mères, filles, garçons, enfants à la mamelle, se pressaient autour de tables chargées de verres. Un café-concert, d'où sortaient d'harmonieux accords, coupés de roulades et d'applaudissements, avait sa porte assiégée par une foule d'amateurs de musique. Tout le monde nageait en plein bonheur : c'était l'âge d'or.

Comme partout ailleurs, l'âge d'or finira quelque jour. Azazga, Haussonviller, Bordj-Ménaïel, tous les villages européens de Kabylie deviendront moroses, si l'on en juge par ce qui s'est produit pour les centres les plus anciens de l'Algérie. Les premiers colons feront place à de nouveaux arrivants; le travail remplacera les fêtes, la vigne et le blé succéderont au maquis, tout le pays deviendra triste mais riche, et la France africaine comptera quelques villages de plus en pleine prospérité.

Je rentre dans ma chambre. Elle se trouve au rez-de-chaussée, non loin de la table autour de laquelle causent les gais convives. Longtemps le cliquetis des verres et le bruit des discours me tiennent éveillé. Tout se calme cependant aux environs de onze heures, et je m'endors bientôt, bercé par le murmure monotone et continu de la fontaine voisine, symbole du temps qui, par son action incessante, transforme les éléments les plus impurs et en fait sortir des merveilles (1).

---

(1) Je suis retourné à Azazga en juin 1888. Le village n'a guère changé. Ses habitants paraissent cependant en train de prendre un certain goût pour le travail. J'en ai, en effet, découvert une vingtaine qui, aux frais du gouvernement, comme surveillants, voulaient bien regarder travailler des Kabyles sur une route. En outre, j'ai vu un maçon à l'ouvrage, ainsi qu'un individu ayant l'air de raccommoder un treillis. J'ai aperçu enfin, le dimanche matin, un jeune colon d'une douzaine d'années, qui s'amusait à piocher sur le bord d'un champ.

CHAPITRE IV

LES FORÊTS DE L'AKFADOU. — L'ISLAMISME, LA FÉODALITÉ.

Vendredi 24 juin. — La route ; travailleurs calabrais. — La forêt d'Iacouren. — Les chênes *zéens*. Le génie militaire. Maison forestière d'Iacouren. — Un garde forestier arabe. — Un grand danger. Le fatalisme et le Coran. — Le *mouchatchou*; soins qu'on prend de lui, son vêtement. — Pâturages et troupeaux. Un hameau. Les mulets, — Chênes *afarès*. Berger en contravention arrêté par Amar; le procès-verbal. Antipathie entre les Arabes et les Kabyles. — Différences dans l'interprétation du Coran ; les *kanouns*. Introduction de l'islamisme en Kabylie. Les Arabes et les Kabyles; les femmes. L'islamisme favorisé; pèlerinages à la Mecque ; arabisation de la Kabylie et de l'Aurès par l'administration française. — Les Khouans. — Comment on devrait écrire la langue kabyle. Les maraudeurs. Marabout de Sidi-Ladi. — La forêt ; pas d'eau. Nouvelle chute — Maison forestière de l'Akfadou. — Déjeuner champêtre. — Un *assès*. Le paysage. — Plan de la journée du lendemain ; palabre avec le *tamen* et les Kabyles pour avoir des mulets. — Départ d'Amar. — La source ; séance de physique amusante. La promenade. — La vie d'un garde forestier ; l'isolement, l'éducation des enfants, les vivres ; société des Kabyles. — Les voleurs.

Les *assès*. — Le guet d'incendie. Système féodal en Algérie. — Singulier retour au Moyen âge. — Héroïsme de Mme Alexandre. — Installation pour la nuit. — Dernière promenade au crépuscule. Le poste des *assès*.

Vendredi 24 juin.

Levés à la pointe du jour, nous achevons notre toilette à la fontaine publique en attendant nos mulets. M. Laurent vient s'excuser de ne pouvoir nous accompagner à l'Akfadou. Mais il nous confie à un de ses gardes français qui nous conduira jusqu'à douze kilomètres d'ici, à Iacouren, où il nous remettra aux mains du brigadier forestier.

Nous partons à cinq heures, en compagnie d'un garde français et de deux muletiers indigènes. Au lieu de suivre le mauvais sentier qui se dirige tout droit sur Iacouren, nous prenons une voie plus longue, mais meilleure, la route que l'on construit pour aller à ce village. Cette route doit plus tard être poussée jusqu'à Bougie. Pour le moment, elle ne se trouve ouverte qu'aux environs immédiats d'Azazga et, au bout de quelques kilomètres, elle devient une simple trace dans les bois.

Presque au sortir d'Azazga, des broussailles de plus en plus épaisses annoncent le voisinage de la forêt. Puis voici une clairière semée de beaux chênes. Dans cette clairière se trouve dressé un campement de Calabrais qui, dans l'est de l'Algérie, font le métier de terrassiers (1), comme les Piémontais, dans le midi de

---

(1) Dans le reste de l'Algérie, ce sont les Espagnols qui font

la France. Ils constituent d'excellents travailleurs ; mais ils sont malheureusement aussi habiles au couteau que durs à la pioche.

Après la clairière commence la vraie forêt. Le chemin serpente à peu près horizontalement, à flanc de coteau, au milieu d'arbres splendides. Ce sont surtout des chênes à feuilles de châtaigniers, appelés chênes *zéens*. Leurs troncs énormes émergent d'un fourré impénétrable, et leurs branches immenses forment des séries d'arceaux au-dessus de nos têtes. C'est une véritable forêt vierge. Des blocs de grès rouge apparaissent çà et là, à travers la verdure, comme des lions de pierre. Tantôt nous croyons être dans le Nouveau-Monde ; tantôt nous tombons d'accord pour comparer tel ou tel coin aux endroits les plus célèbres de la forêt de Fontainebleau. Mais le Tamgout dont le pic bizarre nous domine, et surtout les fonds de montagnes d'un bleu invraisemblable que nous apercevons dans le lointain, nous empêchent de trop rapporter ce que nous voyons à des paysages déjà connus. Nous sommes dans le pays des rêves, et c'est sans cesser d'admirer que nous cheminons pendant une heure et demie.

Nous allons cependant, aux approches d'Iacouren, voir un site plus merveilleux encore. Après avoir franchi un ruisseau en face du petit marabout de Sidi-Brahim, perché sur une éminence au milieu d'un beau

---

les gros travaux. Les Marocains s'en chargent, concurremment avec eux, dans la province d'Oran.

bouquet d'arbres, nous entrons dans une futaie incomparable, qui recouvre jusqu'au sommet le coteau qui s'élève à gauche. Ce sont des chênes de cinq à six mètres de tour. Ils ont étouffé toutes les broussailles et font ainsi mieux admirer leurs énormes proportions. Des fûts pareils à des piliers de cathédrale sont couronnés de branches en candélabres, dont chacune formerait à elle seule un gros arbre. Des troncs entiers, tombés de vétusté, gisent à terre. C'est un paysage de Ruisdael, qui aurait passé du domaine de l'imagination dans celui de la réalité.

Deux Kabyles, qui fendent du bois, nous empêchent cependant de songer trop longtemps au célèbre peintre hollandais. Nous n'en croyons pas moins qu'un grand artiste trouverait ici le sujet de merveilleux tableaux. Il montrerait comment peuvent s'associer, dans un harmonieux contraste, des chênes du temps des druides avec des bûcherons bibliques.

Mais il devrait se hâter, car le génie militaire s'avance, escorté d'entrepreneurs, pour tout ravager et tout enlaidir. Quelques-uns des plus beaux chênes, déjà marqués des lettres fatales G.M. (1), sont destinés

(1) La traduction que l'on donne ordinairement en Algérie des lettres G. M., initiales du génie militaire, est *Génie malfaisant.* Le dit *Génie malfaisant* s'évertue à défigurer les plus beaux endroits de l'Algérie. Il a, en cela, maintes municipalités pour complices. Constantine a perdu une grande partie de son cachet, depuis la construction des affreuses casernes qui la dominent, et le percement de plusieurs rues à l'européenne bordées de maisons à cinq étages. La Kasba d'Alger, ce bijou

à faire les poutres d'une caserne à Fort-National; et quand la route sera ouverte d'Azazga à Iacouren, l'administration civile tracera les rues d'un village à deux pas du coin merveilleux que nous admirons, et corrigera la nature, suivant le goût du jour, en construisant une gendarmerie, un groupe scolaire et plusieurs cabarets (1).

Nous disons à regret adieu aux chênes, et nous poursuivons notre chemin. En nous retournant, nous apercevons le village kabyle d'Iacouren, juché au sommet du coteau. Nous traversons le petit plateau où s'élèvera bientôt le village européen, et nous arrivons à la maison forestière d'Iacouren.

Cette maison forestière se trouve adossée à une colline couverte de bois. En avant, s'étend une belle prairie, chose rare en Algérie. La vue embrasse presque toute la Kabylie. On enfile la vallée du Sébaou dans toute sa longueur. A droite, ce sont les montagnes d'Azeffoun; en face, le Belloua, au-dessus de Tizi-Ouzou; à gauche, le Djurdjura dominant les contreforts couverts de villages, le long desquels nous sommes

de l'Afrique française, aura bientôt, grâce à de prétendues améliorations, complètement disparu. Quant aux antiquités romaines, le génie militaire en a détruit un nombre incroyable. Ainsi, par exemple, au dire de Léon Renier, des blocs portant plus de trois cents inscriptions ont été brisés et employés comme moellons dans la construction de l'hôpital d'Orléansville. (WILLMANNS, *Inscriptiones Africæ latinæ*, 1881, p. 829.)

(1) Je suis retourné à Iacouren en juin 1888: les rues du village français étaient tracées, et il y avait déjà un café en planches.

descendus hier d'Aïn-el-Hammam. Nous apercevons très bien Fort-National, qui se détache sur une des dernières crêtes.

Nous remettons une lettre de M. Laurent au brigadier forestier. Celui-ci nous reçoit de son mieux. Il nous offre de l'absinthe. Nous acceptons avec plaisir, et Mme Robert elle-même trouve cette boisson excellente.

Le garde français qui nous a accompagnés jusqu'ici repart pour Azazga. Nous sommes alors confiés à un garde indigène, Mohammed ben Amar, qui nous conduira à la maison forestière de l'Akfadou. Nous remercions le brigadier de son excellent accueil, et nous nous remettons en marche à la suite de notre nouveau guide.

Mohammed ben Amar parait encore jeune, trente ans environ. Il n'est pas Kabyle. C'est le fils d'un ancien caïd de Tizi-Ouzou. En qualité d'Arabe, il méprise le mulet kabyle, et monte une jument. Bien campé sur sa selle, faisant en vrai cavalier caracoler sa jolie bête, élégamment enveloppé dans deux burnous dont il laisse flotter les pans derrière lui, coiffé d'un large chapeau surmontant son haïk de belle mousseline, il ressemble à l'enfant du désert, et pas du tout au montagnard de Kabylie. Sa tête est petite, sa physionomie intelligente et énergique, ses traits fins et même distingués. On reconnaît en lui un pur rejeton de la race du Prophète.

FATALISME

Amar marche devant nous, sans dire un mot, sans même détourner la tête pour s'assurer que nous le suivons. Il se drape dans une superbe indifférence. Nous passons près d'une petite maison ; deux enfants jouent devant la porte. Tout à coup un mulet échappé, traînant sa longe, arrive au grand galop, passe entre les deux enfants, et lance une ruade formidable qui effleure la tête de l'un deux. Nous poussons involontairement un cri d'effroi. Amar regarde à peine, reste muet et semble impassible. Heureusement, l'enfant n'a pas été atteint : il en est quitte pour la frayeur qu'il nous a causée. Nous continuons notre route, remerciant la Providence de ce qu'elle ne nous a pas rendus témoins d'un grand malheur. Au bout d'un quart d'heure, Amar, qui ne nous a pas encore desserré les dents, se retourne vers Mme Robert et lui dit simplement : « Il a eu de la chance, tout de même. » C'était l'enfant d'Amar.

Ce flegme, étonnant chez un père, ne saurait s'expliquer que par le fatalisme musulman(1). Il était écrit que

---

(1) MM. Hanoteau et Letourneux nient le caractère fataliste généralement attribué à l'islamisme. « Chez les Kabyles, « disent-ils (*op. cit.*, t. Ier, pp. 313 et suiv.), comme chez les « autres habitants de l'Algérie, on ne trouve nulle trace du « fatalisme musulman... Ce qu'on a pris pour du fatalisme « n'est en réalité qu'une résignation plus complète que la « nôtre à la volonté de Dieu..., S'il y a, du reste, dans le Coran, « des versets pouvant servir de base à la doctrine du fatalisme, « on en rencontre en aussi grand nombre au moins d'où l'on « peut déduire le libre arbitre, la responsabilité et l'initiative « personnelle. (Voir *op. cit.*, p. 314, note 1, les renvois aux versets contradictoires du Coran.) — Il est certain que dans

l'enfant ne serait pas assommé, et Amar n'a pas plus lieu de s'en réjouir que de s'en étonner. Si l'enfant avait été tué, son père aurait dit simplement : « C'était son sort, Allah l'a voulu », et il se fût aussi bien vite consolé (1).

Les indigènes désirent beaucoup donner le jour à des enfants, car c'est une bénédiction de Dieu. Mais désirent-ils également les conserver ? Il est permis d'en douter, à voir comment ils les soignent. Quelques jours après sa naissance, le jeune *mouchatchou* doit déjà prendre part à toutes les fatigues et se tirer lui-

le Coran on rencontre absolument de tout, et que, suivant les passages, les doctrines les plus opposées s'y font jour. Mais le contenu même d'un livre importe, en fait, beaucoup moins que l'interprétation qui lui est donnée et les applications qui en sont faites. Or, au point de vue pratique, il n'est pas douteux que le mahométisme ne développe chez ses fidèles des idées fatalistes. Le trait qu'on vient de rapporter le prouve avec beaucoup d'autres. (Voir la note suivante.) Tout ce qu'il est possible de concéder à MM. Hanoteau et Letourneux, c'est que les musulmans, comme tous ceux qui entreprennent d'appliquer une doctrine erronée, ne peuvent rester conséquents jusqu'au bout. En dépit de leur fatalisme, doublé de leur paresse, ils sont bien obligés, quand les choses ne se font pas toutes seules, d'agir par eux-mêmes, et, comme le Prophète, de se rendre au-devant de la montagne. Voir ci-dessus, pp. 47-107.

(1) Le fatalisme musulman se révèle particulièrement en ce qui concerne les maladies. La plupart des indigènes ne consentent que difficilement à se soigner, car, dans leur idée, ils doivent, suivant la volonté d'Allah, volonté aussi inconnue qu'inflexible, ou bien vivre, ou bien mourir, et les remèdes n'y sauraient rien changer. Une Française voulait un jour administrer un remède à un enfant moribond. « Qu'est-ce que tu veux lui faire, du bien ? dit sa mère. Ecoute : l'heure qu'il est malade est marquée ; l'heure qu'il meurt est marquée. Tu n'y feras rien. » Jamais la mère ne consentit à laisser soigner son enfant.

même d'affaire. Que sa mère aille en voyage, se rende à la fontaine pour chercher de l'eau ou aux champs pour travailler, elle le porte toujours avec elle, roulé dans son voile, le tient suspendu sur son dos, au bas des reins (on dirait une grossesse à l'envers) à la façon d'un paquet, sans plus s'inquiéter de lui. Souvent aussi elle le charge sur une jeune sœur, et les envoie promener tous les deux. C'est ainsi que presque toutes les petites filles portent derrière elles un *mouchatchou* accroché à leur cou. Le pauvre enfant fait en quelque sorte corps avec sa porteuse, qui joue et gambade comme si elle n'avait aucun fardeau et sans prendre garde aux horions qu'il peut recevoir (1).

A peine âgé de deux ou trois mois, le jeune indigène sait déjà se débrouiller. Il est doué d'un instinct aussi prodigieux que celui de l'animal. Comme un jeune singe, il se tient cramponné à la personne qui le porte. Tout seul il se glisse jusqu'au sein maternel et s'y suspend. Sa mère n'a pas à s'occuper de lui, et peut, sans s'inquiéter de la sangsue qui s'attache à elle, vaquer à ses travaux, tisser ou faire le couscous.

L'enfant ne reçoit une chemise que quand il marche. Jusque-là, il est ficelé dans quelques chiffons et logé

(1) Cette habitude de charger les jeunes enfants sur le dos de petites filles à peine plus grandes qu'eux est d'une très haute antiquité en Afrique. Saint Augustin nous dit, en effet, en parlant d'une servante qui avait été la nourrice de son grand-père maternel : *Infantem portaverat, sicut dorso grandiusculorum puellarum parvuli portari solent.* (*Confessions de saint Augustin*, liv. IX, chap. 8. — Voir ci-dessus, pp. 20 et 84.)

dans les plis du vêtement d'autrui. Tout son costume pendant plusieurs années se réduit à sa première chemise. On s'inquiète fort peu qu'elle soit à sa taille, et que les pièces tiennent les unes aux autres sans solution de continuité. Mais on a la prévoyance, pour éviter certains accidents, de ménager par derrière une immense lacune. Pour cela, deux systèmes sont également pratiqués. Le premier consiste à tailler la chemise, en forme d'habit à queue et à l'enfiler les pans en avant. Le second est encore plus simple, parce qu'il n'exige aucune coupe spéciale : on passe une ficelle sous la chemise, et l'on serre les deux bouts comme pour relever un store. Je recommande l'un ou l'autre de ces procédés aux mères européennes.

Les jeunes enfants indigènes sont, somme toute, fort mal soignés, ou plutôt ne sont pas soignés du tout. C'est Allah seul qui est chargé de veiller à leur conservation. Aussi, la mortalité est-elle très considérable parmi eux. Une femme a presque chaque année un enfant, et cependant les familles indigènes ne comptent guère plus de membres que les familles européennes. C'est qu'il s'opère une terrible sélection, et que tout être mal constitué se trouve fatalement voué à la mort. Par contre, ce qui échappe est des plus robustes, et la race, dans son ensemble, se montre d'une résistance extraordinaire.

En abandonnant ses enfants à eux-mêmes, Amar ne fait que les élever à la mode du pays. Au surplus, il ne doit guère leur apprendre à parler, car il semble ne pas savoir faire usage de sa langue. Après ses quatre mots à Mme Robert, il se renferme de nouveau dans un mutisme absolu.

Nous longeons maintenant une forêt couvrant les collines qui s'élèvent à droite. Une vallée assez large s'ouvre à gauche et descend du côté de la mer, qui apparaît dans le lointain. Le sentier que nous suivons est à peine tracé à travers les champs et les pâturages. Nous franchissons plusieurs petits ruisseaux pleins d'une belle eau courante. Sur leurs bords poussent de beaux frênes à l'ombre desquels se reposent des troupeaux gardés par des Tityre en burnous.

Une heure environ après notre départ de la maison forestière d'Iacouren, nous arrivons à un hameau situé en bas du col de Tamellah, par lequel passera la route d'El-Kseur. Les maisons paraissent encore plus misérables dans cette partie de la Kabylie que dans la région de Fort-National et d'Aïn-el-Hammam. Elles sont bâties en pierres sèches et couvertes avec des écorces de chêne liège. Quant aux villages mêmes, ils sont bien plus rares et bien moins considérables.

Bientôt nous tournons à droite, et nous nous engageons dans la forêt. Pendant quelque temps, nous montons verticalement dans une sorte de couloir, qui est plutôt le lit d'un torrent qu'un chemin. Nos mulets ne bronchent pas au milieu des blocs de pierre qui se dérobent sous leurs sabots. S'arc-boutant sur leurs jambes de derrière, le cou tendu en avant, ils donnent de furieux coups d'échine pour vous élever jusqu'au sommet. On se sent violemment entraîné de bas en haut, comme sur un ascenseur qui monterait par brusques saccades. Chaque pas de la bête a son contrecoup dans les reins du cavalier. On sent dans le dos comme les crans d'une crémaillère. Il faut, sous peine d'être précipité à terre, se suspendre aux crins de la bête ou au pommeau du *bardâ*.

Nous mettons un quart d'heure à atteindre le haut de la montée. Nous nous trouvons alors en pleine forêt. Ce ne sont plus des chênes *zéens*, comme à Iacouren : ce sont des chênes *afarès*, chênes d'une espèce particulière à la Kabylie. La feuille du chêne *afarès* est en fer de lance, comme celle du chêne *zéen*; mais elle en diffère par son éclat métallique et la couleur blanchâtre du dessous. Le tronc, presque aussi blanc que celui d'un tremble, offre de grosses côtes, semblables, moins la teinte, à celles du pin pignon. Dans le canton que nous traversons, les arbres n'ont pas les proportions de ceux d'Iacouren. Ils sont cependant d'une bonne moyenne et paraissent vigoureux. Quelques jolies clairières, tapissées d'herbe fine, permettent par endroit d'apprécier, dans un coup d'œil d'ensemble, la beauté de la futaie.

En débouchant dans l'une de ces clairières, Amar lance sa jument au grand galop, et se précipite sur un troupeau en train de brouter. Un Kabyle remonte à grandes enjambées la pente qui domine la clairière. En un clin d'œil, il a disparu au milieu des arbres. C'est un berger qui fait pâturer ses bêtes en contravention aux lois forestières et cherche à échapper au garde. Amar le poursuit ; mais, arrêté par les branches, il est bientôt obligé de sauter à bas de sa jument. Il abandonne sa monture et s'enfonce sous bois, suivi d'un de nos muletiers qu'il a appelé à son aide. Pour nous, nous faisons halte pendant que se poursuit la chasse. Nous entendons des cris et comme le bruit d'une lutte. Un instant après, Amar apparaît, le revolver au poing, amenant le berger qu'il tient ferme au collet.

Le prisonnier est un petit homme trapu, habillé uniquement d'une chemise de laine serrée à la ceinture. Pour toute coiffure, il porte une touffe de cheveux sur le sommet de la tête. Sa figure, entièrement bronzée, contribue encore à lui donner l'air d'un vrai sauvage. C'est, d'ailleurs, un individu peu commode, car, à ce que dit Amar, il a fait tout à l'heure mine de se défendre avec sa matraque. Amar n'est parvenu à l'arrêter qu'en le mettant en joue.

Le pauvre Kabyle est maintenant tout penaud, et il paraît suppliant. Amar le fait comparaître devant moi. Comme le garde ne sait pas écrire, il me prie de prendre le nom du délinquant. Le berger esquisse une espèce de salut militaire, et murmure quelques mots qui semblent être des excuses. Sous la dictée d'Amar, j'écris le nom du coupable : Mohammed Ou Kassi n'Aït

13

Amrouch, du douar de Bou-Mansour. Je note son âge apparent : trente-cinq ans ; j'indique enfin le nombre de ses bêtes : une cinquantaine de moutons ou de chèvres. Amar pourra faire dresser un procès-verbal par le brigadier forestier d'Iacouren, les gardes français ayant seuls le droit de verbaliser. Tous les renseignements possibles étant pris et écrits, le Kabyle est relâché. Étonné de s'en tirer pour le moment à si bon compte, il me salue d'un air à moitié reconnaissant, et va, la tête basse, rejoindre son troupeau. Amar enfourche sa jument, et nous reprenons notre chemin.

Amar, jusque-là demeuré taciturne, a été complètement déridé par le succès qu'il vient de remporter. Joyeux de nous avoir eus pour témoins de sa vigilance et de sa fermeté, il s'en va fredonnant quelques refrains fréquemment entrecoupés par l'exclamation : « Sales Kabyles ! »

Amar est Arabe. Par conséquent l'honneur d'une arrestation opérée en notre présence double pour lui le plaisir d'avoir satisfait sur un Kabyle une rancune héréditaire. Arabes et Kabyles ne se sont, en effet, jamais aimés. A la vérité, rien dans leur extérieur ne les distingue d'une façon précise ; ils portent des vêtements semblables et se nourrissent à peu près de la même manière. Mais, au fond, ils sont séparés par des différences radicales de race, de langage et de mœurs.

J'ai déjà eu l'occasion d'indiquer que les Kabyles appartenaient à une tout autre race et parlaient une tout autre langue que les Arabes (1). L'opposition n'est pas moins profonde dans le domaine des idées et des coutumes. Sans doute, les uns et les autres professent l'islamisme (2); mais, même sous ce rapport, qui seul les réunit véritablement, il existe de sérieuses divergences. Les Kabyles se montrent moins stricts observateurs des prescriptions de l'Islam (3). Ils n'accordent au Coran que la valeur de loi religieuse; contrairement aux autres mahométans, ils repoussent énergiquement son application dans le domaine civil et politique. C'est ainsi qu'ils ont toujours défendu l'organisa-

(1) Voir ci-dessus, p. 81, note 1, et p. 124.

(2) Comment l'islamisme s'est-il introduit en Kabylie ? C'est ce qu'il est impossible de préciser. Probablement quelques Arabes, chassés de leurs tribus, étant venus chercher un asile dans un pays qui semble avoir toujours accueilli les proscrits, auront apporté avec eux le Coran. En tout cas, certains Kabyles joignent à leur nom la qualité d'*Arab*, témoin Mohammed Arab, le cavalier d'administration qui nous a accompagnés à l'Azerou-n'Tohor. Ces Kabyles sont fiers de leur qualité, et se regardent comme d'une race supérieure. Mais, au fond, ils n'en sont pas moins excellents Kabyles et par conséquent hostiles aux véritables Arabes. Quant aux familles de marabouts, qui jouissent toutes d'un crédit particulier, elles sont considérées comme ayant une origine arabe. Il est certain, en outre, que la plupart des indigènes algériens, ordinairement tenus pour Arabes, ne sont que des Berbères arabisés. (Voir ci-dessus, p. 81 note 1.)

(3) Ainsi les Kabyles ne craignent pas de boire du vin et d'apporter certains tempéraments au ramadan. Lorsque, à raison de leurs voyages ou de leurs travaux, ils ne peuvent jeûner à l'époque fixée par le Coran, ils obtiennent de quelque marabout la permission de renvoyer leur jeûne à une autre époque de l'année. Du reste, pour faire le vrai ramadan, ils doivent s'abstenir de vin, non seulement pendant les jours où ils jeûnent, mais encore pendant les deux mois qui précèdent.

tion propre de leurs *thadderts* ou villages (1), et fidèlement gardé leurs *kanouns*, c'est-à-dire leurs coutumes particulières, souvent contraires au droit musulman (2).

En dehors de leur religion commune, sur la portée de laquelle ils sont du reste loin de s'entendre, Kabyles et Arabes n'éprouvent les uns pour les autres aucune sympathie et présentent un antagonisme des plus frappants. Les Kabyles sont ultra-démocrates (3) et n'agissent jamais que d'après les calculs de leur intérêt; les Arabes ont l'instinct aristocratique et se laissent souvent entraîner par des sentiments chevaleresques. Les premiers admettent la propriété individuelle; les seconds ne reconnaissent guère que la propriété collective (4). Les Kabyles sont sédentaires, cultivent la terre, se montrent laborieux et économes; les Arabes sont presque tous nomades, vivent en pasteurs, se distinguent par leur paresse et leur prodigalité. Enfin la situation faite à la femme chez les deux races n'est pas du tout la même; la femme arabe demeure séquestrée et doit toujours se cacher le visage quand elle sort; la femme kabyle, au contraire, jouit d'une liberté relative

---

(1) Voir ci-dessus, pour cette organisation, pp. 76 et suiv.
(2) Les *kanouns* kabyles ont encore aujourd'hui force de loi en ce qui concerne le statut personnel. Ils sont appliqués par le juge français avec l'assistance d'un assesseur indigène.
(3) Voir ci-dessus, pp. 45 et 82.
(4) Voir ci-dessus, p. 12.

et se montre en public, sauf exception, non voilée (1).

La profonde antipathie qui sépare les Kabyles et les Arabes les a toujours empêchés, notamment au temps d'Abd-el-Kader, de faire ouvertement cause commune. Cette antipathie, quoique vivace, s'est sensiblement atténuée depuis la conquête de la Kabylie, et cela, il faut bien l'avouer, par les soins du gouvernement français lui-même qui, en cette occasion, semble s'être attaché à unir entre eux ses ennemis jusqu'alors divisés (2).

La responsabilité de cette œuvre néfaste revient, en majeure partie, à l'autorité militaire chargée, dans les premiers temps, d'administrer la Kabylie. S'inspirant des idées du souverain d'alors (3), imbus de singuliers préjugés sur la liberté de conscience, s'abusant sur les aspirations et les mœurs des Kabyles qu'ils jugeaient, au burnous, semblables aux Arabes, voulant à tout prix faire régner, dans les différentes parties de l'Al-

---

(1) Voir ci-dessus, p. 59 et 87.
Les Kabyles ont eux-mêmes parfois conscience que leurs femmes sont supérieures aux femmes arabes et se rapprochent un peu des Françaises. Un Kabyle disait à une Française qui me l'a rapporté, que jamais de sa vie il n'épouserait une Arabe, mais que s'il n'avait pas une femme kabyle il en voudrait bien une française.

(2) Les Kabyles détestaient si vivement les Arabes, au moment de la conquête par la France, qu'en 1857, avant de déposer les armes, ils demandèrent qu'on ne leur donnât pas d'Arabes pour les commander. (Voir CAMILLE ROUSSET, *La conquête de l'Algérie, Revue des Deux-Mondes*, 1er décembre 1888, p. 517.)

(3) On connaît le fameux système du royaume arabe inventé par Napoléon III.

gérie, l'uniformité militaire, les bureaux arabes, par une singulière aberration, travaillèrent avec ardeur contre les intérêts les plus clairs de la France. Par leur ordre, la Kabylie demeura rigoureusement fermée à toute influence non musulmane. Les écoles françaises furent sévèrement proscrites (1). Les *zaouias*, c'est-à-dire les écoles musulmanes furent, au contraire, favorisées (2), et l'enseignement du Coran reçut une nouvelle impulsion. Les Kabyles ne se conformaient pas à toutes les prescriptions de l'orthodoxie islamique, ou tout au moins s'octroyaient certaines tolérances : ils furent invités à suivre une plus stricte observance. Comme ils ne possédaient pas partout des mosquées, ils furent engagés à en bâtir dans les villages qui en manquaient, et le gouvernement français en fit même construire quelques-unes à son compte, notamment à Tizi-Ouzou, où il n'en existait pas (3). Ils durent désormais pratiquer leur culte en commun et non en leur particulier, comme ils le faisaient souvent jusqu'alors, et célébrer leurs fêtes avec plus de pompe (4). L'admi-

---

(1) On m'a assuré que l'archevêque d'Alger ayant voulu, sur l'invitation d'un colon, qui lui offrait gratuitement un terrain en Kabylie, ouvrir une école pour les jeunes indigènes, l'autorité militaire le lui défendit de la manière la plus formelle.
(2) Voir le père Dugas, *op. cit.*, p. 207. — Grussenmeyer, *Le cardinal Lavigerie*, t. Ier, p. 160.
(3) Beauvois, *op. cit.*, p. 104. — C'est le maréchal Bugeaud qui a fait bâtir la mosquée actuelle de Dellys.
(4) Les Kabyles ont cependant, en maints endroits, persisté à ne se rendre qu'exceptionnellement aux mosquées pour prier. Ils préfèrent accomplir chez eux les rites de l'Islam. Aussi les

nistration fut même invitée par le pouvoir central à rehausser par un éclat officiel les solennités de l'Islam. Enfin, pour achever de réchauffer le zèle musulman, des pèlerinages à la Mecque furent organisés aux frais de l'État (1).

Le système d'arabisation de la Kabylie fut complété par l'établissement de l'administration à l'arabe. Des bach-aghas, grands seigneurs indigènes, furent institués pour gouverner un peuple de démocrates, habitué a se conduire lui-même (2). Des cadis, magistrats trop souvent vénaux, reçurent la mission de juger les procès civils portés jusque-là devant des arbitres ou devant les djemâas (3).

Quelques tribus protestèrent énergiquement contre l'arabisation qui leur était imposée, et adressèrent des pétitions au gouvernement français. Ces pétitions ne

mosquées ne sont-elles guère que des lieux de réunion pour causer, ou des endroits tranquilles et abrités pour faire la sieste. (Voir ci-dessus, pp. 83 et suiv.)

(1) C'est seulement après 1870, sous le gouvernement de l'amiral de Gueydon, que les missionnaires furent autorisés à s'établir en Kabylie. Jusqu'à cette époque, ils s'en étaient vus rigoureusement interdire l'entrée par l'autorité militaire ; les Français pouvaient se faire musulmans : quelques fonctionnaires et surtout plusieurs officiers embrassèrent l'islamisme, mais les indigènes n'avaient pas la permission de se faire chrétiens.

(2) On m'a montré, aux environs de Ménerville, sur le sommet d'une montagne au-dessus de Souk-el-Haâd, une sorte de grand château fort, offert naguère par le gouvernement français à un grand chef indigène. Il paraît que la reconnaissance du personnage a laissé beaucoup à désirer.

(3) Voir, sur la façon dont se rendait la justice civile en Kabylie avant la conquête, Hanoteau et Letourneux, *op. cit.*, t. III, 1873, pp. 2 et 5.

furent pas accueillies et l'arabisation suivit son cours (1).

Il n'est plus aujourd'hui question de favoriser ni l'inquisition musulmane, ni l'arabisation. Les pèlerins ne sont plus envoyés à la Mecque aux frais du trésor public ; les bach-aghas ont été supprimés, les cadis sont remplacés par les juges français statuant avec des assesseurs indigènes. Mais la croisade musulmane, dirigée au nom de la France par l'administration militaire, a suffisamment duré pour produire ses fruits (2) : les Kabyles sont meilleurs mahométans qu'avant la conquête. Passionnés pour l'autonomie, ils n'avaient

(1) Les habitants de l'Aurès, dans la province de Constantine, Berbères comme les Kabyles, ont été également arabisés par l'administration française. « La conquête française, dit M. Mas-« queray (*Les Aoulâd-Daoud du Mont Aourès*, 1879, pp. 2 et « suiv.), modifia l'organisation berbère de l'Aourès tout en-« tier par secousses et sans règles fixes.... On désira donner « une loi aux Aurasiens, et la loi qu'on choisit fut précisé-« ment la loi musulmane dont ils s'étaient défaits : c'est bien « nous, en effet, qui leur avons imposé des gâdis en 1866. « Quand on voulut se mettre en relations suivies avec eux, on « ne leur parla que la langue religieuse du Qor'an, au lieu de « leur parler leur langue indigène. Ils avaient de petits saints « locaux inoffensifs à la façon des saints d'Espagne ou d'Italie : « on s'en effraya, on leur fit la guerre, et, centralisant ainsi, « par ignorance, à notre grand détriment, on poussa leurs dé-« vots vers les confréries des Khouân. Il ne serait pas excessif « de dire que nous avons islamisé l'Aourès.... »
(2) « Le pèlerinage, dit le lieutenant-colonel VILLOT (*Mœurs,* « *coutumes et institutions des indigènes de l'Algérie*, 3ᵉ édition, « 1888, p. 441), était tombé en désuétude. Notre conquête, en « faisant naître de toutes parts la sécurité des routes et la « facilité des voyages, a ravivé cette institution et lui a donné « une vitalité qu'elle n'a jamais connue. Les musulmans qui « reviennent de pèlerinage se font remarquer par une grande « intolérance et une foi presque agressive. »

jusqu'ici reconnu aucun chef : ils se trouvent maintenant groupés autour de chefs religieux. En même temps, ils se sont rapprochés des Arabes, en s'affiliant à leurs sectes religieuses de Khouans (1).

Quoiqu'encore méprisés par les grands marabouts arabes, ils ne les en vénèrent pas moins comme les dépositaires de la vraie doctrine. L'islamisme a donc poussé plus profond ses racines, et les vrais principes musulmans, notamment quant à la séquestration des femmes, tendent à se substituer, en plusieurs endroits, aux anciennes coutumes locales (2).

Le fossé qui séparait les Kabyles des Arabes s'est donc un peu comblé. Mais, Dieu merci, il est encore assez large pour qu'une habile politique parvienne à le maintenir, au grand avantage de la domination française. Sans éveiller le sentiment d'une nationalité kabyle, qui, heureusement, n'existe pas, il faut entretenir en Kabylie l'hostilité, tout au moins l'opposition à l'égard de l'Arabe.

Plusieurs moyens pourraient être employés à cet effet. En voici un, par exemple, auquel la question

(1) La formidable insurrection de 1871 a été, en partie, l'œuvre des Khouans. Elle avait d'ailleurs été prévue par MM. Hanoteau et Letourneux (*op. cit.*, t. II, p. 105). Le monde musulman tout entier se trouve aujourd'hui aux mains de sectes religieuses puissamment organisées sous la forme de sociétés secrètes. Ce sont elles qui préparent un mouvement panislamique avec lequel l'Europe sera quelque jour aux prises. Voir à ce sujet le très intéressant ouvrage du commandant Rinn : *Marabouts et Khouan*, 1884.

(2) Voir ci-dessus pp. 59 et suiv.

scolaire, actuellement à l'ordre du jour, pourrait faire songer. Les Kabyles parlent une langue à eux propre, mais ils ne l'écrivent pas, ou du moins ne l'écrivent pas avec les anciens caractères berbères qu'ils ont aujourd'hui perdus. Quand par hasard ils ont besoin d'écrire, ils emploient les caractères arabes, et même recourent à la langue arabe. Pourquoi, dans les écoles publiques, n'apprendrait-on pas aux jeunes Kabyles à employer les caractères français pour écrire leur langue (1)? Pourquoi, dans les traductions des pièces officielles, la langue kabyle, écrite en caractères français, ne remplacerait-elle pas l'arabe? Ne contribuerait-on pas, en établissant une différence dans les signes de la pensée, à maintenir l'antagonisme dans la pensée même?

La sécurité de la France africaine dépend, dans une certaine mesure, du maintien de l'antipathie entre Arabes et Kabyles. Aussi, sommes-nous bien aises de constater avec quelle ardeur Amar donne la chasse à des individus n'appartenant pas à sa race. A peine avons-nous quitté la clairière près de laquelle a été arrêté Mohammed Ou Kassi n'Aït Amrouch, que nous entendons des coups de hache dans l'intérieur de la forêt. Ce sont des maraudeurs en train de faire du bois. Amar s'élance dans la direction du bruit. Mais au bout d'une dizaine de minutes il revient quelque peu décon-

(1) La langue roumaine, qui s'écrivait jadis en caractères russes, s'écrit en caractères latins depuis que les Roumains ont commencé à connaître leur origine latine. — Voir ci-dessus, p. 130.

certé, ayant fait buisson creux. Il s'en console en répétant : « Sales Kabyles ! »

Nous devons maintenant suivre presque le sommet d'une pente descendant vers le Sébaou. L'épaisseur de la forêt ne nous permet pas de bien apprécier où nous nous trouvons. Les arbres sont jeunes et poussent avec vigueur. Nous traversons une clairière parsemée de beaux arbres, et nous atteignons un col qui débouche dans une large vallée, celle de l'Oued bou Ergrad. Cette vallée, qui descend au Sébaou, forme comme un vaste cirque d'environ dix kilomètres de diamètre. Au fond, nous apercevons des champs encore verts, ce qui ne se voit plus guère en Algérie à ce moment de l'année. Quelques chétives agglomérations de maisons apparaissent sur des renflements de terrain. Les bords supérieurs de l'immense cirque sont tout couverts de forêts d'un vert foncé. En face de nous, de l'autre côté de la vallée, s'ouvre, au milieu d'une prairie bordée de bois, le col de l'Akfadou, qui conduit à Sidi-Aïch au-dessus d'El-Kseur, dans la vallée de l'Oued Sahel. Enfin, sur la gauche, un petit point blanc marque la maison forestière de l'Akfadou où nous devons coucher ce soir.

Après un quart d'heure de descente, nous arrivons au marabout de Sidi-Ladi. C'est un lieu de pèlerinage célèbre dans tout le pays. Le monument lui-même n'est qu'une simple cabane, couverte en tuiles rouges. Mais il se trouve placé au milieu d'un vaste rond-point planté de chênes splendides. Leurs troncs élancés ont au moins dix ou quinze mètres, sans branches, d'un seul jet. Cet endroit doit ressembler à ceux où les druides assemblaient les Gaulois. Malheureusement, nous ne voyons ni ruides, ni Gaulois, pas même un Kabyle pour nous donner la notion exacte de notre situation géographique.

Il est dix heures et demie ; le soleil commence à darder ses rayons les plus brûlants. Les chênes offrent une ombre relativement fraîche. Nous nous étendons au pied d'un arbre, sur un lit moelleux de feuilles mortes. L'endroit est si agréable que nous songeons à nous y installer pour déjeuner.

Mais pour déjeuner, il faut de l'eau. Amar affirme qu'il y a une source tout près d'ici. Je vais à la recherche avec lui. L'eau ne coule plus ; c'est à peine s'il y en a une mince flaque au fond d'un petit bassin à moitié comblé par des feuilles pourries. Amar tente de ses deux mains un curage. Aussitôt se dégage une odeur nauséabonde qui vous saisit à la gorge. L'eau est absolument imbuvable. « Sales Kabyles ! » s'écrie Amar.

Ne pouvant, faute d'eau, déjeuner à Sidi-Ladi, nous n'avons plus qu'à gagner la maison forestière de l'Akfadou. Elle ne paraît pas d'ailleurs bien éloignée. Remontés à mulet, nous nous lançons à travers des champs de blé. Les épis sont clair-semés ; la sécheresse qui règne dans toute la Kabylie s'est fait particulièrement sentir en cet endroit. Nos mulets n'en trouvent pas moins la récolte excellente, et en dépit de notre surveillance donnent en passant quelques coups de langue. « Tiens ! me voilà sur mes jambes », s'écrie Mme Robert, qui chevauche derrière moi. Sa mule Fathma a buté en cueillant un épi, et Mme Robert, avant de s'en douter, s'est trouvée debout à côté de sa bête. Heureusement elle ne s'est fait aucun mal.

Mme Robert est bien vite réinstallée sur le dos de Fathma. La pauvre bête n'aura plus la permission de glaner. Nous avons d'ailleurs bientôt fini de traverser les champs de blé, et nous rentrons dans la forêt.

Nous suivons maintenant une simple trace à travers bois. Cette trace sera un jour transformée en chemin. Pour le moment, les travaux d'art se réduisent à quelques ponceaux de construction primitive, quatre ou cinq arbres couverts de branchages et de terre.

Nous traversons maints ruisseaux à sec, nous franchissons maints ravins, nous gravissons maintes côtes ; et cependant, à mesure que nous avançons, la maison forestière de l'Akfadou semble s'éloigner. Quand serons-nous donc arrivés ? Des paris sont ouverts. M. Robert prétend qu'il y a encore une heure de chemin ; je tiens pour quinze minutes. Un instant, je crains de perdre, car je n'aperçois plus aucune habitation. Enfin, après une dernière montée, nous voici au but. J'ai gagné mon pari. Il est midi.

Le point blanc que nous avons aperçu de Sidi-Ladi

n'est pas la maison du garde français, M. Alexandre, pour lequel nous avons une lettre du garde général d'Azazga : c'est une maison encore inachevée, destinée à un garde indigène. Le garde français loge à côté, dans un gourbi en pierres sèches garnies de terre avec toit de chaume. Nous apprenons qu'il est en tournée et ne rentrera que demain. Heureusement, Mme Alexandre, s'y trouve. Je lui remets la lettre de M. Laurent, et elle s'empresse de nous faire les honneurs de sa maison.

Le logis ne paraît pas luxueux. Mais il est tenu avec cet ordre qui sauve les apparences et, au milieu des privations, constitue presque le confortable. Une pièce unique, divisée en deux par une cloison à jour, forme d'un côté la chambre à coucher, et de l'autre la cuisine. Un poêle, quelques ustensiles reluisants de propreté, une demi-douzaine de chaises un peu boîteuses, une petite table, de la vaisselle à fleurs rouges ou bleues, bien dressée sur une étagère, voilà tout le mobilier de la cuisine qui sert aussi de salon. Il n'y a ni parquet, ni carreaux, la terre battue en tient lieu.

Mme Alexandre offre de nous préparer un déjeuner. Comme nous avons apporté d'Azazga des vivres en abondance, nous la prions simplement de nous faire du café et de nous prêter quelques assiettes avec une nappe. Nous demandons aussi un peu d'absinthe, car Mme Robert, depuis qu'elle en a goûté à Iacouren, trouve qu'il n'y a pas de boisson plus rafraîchissante.

Il faut maintenant choisir une salle à manger. Mieux vaut s'installer en plein air que de rester dans le gourbi. Nous avons vite découvert notre affaire, car la forêt est à côté. Sur la pente à laquelle s'adosse l'habitation s'élève un groupe de chênes. C'est à leur ombre que nous déballons nos provisions. La source qui jaillit dans un bassin, près de la maison forestière, donne une eau savoureuse et glacée, une véritable eau des Alpes. Un air vif et embaumé excite notre appétit, déjà bien aiguisé par sept heures de mulet. Nous invitons Amar à s'asseoir avec nous, et nous ouvrons le festin.

Amar fête ses exploits de chasse à l'homme, en avalant nombre d'œufs durs. En dépit du Coran, il boit quelques bons verres de vin à la santé du pauvre Mohammed Ou Kassi n' Aït Amrouch. Il ne se retrouve musulman que pour refuser un morceau de porc.

Un Kabyle, qui sort d'un gourbi voisin de celui du garde forestier, vient assister à notre repas. Il nous contemple avec la plus vive curiosité, et suit des yeux nos moindres mouvements. Évidemment il s'offre un spectacle peu commun. Son attention ne nuit pas à son respect, car il reste debout à une certaine distance, dans une attitude pleine de réserve.

Amar nous apprend que ce Kabyle est un *assès*. Cette qualité est-elle quelque chose comme celle de chambellan ou d'échanson ? Nous l'ignorons. C'est ce soir seulement que nous apprendrons de Mme Alexandre ce qu'est un *assès* (1). En attendant, le Kabyle finit par se rapprocher de nous, et il s'emploie à notre service, spécialement pour renouveler notre provision d'eau plusieurs fois épuisée.

L'attention que nous prêtons aux faits et gestes du Kabyle ne nous empêche pas de jeter les yeux sur le paysage qui s'étend devant nous. C'est d'abord, à nos pieds, le gourbi de Mme Alexandre, avec sa toiture en paille. Il nous cache en partie un de ces jolis jardins potagers dont les gardes forestiers semblent avoir la spécialité : quelques carrés de légumes bien soignés, de petites allées se coupant à angle droit, quelques fleurs étrangères à l'Algérie, entretenues avec amour comme un souvenir du pays. On pourrait presque se croire en France. L'illusion est encore augmentée par la verte prairie semée de bouquets de chênes qui s'étend en bas du jardin. Au fond du tableau, nous apercevons le col par lequel nous avons débouché sur Sidi-Ladi. Un peu à gauche s'élève le Djebel Affroun (1315 mètres d'altitude). A ses pieds on distingue Sidi-Ladi, dont les grands arbres se détachent comme une petite masse sombre sur la lisière des bois. Nous n'apercevons aucun village, bien que celui de Meh'agga ne se trouve qu'à vingt minutes de l'endroit où nous sommes.

Quand notre faim commence à se calmer et que nous avons bien admiré la vue, nous songeons à organiser notre journée du lendemain. Nous voulons aller jusqu'à

---

(1) Voir plus loin, à la fin du même chapitre.

El-Kseur, dans la vallée de l'Oued Sahel. Les muletiers qui nous ont amenés d'Azazga nous demandent un prix exorbitant pour continuer avec nous. Amar et Mme Alexandre assurent que dans le pays nous nous procurerons tous les mulets nécessaires, parce que les gens, ayant eu une mauvaise récolte, sont bien aises de gagner quelque argent en louant leurs bêtes. Nous refusons donc de capituler devant les muletiers d'Azazga, et nous prenons congé d'eux, en leur payant le prix convenu ce matin pour la journée.

Il nous faut dès maintenant trouver des montures pour demain. Amar dépêche au village de Meh'agga l'*assès* qui nous a servis pendant le déjeuner. Il a mission d'amener l'*amin* pour conférer avec nous. Au bout de trois quarts d'heure, l'*assès* revient avec une dizaine de Kabyles. L'*amin* ne se trouve pas parmi eux ; mais ils sont conduits par un des *tamens* de l'*amin*, c'est-à-dire l'un des adjoints de cette espèce de maire indigène (1). Tous viennent s'accroupir en demi-cercle autour de nous et, par l'intermédiaire d'Amar, nous entamons avec eux un palabre en règle. Tout d'abord, nous affectons un de ces airs de dédain qui sied à des supérieurs. J'appuie de quelques cigarettes, fumées en compagnie d'Amar, l'indifférence apparente qu'il est bon de témoigner à des inférieurs. Puis la discussion s'engage avec le *tamen* parlant au nom de ses gens.

(1) Voir ci-dessus, pp. 77-78, ce qu'il faut entendre au juste par *amin* et par *tamen*.

Elle se prolonge pendant plus d'une demi-heure, avec une mimique linguistique digne du haut Congo. Le débat porte sur la distance d'El-Kseur, sur l'état des chemins, sur la possibilité pour les muletiers de revenir dans la même journée, enfin sur le prix des mulets. Après de longs pourparlers, nous convenons de huit francs par bête. Il est entendu que chaque mulet sera accompagné d'un guide. Le *tamen* prendra le commandement de la troupe. Tout le monde devra être rendu avant l'aube à la maison forestière.

Toutes les conditions ayant été officiellement arrêtées par devant Amar, sûrs de pouvoir partir demain, nous rendons au garde forestier sa liberté. Il nous promet sa visite à Alger, quand il viendra voir cette belle capitale qu'il ne connaît pas. Nous lui serrons la main comme à un vieil ami, et bientôt nous le voyons disparaître avec sa jument au grand trot, par le sentier qui nous a amenés jusqu'ici. Il nous semble qu'en le perdant de vue nous sentons se briser le dernier lien qui nous unit au monde civilisé. Nous voici, en effet, complètement seuls avec Mme Alexandre, au milieu des Kabyles.

Il n'est encore que trois heures. Comment passer la soirée? La forêt voisine offre, nous a-t-on dit, un certain nombre de curiosités. Elle renferme des arbres merveilleux, notamment des houx d'un mètre cinquante de tour. Il y a aussi un charmant petit lac, alimenté par les sources thermales d'El-Hammam. Pour voir tout cela, il faudrait aller d'abord à une heure d'ici, au Baraquement où habite M. Schlafer, garde forestier français, qui nous conduirait ensuite aux endroits les plus intéressants. Bref, ce serait une course de plusieurs heures.

Le soleil est toujours brûlant ; le vent menace de tourner au sirocco ; nous ne connaissons pas au juste la longueur de l'étape que nous aurons à fournir demain : nous nous décidons à rester tranquilles. Du reste nous passerons demain au Baraquement, et nous pourrons peut-être faire alors l'excursion à laquelle nous renonçons pour aujourd'hui.

Nous restons donc étendus à l'ombre des chênes qui nous ont abrités pendant notre repas, et nous nous livrons aux douceurs de la sieste. Elle est bientôt interrompue par le fils aîné de Mme Alexandre, enfant de huit ou neuf ans, qui vient nous égayer par ses espiégleries. Nous avons aussi la compagnie de l'*assès*, qui se consacre de plus en plus à notre service.

Nous allons rendre visite à la source dont nous avons déjà si fort apprécié l'eau. Nous ne résistons pas à la tentation d'en déguster quelques verres. Puis nous offrons à l'*assès* une séance de physique amusante. L'hydraulique et la statique l'intéressent vivement. Il considère avec la plus grande attention de quelle manière nous jaugeons le débit de la fontaine. Il admire surtout notre démonstration de la pesanteur, au moyen d'une colonne d'eau suspendue dans un verre dont les bords se trouvent maintenus au-dessous du niveau du bassin. Sans doute, une fois rentré dans son village, il se fera auprès de ses concitoyens une renommée de savant, en répétant nos merveilleuses expériences.

Vers les cinq heures, la grosse chaleur étant tombée, nous allons faire une petite promenade en compagnie de Mme Alexandre et de son fils aîné. Nous nous dirigeons vers une clairière qui s'ouvre à une centaine de pas derrière la maison forestière, et par laquelle on peut arriver au sommet de la colline. Nous sommes dans le plus beau des parcs. De magnifiques chênes sont plantés çà et là, comme au milieu d'un parterre. Un fin gazon couvre le sol. Malheureusement il commence à se dessécher. Pourtant la petite centaurée, la plante qui en Algérie se montre la dernière, étale encore ses fleurs rouges ou blanches en pommes d'arrosoir.

Nous atteignons en quelques minutes le haut de la clairière. Nous nous trouvons alors sur un col. De l'autre côté, nous apercevons une sorte de vaste entonnoir. Au fond apparaissent quelques cultures. Tout autour s'étendent des bois de chênes afarès, d'une teinte étrange, telle qu'on n'en voit pas en Europe. Ils forment comme une ceinture d'un vert métallique, zébrée de raies blanches formées par les troncs. On se sent enserré par cet horizon extraordinaire. L'isolement est absolu, c'est le bout du monde, ou plutôt un autre monde.

Mme Alexandre nous met au courant de son genre

d'existence. Elle se plaint, non sans raison, de la solitude absolue dans laquelle elle vit. Les villages français les plus proches, Azazga, que nous avons quitté ce matin, Sidi-Aïch ou El-Kseur, dans la vallée de l'Oued Sahel, se trouvent au moins à six heures de marche. Depuis huit mois qu'elle habite à l'Akfadou, elle ne s'est absentée qu'une seule fois pour aller à Sidi-Aïch. D'ailleurs, un pareil voyage ne peut s'entreprendre que pendant la belle saison. Durant trois mois d'hiver, la neige rend les chemins impraticables. Souvent, en effet, elle a plus d'un pied d'épaisseur, la maison forestière se trouvant située à mille mètres environ au-dessus du niveau de la mer.

Étant donné l'éloignement de tout centre de colonisation, il est impossible de faire instruire des enfants. Lorsque Mme Alexandre est venue ici, son fils aîné, qui était déjà allé à l'école, commençait à lire ; il n'apprend plus rien aujourd'hui.

Au surplus, à l'Akfadou, la question de l'instruction se trouve primée par celle des subsistances. L'approvisionnement est des plus difficiles. Le garde forestier a sans doute un jardin, des vaches, une basse-cour. Malheureusement le chacal prélève souvent la dîme. Quelques jours avant notre arrivée, il a enlevé une grosse oie sous les yeux de la propriétaire. Du reste, on ne vit pas uniquement de légumes, de laitage et de volaille. Il faut de la farine, du vin, de l'épicerie, etc. Tout cela doit venir d'Azazga, à dos de mulet. Deux fois par mois, un convoi apporte les provisions ; mais il n'y faut plus songer en hiver.

Il semble qu'on pourrait compter sur les Kabyles d'alentour. Mais ce voisinage offre peu de ressources; il manque totalement de charme ; il présente même un certain danger ; mieux vaudrait se trouver complètement isolé. En fait de vivres, les indigènes n'ont que des œufs, des poules étiques et du mauvais couscous. Quant à leur société, elle est fort désagréable. Les femmes notamment se montrent d'une détestable importunité, et il faut les tenir, autant que possible, à distance. Quant aux Françaises, Mme Alexandre n'en a encore vu que deux, y compris Mme Laurent, venue une fois d'Azazga avec son mari. Voilà donc bien longtemps qu'elle n'a pu échanger avec une femme un seul mot de français. Aussi paraît-elle heureuse de causer avec Mme Robert.

Mme Alexandre est dans des transes perpétuelles à cause des malfaiteurs. Les Kabyles sont, en effet, des voleurs émérites. Quelque temps avant l'installation de M. Alexandre à l'Akfadou, le garde français qui s'y trouvait fut complètement dévalisé. Pendant qu'il dormait, on pénétra dans le gourbi en perçant un mur. Tout ce qu'il possédait fut emporté sans qu'il s'en aperçût : provisions, carabines, revolver, cartouches, rien n'échappa. Quant aux auteurs de ce beau coup, ils sont naturellement demeurés introuvables. Tout indigène qui commet un délit envers un Français est assuré de la sympathie et de l'assistance de ses compatriotes. Regardé par eux comme les ayant vengés de l'ennemi commun, il n'est jamais dénoncé à la justice. Il peut même compter sur le concours de tous, pour se procurer des renseignements et les moyens nécessaires à la réussite d'une nouvelle entreprise.

Cet hiver, pendant que la terre était couverte de vingt-cinq centimètres de neige, M. et Mme Alexandre ont failli être volés, exactement de la même manière que leur devancier. Au milieu de la nuit, Mme Alexandre fut réveillée par un léger bruit. Elle en accusa d'abord son chat. Mais elle ne tarda pas à s'apercevoir qu'on cherchait à trouer la muraille. Elle appela son mari, et les malfaiteurs, se voyant découverts, prirent la fuite, laissant dans le mur les traces d'une brèche. Ils sont, comme toujours, demeurés inconnus (1).

Le vol est d'ailleurs facilité aux indigènes par une singulière institution dont nous étions loin de soupçonner la portée et que Mme Alexandre nous a fait connaître : c'est l'institution des *assès*, catégorie d'individus à laquelle appartient le Kabyle qui, tout à l'heure, comme s'il avait eu à veiller sur nous, ne nous a pas quittés des yeux un seul instant, ni durant notre déjeu-

---

(1) Les Kabyles de toute tribu sont grands voleurs et habiles perceurs de murs. Pendant l'hiver 1887-1888, à Fort-National, des malfaiteurs ont pratiqué, sans qu'on s'en doutât, un trou de un mètre de large dans le rempart à l'endroit où il borde la cour de l'administrateur. Ils ont pris dans cette cour deux mulets, et les ont emmenés par la brèche. Comme d'habitude les auteurs de ce vol incroyable n'ont pu être arrêtés.

ner, ni pendant que nous étions à la fontaine. Afin de garantir la sécurité des gardes forestiers demeurant loin des villages européens, l'administration a décidé que les tribus au milieu desquelles ils habiteraient fourniraient un certain nombre d'indigènes pour les garder. Ils sont désignés, à tour de rôle, comme les plantons dans un régiment. On les appelle *assès*, c'est-à-dire gardes ou sentinelles. A la maison forestière de l'Akfadou, il y a deux *assès* pendant le jour, et quatre pendant la nuit.

Ce système de sentinelles fournies par les tribus est, du reste, appliqué d'une façon générale dans toute l'Algérie pour la surveillance des incendies de forêts. Pendant les mois d'été, à l'époque où le feu risque le plus de se propager, des indigènes, désignés suivant un tour de service, doivent fournir des postes-vigies, en d'autres termes, faire le guet sur divers sommets (1).

Précisément au haut de la colline boisée qui se trouve sur notre droite, nous apercevons une sorte d'échafaudage émergeant du milieu des arbres. Serait-ce un mirador, établi, à l'instar de ceux du Tonkin, par quelque ancien Turc revenu de l'Extrême-Orient? Mme Alexandre nous apprend que c'est un poste d'in-

---

(1) Voir la *loi du 17 juillet 1874 ayant pour objet de prévenir les incendies dans les régions boisées de l'Algérie*, art. 1er et 4. Cette loi, dans son article 6, décide que « lorsque les incendies, par leur simultanéité ou leur nature, dénotent de la part des indigènes un concert préalable », il pourra y avoir application de la responsabilité collective.

cendie où des indigènes du voisinage vont bientôt venir veiller chaque nuit (1). Aussi nous croyons-nous reportés à plusieurs siècles en arrière, en plein Moyen âge, au temps où des vilains venaient chaque soir au château de leur seigneur prester le service du guet. Et en réalité, nonobstant tous les principes modernes, l'Algérie d'aujourd'hui ne présente-t-elle pas l'image d'une féodalité démocratique, dans laquelle les citoyens français sont les nobles, et les indigènes, les vassaux (2)?

(1) Pour l'été de 1888, le nombre des postes a été fixé à 2.400 environ. Comme chacun compte au moins trois sentinelles, le service du guet d'incendie a dû mettre sur pied, chaque jour, plus de 7.000 indigènes. (Voir la *Dépêche algérienne* du 22 juin 1888.)

(2) L'état actuel de l'Algérie offre des analogies trop peu remarquées avec celui de la France sous la féodalité. En voici quelques-unes :

1º Les indigènes algériens sont, dans une certaine mesure, attachés à la terre comme les anciens serfs, puisqu'ils sont punis des peines de l'indigénat quand ils établissent, sans autorisation, une habitation isolée en dehors du douar, qu'ils voyagent sans passeport en dehors de la commune mixte à laquelle ils appartiennent, ou qu'ils donnent asile à un étranger non porteur d'un permis régulier (voir la *loi du 27 juin 1888* sur les *infractions spéciales à l'indigénat*, annexes 11º, 13º et 14º).

2º La justice criminelle est rendue aux indigènes uniquement par des Français, comme elle l'était aux vilains par les seigneurs. Jamais, d'ailleurs, il n'y a jugement par les pairs, puisque les jurés sont tous Français ou Israélites.

3º Seuls les citoyens français, comme autrefois les nobles, sont appelés à porter les armes. Les indigènes ne sont admis à servir que par voie d'engagements volontaires et dans des corps spéciaux.

4º Au point de vue des impôts, les terres algériennes sont nobles ou roturières, c'est-à-dire exemptes ou grevées d'impôts. En effet, les fonds appartenant à un Français se trouvent, à raison de la qualité de son propriétaire, libres de con-

Je laisse aux historiens le soin de rechercher si, dans la vieille France, les hommes du guet faisaient

tribution foncière, tandis que ceux appartenant à des indigènes payent l'*achour*, c'est-à-dire la dîme en langue arabe, taxe montant environ à 4 fr. 50 par hectare cultivé (la capitation, spéciale à la Kabylie, tient lieu d'impôt foncier).

5° Les différentes prestations en nature, imposées aux indigènes, ne sont en réalité que des services féodaux. La *diffa*, c'est-à-dire l'obligation de nourrir et loger les agents du gouvernement qui se trouvent en tournée, n'est pas autre chose que l'ancienne obligation d'héberger le seigneur et sa suite. Les *goums*, à savoir : les cavaliers indigènes réunis pour accompagner une colonne de troupes dans une expédition, rappellent les vassaux convoqués pour un service militaire temporaire. Le guet a été établi en matière forestière, pour prévenir les incendies. Enfin, les réquisitions pour travaux divers, déblaiement des routes obstruées, lutte contre les invasions de sauterelles, ne sont autre chose que les anciennes corvées.

La comparaison du régime actuel de l'Algérie avec le régime féodal pourrait être encore continuée sur plusieurs autres points, notamment quant à la façon dont un trop grand nombre de Français maltraitent les indigènes. En tout cas, les exemples donnés ci-dessus suffisent pour établir le parallèle. Au reste, toutes les ressemblances indiquées ne surprendront plus, si l'on consulte l'histoire. Les Français sont aujourd'hui, en Afrique, dans des conditions identiques à celles où se trouvaient jadis les Francs en Gaule : une race victorieuse impose son joug à une race vaincue. Voilà pourquoi il y a des maîtres et des sujets, des privilégiés et des non-privilégiés. Cette situation n'a par elle-même rien d'extraordinaire. Dans une certaine mesure, elle n'est pas plus illégitime que la conquête. Mais ce qui est étonnant, c'est que les Franco-Algériens qui, en qualité de démocrates, bondissent d'indignation au seul souvenir de la féodalité, ne font aucune difficulté d'appliquer, dans leur propre intérêt, précisément le régime féodal dans ce qu'il présentait de plus dur pour les inférieurs. Aussi, les 250.000 citoyens français qui, en Algérie, dominent trois ou quatre millions de musulmans, sont-ils peut-être plus détestés par eux que les seigneurs ne l'étaient par leurs serfs. Il n'y a, en effet, entre eux, ni cette affinité de race, ni cette égalité dans une même religion qui, en pleine féodalité, devaient singulièrement adoucir les rapports des différentes classes.

parfois cause commune avec les malfaiteurs. Quant aux *assès* de l'Akfadou, ils n'ont jamais empêché aucun délit. C'est même parmi eux qu'on trouverait probablement soit les complices, soit les auteurs de tous les vols tentés ou commis.

Avec un pareil entourage, Mme Alexandre, sans avoir peut-être la superstition des mots (*assès* fait au pluriel *assassine*), s'estime peu en sécurité. La pauvre femme est sous l'empire d'une frayeur continuelle, surtout en l'absence de son mari. Quand il est en tournée, elle se le figure sans cesse assassiné par quelque indigène. Elle n'est guère plus rassurée pour ses enfants et pour elle, redoutant toujours de voir apparaître des malfaiteurs. Aussi couche t-elle avec deux revolvers sous son oreiller, sans compter les sabres et les carabines qui se trouvent à côté d'elle dans un coin.

Mme Alexandre nous paraît vraiment au-dessus de sa condition. Elle sait accepter sans se plaindre sa situation. « Mon mari est content, mais je ne le suis guère, nous dit-elle mélancoliquement. Auparavant il était gendarme à Tizi-Ouzou ; il a demandé à passer dans le service des forêts, à cause du traitement qui est plus élevé, et de l'espoir d'un avancement rapide. Tout ce que j'ai de bon ici, ajoute-t-elle tristement, sans exprimer cependant aucun regret, c'est l'eau qui est fraîche et la santé de mes enfants. » Eh bien ! non. Mme Alexandre a quelque chose de meilleur encore : c'est ce courage, si rare chez une Française, qui lui a permis de rompre avec les habitudes casanières; c'est le sacrifice de sa tranquillité, fait aux nécessités de la position de son mari, c'est ce dévoûment qui l'empêche de trop penser à elle-même et la fait penser surtout aux siens.

Nous rentrons vers six heures à la maison forestière. Le soleil va bientôt disparaître derrière la montagne. Mme Alexandre installe en plein air, devant sa porte, une table pour notre souper. Puis, comme nous avons fait honneur au déjeuner de midi, nous nous contentons d'une excellente soupe au lait.

A peine avons-nous fini que la nuit arrive. Il faut songer à préparer nos lits. Nous devons coucher dans la maison destinée au garde indigène. Bien que n'étant pas encore aménagée, elle constitue le palais de l'Akfadou, car les murs sont en pierres maçonnées et le toit en tuiles. Une cour de quelques mètres carrés, fermée par un mur, précède le bâtiment. L'habitation se compose de deux chambres, dont l'une commande l'autre. Comme Mme Robert, sans vouloir le laisser paraître, songe cependant aux *assès* avec une certaine inquiétude, elle choisit, pour elle et son mari, la chambre où l'on ne peut pénétrer qu'en second lieu. J'aurai donc la garde du logis, et je devrai soutenir le premier choc en cas d'attaque.

Les deux chambres ont pour tout mobilier les carreaux qui garnissent le sol. Dans un coin de chacune d'elles, Mme Alexandre fait étendre un peu de paille et mettre un matelas par-dessus. Elle nous donne ensuite des draps. Quant aux couvertures, nous y pourvoyons nous-mêmes.

Dès que les lits ont été improvisés, M. et Mme Robert se retirent dans leur appartement. Pour moi, je profite des dernières lueurs du jour pour faire encore un petit tour de promenade. Je monte derrière le gourbi, et je m'assieds auprès d'un arbre. La fraîcheur du soir se fait si bien sentir, que je suis heureux de m'envelopper dans mon burnous. Affublé du vêtement des plus grands contemplatifs de l'univers, je ne puis moins faire que de contempler quelque peu. L'obscurité enveloppe presque complètement Sidi-Ladi, tandis que la silhouette sombre du Djebel Affroun se détache sur un ciel encore teinté par le crépuscule. Cependant, de grosses boules roussâtres s'approchent peu à peu, au milieu d'un tintement argentin. Je finis par distinguer des cornes. Ce sont les vaches qui rentrent du pâturage en faisant sonner leurs clochettes. Suis-je en Algérie? Suis-je dans les prairies du Jura? Je ne sais qu'en dire, car je me trouve à un de ces moments exquis, où l'esprit, à demi somnolent, confond le charme de la réalité présente avec le doux souvenir des lieux connus. Mais deux ombres blanches qui arrivent par le chemin de Meh'agga, me tirent bientôt de mon agréable rêverie. Je distingue des burnous. Voilà les deux *assès* supplémentaires qui viennent prendre la garde pour la nuit.

Le poste des *assès* est maintenant au complet.

Mme Alexandre s'est enfermée chez elle, sous la garde de son chien. C'est l'heure d'aller me coucher. Avant de rentrer à mon domicile, je fais une ronde du côté du gourbi qui sert de corps de garde aux *assès*. Ils veillent, étendus sur des nattes, en causant entre eux. Une fois rentré à la maison, je ferme avec un soin tout particulier d'abord la porte de la cour, puis celle de ma chambre, et je consolide de mon mieux avec une perche les volets de ma fenêtre. Dans une encognure, à portée de ma main, j'organise un arsenal où mon bâton ferré occupe la place d'honneur ; je me jette sur mon matelas, et, souriant de mes préparatifs de défense, je m'endors plus tranquille que si j'étais à Paris.

CHAPITRE V

DE L'AKFADOU A BOUGIE. LE RETOUR. — LES KABYLES

Samedi 25 juin. Le lever, la toilette. — Le départ; seuls avec trois Kabyles. — Le costume et le langage. — Les chênes *afarès*. Sommes-nous trahis? *Le Baraquement;* exploitation abandonnée. — Les *assès.* — *La Clairière des scieurs de long.* — Le *tamen* et le parasol. Vue magnifique. — Rencontre de bûcherons. — Carte de la Grande Kabylie; où sommes-nous? *Macache.* — Ruines romaines. — La source, le déjeuner. Nourriture des Kabyles, leur sobriété. Quelle est la meilleure eau.—Appétit kabyle; marcheurs kabyles — Bordj de Taourirt-Ir'il. Mélodies kabyles. Forêt de chênes liège. — La moitié du chemin. — La chaleur; incendies de forêts; responsabilité collective. — L'absinthe chez un piqueur. Route d'El-Kseur à Azazga.—El-Kseur. Changements de noms des villages. — Adieu à nos guides. Climat de la plaine. — La fièvre, le guêpier du Sénégal. — L'Oued Sahel. — Bougie; vue du golfe et des Babors.

Dimanche 26 juin. Climat de Bougie. — Le cap Carbon, son tunnel. — Retour à Alger, par l'*Isaac Péreire.*

Lundi 27 juin. Dellys. Le quartier kabyle. — Mosquée. Ecole des Arts et métiers. Les côtes de la Kabylie. — Alger, carrière de marbre. Fin du voyage. Epilogue : la Kabylie, le pays. — Les habitants. — L'assimilation.

Samedi 25 juin.

Une faible lueur traverse les fentes des volets. On frappe à la porte de la cour. Seraient-ce des malfaiteurs? Non, simplement les muletiers de Meh'agga, qui nous annoncent leur arrivée.

Nous sommes bientôt sur pied. M. et Mme Robert demandent à passer. Mais quelque peu désappointé de n'avoir pas eu à employer mon arsenal, et voulant faire montre des précautions que j'avais prises, je leur dispute le passage, revolver au poing et poignard au clair. Ma fière attitude les fait rire. J'en ris moi-même, et je mets bas les armes.

Ce n'est pas sans peine que nous parvenons à sortir, car il faut défaire les barricades élevées hier soir, et ouvrir deux serrures fermées à plusieurs tours. Il est quatre heures et demie. Le jour commence à poindre. Un air frais fouette délicieusement la figure. Nous allons à la fontaine, et nous tombons d'accord que le plus confortable boudoir ne vaut pas un grand bassin avec une source d'eau glacée.

L'*assès* qui a veillé hier sur nous avec tant de sollicitude vient assister encore à notre toilette. Il est visiblement étonné de tout ce qu'il nous faut : éponges, savon, peignes, brosses, flacons, etc. Il regarde sans doute comme autant d'inutilités tous ces objets qui lui sont parfaitement inconnus. Je croirais même que l'excellent Kabyle en conçoit un certain mépris à notre égard. En effet, au bout d'un instant de réflexion, il s'approche du bassin, y trempe le bout des doigts et, nous fixant d'un air dédaigneux, semble nous dire : « Et moi aussi, je me lave ; il m'en faut moins qu'à vous. »

Cette excellente Mme Alexandre nous a préparé du café noir. Nous en prenons chacun une tasse, pendant que les muletiers chargent nos sacs. Les derniers apprêts sont terminés. Nous remercions bien vivement notre hôtesse de sa parfaite hospitalité, nous nous hissons sur nos mulets, et nous quittons la maison forestière de l'Akfadou, emportant le meilleur souvenir du séjour que nous y avons fait.

Nous voici, pour la première fois, absolument isolés au milieu des Kabyles. Jusqu'ici, nous avions eu, pour nous servir de guide et d'interprète, un cavalier d'administration ou un garde forestier indigène sachant le français. Maintenant, nous sommes avec trois Kabyles dont un seul sait un mot unique de français, le mot *merci*. De notre côté, nous possédons trois mots de kabyle, *ih*, *ala* et *amane*, c'est-à-dire oui, non et eau. Je connais bien quelques termes arabes ; mais nos muletiers en ont à peine autant que moi à leur disposition. C'est au moyen de ces minces ressources linguistiques qu'il faudra converser pendant tout un jour. Il existe heureusement un langage mimique qui sert en tout pays, même en Kabylie. D'ailleurs, à la fin de la journée, nous avons fini par apprendre du kabyle. Encore huit jours, sans autre compagnie que nos guides, et nous serions tous des plus kabylisants, Mme Robert surtout, qui montre la plus remarquable aptitude pour le dialecte de Meh'agga.

Les trois muletiers auxquels Amar nous a officiellement confiés paraissent être de braves gens. Quels qu'ils soient, d'ailleurs, nous n'avons rien à craindre, car leur ayant été recommandés par un agent du gouvernement, ils se sentent certainement responsables de nos personnes (1). En tout cas, ils se montrent très complaisants. Ils nous parlent beaucoup, nous disent sans doute une foule de choses aimables que malheureusement nous ne pouvons saisir. A leur air tout joyeux, nous supposons que le voyage d'El-Kseur constitue une partie de plaisir.

Deux d'entre eux sont encore des jeunes gens. Le troisième, d'un âge un peu plus mûr, n'est autre que le *tamen* de l'*amin* de Meh'agga, avec lequel hier nous avons arrêté les conditions de notre transport. C'est lui qui sait le mot *merci*. Il commande la troupe et ouvre la marche. Par une singulière réminiscence d'alpinisme, nous le qualifions de *guide-chef*. Est-ce pour se distinguer des autres qu'il s'est couvert la tête d'une simple calotte jadis rouge, aujourd'hui noire ? Nous l'ignorons. Quant à ses deux subordonnés, ils sont

---

(1) Une chose confiée est absolument sacrée pour le Kabyle. Cela est d'autant plus remarquable qu'il est faux de caractère et élève le vol à la hauteur d'une véritable institution sociale.

coiffés de ces gigantesques chapeaux kabyles, dont les bords s'en vont, à chaque pas du porteur, battant en cadence comme des ailes de cicogne (1).

Presque au sortir de la maison forestière de l'Akf..-dou, nous sommes entrés en plein bois, puis nous avons traversé quelques clairières à moitié cultivées. Nous abordons maintenant une montée assez raide à travers la forêt. Le sol laisse voir en maint endroit le rocher nu, et les arbres sont un peu rabougris. Arrivés à une sorte de col, nous suivons une crête qui, autant que l'épaisseur des branches nous permet d'en juger, doit descendre à gauche vers la vallée de l'Oued Hammam et la mer.

Nous comptons passer au Baraquement pour voir M. Schlafer, garde forestier qui y habite. Amar a indiqué hier au *tamen* la route que nous voulions suivre. Nous confirmons maintenant à nos guides notre dessein en leur répétant : Schlafer, Schlafer. Le *tamen* répond : merci, merci. Bientôt ils nous font tourner à gauche et nous engagent en pleine futaie, dans une simple trace. Schlafer ? leur demandons-nous. Merci, répond le *tamen*. Nous supposons donc que nous nous dirigeons du côté du Baraquement.

Tout en cheminant, nous admirons les chênes *afarès* qui, ayant poussé là plus serrés qu'ailleurs, sont élancés comme des sapins. Leurs troncs blancs, semblables à de minces colonnes de marbre, donnent au sous-bois

(1) Voir ci-dessus, pp. 20, 84, 213.

un aspect absolument inconnu en France. Ce n'est pas une cathédrale aux piliers larges et espacés, c'est une mosquée aux mille colonnettes.

Au bout de quelques instants, la trace que nous suivions disparaît. Serions-nous égarés par nos Kabyles ? Il s'agit maintenant de descendre une pente de plus en plus rapide. Nos mulets glissent des quatre pieds sur les feuilles mortes. Nous-mêmes, nous craignons de passer par-dessus leur encolure, et nous mettons pied à terre. Impossible de s'orienter, à cause de l'épaisseur de la forêt : c'est à peine si on entrevoit dans le lointain, du côté de la mer, des croupes boisées. M. Robert commence à se demander si nos guides ne nous conduisent pas à quelque guet-apens. Déjà il sent le froid du poignard, et voit Mme Robert dans une caverne et vendue à quelque indigène. Mais son hallucination ne dure qu'un instant. Voici une clairière avec une mare. Le sol est jonché d'arbres équarris et à moitié pourris. Çà et là gisent des pièces de bois qui, malgré leur décomposition, ont encore la forme de traverses de chemins de fer. Nous touchons par conséquent à la civilisation. Bientôt nous découvrons un chemin presque carrossable. Nous devons donc approcher du Baraquement. Nous y arrivons, en effet, au bout de cinq minutes. Il y a une heure que nous sommes partis de la maison forestière de l'Akfadou.

Le Baraquement se trouve ainsi nommé, parce qu'on avait installé en cet endroit un chantier pour l'exploitation des forêts. Cette exploitation, entreprise il y a plus de vingt ans par la Société générale algérienne, se trouve abandonnée depuis longtemps. Beaucoup d'arbres ont été abattus; nombre de troncs ont même été desciés en poutres ou en traverses. Mais l'impossibilité de les transporter économiquement à Bougie les a fait laisser sur place. Comme témoins des ravages des hommes, il reste des pièces de bois aux trois quarts consumées par le temps, gisant çà et là au milieu des fourrés ou entassées le long du chemin. Quant à la forêt, elle a déjà repris son aspect de forêt vierge (1).

Le Baraquement présente un singulier contraste de vie et de mort. Des constructions considérables avaient été élevées au fond d'un petit cirque formé par de beaux chênes. Les arbres sont restés debout; mais les constructions ont été démolies, et la nature, achevant ou plutôt réparant l'œuvre des hommes, a caché sous la verdure les murailles écroulées. C'est à peine si on aperçoit encore l'emplacement d'une scierie à vapeur. De toutes les maisons il ne subsiste plus qu'une baraque en planches, demeure de M. Schlafer. C'est ainsi que je me figure les campements abandonnés des bûcherons de l'Orégon.

Nous voudrions demander à M. Schlafer de nous faire visiter les curiosités de la forêt : les boues, les

---

(1) Les forêts occupent, en Algérie, une superficie d'environ trois millions d'hectares. La plupart sont inexploitées faute de voies de communication.

sources d'eau chaude et le lac. Nous frappons plusieurs fois à sa porte; mais nous n'obtenons pour toute réponse que de sourds grognements. Au travers d'une fenêtre obscurcie par la buée de l'intérieur, nous cherchons à distinguer d'où ils partent. Nous apercevons dans le fond d'une chambre une sorte de lit, sur lequel gît une masse blanche coiffée d'un bonnet de coton. La masse blanche ne bouge pas. Deux Kabyles chargés, en qualité d'*assès*, de veiller sur les jours et sur le sommeil de M. Schlafer, nous font comprendre qu'il n'aime pas à se lever de bonne heure. Comme il est à peine six heures, nous n'insistons pas davantage, et nous repartons sans avoir serré la main du brave garde forestier. Sans doute il nous a pris pour des Kabyles venant troubler son repos. S'il eût su avoir affaire à des compatriotes, il eût vraisemblablement été heureux, habitant absolument seul, de causer avec eux.

Obligés de nous passer des indications et des conseils d'un Européen, réduits à nous expliquer comme nous pouvons avec nos guides, nous renonçons à chercher les curiosités de la forêt, et nous tâchons de filer droit sur El-Kseur. — « El-Kseur », répétons-nous à nos guides. — « Merci », répond le tamen, et il nous engage dans un large chemin qui serait carrossable au besoin. C'est vraisemblablement la route qu'avait fait établir la Société générale algérienne pour la desserte de la forêt. Cette route nous conduira bien quelque part, dans un lieu civilisé, probablement à El-Kseur·

A peine nous sommes-nous remis en route, que nous voyons déboucher d'un sentier deux Kabyles qui se dirigent du côté de la maison de M. Schlafer. Ce sont les deux *assès* de la garde montante. Ils vont relever ceux qui ont veillé, cette nuit, sur le garde forestier.

Le chemin que nous suivons monte en lacets à travers la forêt, et regagne la crête que nous avons abandonnée un moment pour descendre au Baraquement. Nous arrivons bientôt à une petite prairie qui s'élève jusqu'au sommet de la montagne. D'énormes piles d'arbres pourris, à moitié écroulées, jonchent le sol. C'est la fameuse *Clairière des scieurs de long,* dont j'avais précédemment entendu parler. C'était jadis le lieu où l'on débitait les bois abattus. Aujourd'hui, ce n'est plus qu'un immense charnier, où gisent, comme des monticules d'ossements gigantesques, les troncs blanchis des arbres qui faisaient naguère l'orgueil de la forêt. La végétation commence d'ailleurs à recouvrer son empire. Les ronces cachent à moitié les piles de bois. Une herbe fine couvre le sol. Quelques chênes donnent une idée de ce qu'étaient autrefois les rois de la forêt. La rosée scintille sur les feuilles, comme autant de diamants enflammés par les premiers feux du jour.

Nous trouvons le soleil pour la première fois, car nous avons marché jusque-là dans l'ombre de la montagne. Nous commençons à sentir la chaleur. Par un effet bien connu en Algérie, elle est peut-être plus pénible à supporter le matin qu'à midi. M. et Mme Robert arborent leurs couvre-nuques. Les deux Kabyles munis de chapeaux les enfoncent sur leur tête. Quant au *tamen*, qui n'a pour toute coiffure que sa calotte, il reçoit le soleil sans broncher. Mme Robert prend pitié de lui et, saisissant un parasol dont elle néglige d'user, elle le lui passe tout ouvert. Le pauvre *tamen* qui, pour la première fois de sa vie, voit un parasol, se demande à quoi peut bien servir ce champignon portatif. Aussi, fort embarrassé du présent, tient-il tout d'abord l'ombrelle devant lui, comme un bouclier pour écarter les branches. Mme Robert en frémit et, faisant appel à tout son kabyle, arrive, non sans peine, à lui faire comprendre qu'une ombrelle sert à garantir du soleil. Enchanté d'avoir compris, le *tamen* s'en va répétant : « Merci, merci. » Pendant toute la marche, il jouera de l'ombrelle avec la correction d'une Parisienne, et ce sera en portant ainsi le drapeau de la civilisation élégante qu'il fera, à la tête de notre caravane, son entrée à El-Kseur.

Arrivés au sommet de la *Clairière des scieurs de long*, nous nous trouvons en face d'un spectacle merveilleux. Nous sommes à l'un des points où la chaîne qui, du col de Tirourda, se dirige au Nord-Est et se trouve coupée par les cols de Chellatta et de l'Akfadou, commence à s'abaisser du côté de la mer. A travers un décor de beaux arbres apparaît un fond de tableau magnifique. C'est d'abord, droit devant nous, se détachant sur le ciel en masses d'un bleu étonnant, la chaîne des Babors dont, trois jours auparavant, du haut de l'Azerou-n'Tohor, nous avons déjà admiré les pics enchevêtrés. A nos pieds s'allonge la vallée de l'Oued Sahel. A gauche, se montrent les crêtes dentelées des Beni-Aydel à l'est d'Akbou, et plus loin les montagnes des Bibans. A gauche et en face des Babors, s'élève le Djebel Arbalou qui, dans son majestueux isolement, semble dominer tout le pays environnant. Ce pays, qui s'étend au Nord jusqu'à la mer, ressemble un peu à la Kabylie des environs de Fort-National, mais avec moins de villages et plus de bois. Entre les Babors et le Djebel Arbalou, ce n'est qu'une immense mer de nuages, recouvrant une partie de la vallée de l'Oued Sahel et le golfe de Bougie. Les vagues blanches de cette mer montent à l'assaut des contreforts. C'est en spectateurs passionnés que nous assistons à cette lutte des éléments. Nous nous intéressons surtout au sort d'un petit piton que nous découvrons dans le lointain. On dirait un îlot battu par les flots. C'est le sommet du Gouraya qui domine de 700 mètres, presque à pic, la ville de Bougie. La victoire reste longtemps indécise entre la montagne et les nuages. Mais ces derniers finissent par l'emporter et submergent le Gouraya. Ce triomphe sera, du reste, de courte durée, car les nuages, après s'être élevés à cause de l'échauffement produit par le soleil, se fondent bientôt à ses rayons.

Nous restons longtemps en contemplation devant

un spectacle que jusqu'ici nous avions cru réservé aux Alpes. Nous ne pouvons nous décider à poursuivre notre route. Nous repartons cependant, car il ne faut pas nous attarder si nous voulons arriver de jour à El-Kseur.

La route descend en lacets bien tracés à travers la forêt. Nous en coupons un certain nombre pour abréger. Comme nous suivons la ligne de faîte, nous pouvons, tout en marchant, continuer à contempler les Babors et le Djebel Arbalou.

Presque en bas de la pente, nous rencontrons une longue file d'indigènes. La hache sur l'épaule, ils montent le chemin que nous descendons. Un peu plus loin, nous croisons deux ou trois Français, avec des mulets chargés d'effets de campement. Ils vont sans doute faire une coupe dans la forêt.

Nous voici en bas de la descente. Là finit la forêt que nous traversons depuis deux jours. Nous disons adieu aux chênes de l'Akfadou, et nous continuons notre marche en pays découvert, jouissant toujours de la même vue que du haut de la *Clairière des scieurs de long*.

L'absence d'arbres se fait sentir. Jusqu'à présent, nous avions cheminé à l'ombre. Nous sommes maintenant au gros soleil, et nous commençons à en être incommodés. Nous commencons aussi à trouver la route longue, d'autant plus longue que nous ne savons pas au juste à quelle distance se trouve El-Kseur. Je consulte ma carte. C'est la carte de la *Grande Kabylie*, publiée par le dépôt de la guerre en 1855 et revue soi-disant en 1885, la seule d'ailleurs qui ait paru jusqu'à présent. Comme elle est des plus mauvaises (1), je ne puis repérer exactement notre position. J'estime cependant que nous sommes à la hauteur de Sidi-Aïch, lequel se trouve encore bien loin d'El-Kseur dans la vallée de l'Oued Sahel.

Désirant contrôler mon opinion, j'essaye de consulter nos guides sur notre situation topographique. Pour cela je fais appel au peu d'arabe que je sais : « Alexandre *kebir ?* leur dis-je. El-Kseur *s'rîr ?* « (Alexandre grand, c'est-à-dire loin ? El-Kseur petit, « c'est-à-dire près?) — *Macache* (non), me répondent- « ils.—*Kifkif?* (également?)—*Macache :* El-Kseur *kebir*, « Alexandre *s'rîr*. » — De cet entretien, très peu correct sans doute au point de vue grammatical, il ne résulte pas moins qu'El-Kseur se trouve plus éloigné que la maison Alexandre. Par conséquent, nous n'avons pas encore fait la moitié du chemin.

Quelque temps après avoir quitté la forêt, nous apercevons sur notre droite les ruines d'une immense construction. Les quatre murs sont marqués par des amoncellements de pierres de taille alignés en rectangle. Ce sont évidemment des ruines romaines. Mais à quoi servait cette construction ? C'est ce que nous ignorons

(1) Voir sur les cartes d'Algérie, ci-dessus, p. 74, notes.

absolument. Peut-être y avait-il en cet endroit une forteresse, une sorte de bordj, destiné à surveiller les incursions auxquelles devaient souvent se livrer les ancêtres des Kabyles? Les Romains, en effet, n'ayant jamais subjugué les montagnards du Djurdjura, ont été obligés d'entourer leur territoire d'une enceinte de postes militaires dont les traces ont été récemment retrouvées sur plusieurs points (1).

Quelle qu'ait été la destination de la construction dont les ruines gisent devant nous, l'emplacement était admirablement choisi, car on découvre toute la vallée de l'Oued Sahel avec les montagnes qui la bordent. Il est à présumer que les Romains ne se sont pas établis en ce lieu, sans avoir de l'eau à proximité, et, pour le moment, comme nous avons soif, cette induction nous paraît plus intéressante que toutes celles relatives aux pierres de taille qui sont là devant nous : « *Amane ?* (eau?) » demandons-nous à nos guides, recourant ainsi à l'un des trois mots kabyles dont nous avons eu soin de nous munir hier auprès de Mohammed Amar. — « *Amane* », nous répondent nos Kabyles, et ils nous conduisent en dessous des ruines auprès d'une jolie source en tête d'un pré bien vert.

---

(1) Voir, sur la Kabylie au temps des Romains, BERBRUGGER, *Les époques militaires de la Grande Kabylie*, 1857, pp. 199 et suiv. ; — BIBESCO, *la Kabylie au temps des Romains*, Revue des Deux-Mondes du 15 décembre 1865, pp. 862 et suiv. ; — DE VIGNERAL, *Ruines romaines de l'Algérie, la Kabylie du Djurdjura*, 1868.

Il est sept heures et demie. Voilà presque trois heures que nous marchons. Nous nous arrêtons pour nous rafraîchir et faire un léger déjeuner.

Nos muletiers nous imitent. D'un sac qui constitue leur seul bagage, ils extraient quelques figues sèches et une galette. Tout en mangeant, ils nous invitent à goûter leurs provisions. Les figues sont fort bonnes. Quant à la galette, elle est bien moins mauvaise que nous ne nous l'imaginions. C'est simplement un pain grossier et mal levé, fait de farine d'orge quelque peu arrosée d'huile.

Les Kabyles sont d'une sobriété prodigieuse, surtout en route. Ils accomplissent les plus longs voyages, se contentant pour toute une journée d'une poignée de figues et d'un petit morceau de galette. Ils emportent avec eux tous leurs vivres. Un sac en peau de mouton, ou même le capuchon de leur burnous suffit à contenir leur nourriture d'une ou deux semaines. Lorsqu'ils s'absentent pour séjourner quelque part, par exemple lorsqu'ils vont travailler en Métidja, ils joignent à leur bagage un bidon d'huile rance. Cette huile, dont la seule odeur soulève un estomac européen, leur sert à arroser, pour lui donner du goût, le pain des colons qui, ainsi préparé, constitue pour eux le plus grand des régals. Quant à la boisson, comme ils n'usent habituellement que d'eau (1), ils trouvent

---

(1) Voir ci-dessus, p. 219, note 3, dans quelle mesure les Kabyles boivent du vin.

toujours quelque fontaine pour se désaltérer (1).

L'extrême sobriété dont ils usent habituellement ne les empêche pas, d'ailleurs, de faire, en cas de besoin, honneur aux plus pantagruéliques repas. Quelqu'un m'a dit avoir vu deux convives manger, à eux seuls et en une fois, un mouton tout entier.

La singulière complaisance d'estomac qui distingue les Kabyles facilite beaucoup les voyages qu'ils accomplissent au moindre prétexte. Il est des individus qui, pour vendre deux méchants poulets, viennent à pied de Fort-National à Alger, faisant ainsi plus de 100 kilomètres rien qu'à l'aller. En chemin, le Kabyle vit de ses figues et de sa galette ; il couche à la belle étoile ou dans quelque café maure, et il rentre chez lui, satisfait d'un gain de 40 à 50 sous. J'ai entendu parler d'un indigène d'Azazga qui, revenant à pied d'Azeffoun, éloigné d'environ 40 kilomètres, où il était allé effectuer un payement, et s'apercevant qu'il avait donné 10 centimes de trop, retourna sur-le-champ à Azeffoun, toujours à pied, pour réclamer ses 10 centimes. M. Grault m'a cité un tour de force plus étonnant encore, réalisé par Mohammed Arab, le cavalier d'administration qui nous accompagna à l'Azerou-n'Tohor.

---

(1) Les Kabyles, habitant un pays de montagnes où les sources sont excellentes, apprécient beaucoup la bonne qualité de l'eau. Quant aux Arabes du désert, ils préfèrent l'eau trouble, spécialement l'eau boueuse des ruisseaux, parce qu'elle a plus de goût. Un voyageur m'a assuré qu'il avait vu, dans le Sud, un grand chef refuser de boire à une source pour aller se désaltérer à une rivière gonflée par la pluie.

Il y a quelque temps, ledit Mohammed Arab est venu, en un seul jour et à pied, de Kerrata, auprès des gorges du Chabet-el-Akra, à Aïn-el-Hamman, faisant ainsi plus de 120 kilomètres en moins de 24 heures, et franchissant le col de Chellatta élevé de près de 1500 mètres. Pour ma part, j'ai toujours vu les muletiers kabyles suivre leurs bêtes à toutes les allures et faire ainsi, plusieurs jours de suite, 40 à 50 kilomètres, et cela, même en temps de ramadan, alors que, du lever au coucher du soleil, ils ne pouvaient ni manger, ni boire, ni fumer.

Les trois indigènes de Meh'agga qui nous accompagnent ne le cèdent en rien aux meilleurs marcheurs kabyles. Après s'être restaurés chacun avec cinq figues, trois bouchées de galette et quatre gorgées d'eau, ils se remettent allègrement en route. Ils avancent rapidement, de ce pas rasant et précipité qui semble propre aux Kabyles. Les deux jeunes muletiers aux larges chapeaux ont emporté leurs bâtons, et ils s'en servent suivant la mode du pays, c'est-à-dire en les passant derrière leur cou sur leurs deux épaules et en y suspendant leurs mains comme à un trapèze. Quant au *tamen*, n'ayant aucun bâton, il se contente de l'ombrelle de Mme Robert, qu'il manie avec une parfaite élégance.

Nous suivons toujours l'arête de la montagne. Bientôt cette arête se relève et porte un bordj considérable, le bordj de Taourirt-Ir'il. La route ne monte pas au bordj, elle passe beaucoup en dessous, et côtoie a droite la montagne, en dominant de fort haut la vallée de l'Oued Sahel.

Pour mieux marcher, ou simplement pour faire passer le temps, nos Kabyles se mettent à chanter. Leurs airs ressemblent à ceux des Arabes. Ce sont des mélodies nasillées, à rythmes heurtés, avec des modulations singulières. Ils finissent rarement sur la tonique, et s'arrêtent généralement sur une note quelconque, traînée indéfiniment en point d'orgue jusqu'à bout de souffle. Nous sommes suffisamment Algériens pour savourer ces chants tout particuliers, dont on ne commence à bien sentir le charme étrange qu'au bout d'une année ou deux de séjour en Afrique (1).

Le régal musical qui nous est offert ne nous empêche pas de trouver le chemin long. A toutes les interrogations que nous leur adressons dans la langue par nous inventée, nos guides répondent toujours : « Alexandre *s'rir*, El-Kseur *kébir*. » Par conséquent, nous ne sommes pas encore à moitié chemin. Quand donc répondront-ils : *kif kif* ?

Nous entrons dans une forêt de chênes liège. Les arbres viennent d'être démasclés, c'est-à-dire dépouillés de l'écorce qui constitue le liège. Leurs troncs, se détachant sur le fond vert pâle du feuillage, paraissent tout sanguinolents.

La forêt appartient à l'État, mais elle a été concédée

(1) Un certain nombre de chants kabyles ont été recueillis par Salvador Daniel.

à un particulier qui, moyennant une faible redevance, a le droit de l'exploiter à son profit pendant un certain nombre d'années. C'est, d'ailleurs, le régime auquel se trouvent soumises la plupart des forêts de chênes liège de l'Algérie.

Le chêne liège produit une précieuse écorce, mais il ne donne aucune ombre. Le soleil se fait aussi vivement sentir qu'en plein champ, et la déception que causent des branches ne donnant pas d'ombre fait trouver la chaleur encore plus forte. Si rien n'assoiffe comme une rivière sans eau, rien n'échauffe comme un arbre sans ombrage.

Nous franchissons un petit col, et nous entrons dans une longue gorge, parallèle à la vallée de l'Oued Sahel. Cette gorge, tapissée de simples broussailles, du milieu desquelles émergent des rochers calcinés, présente un aspect désolé. Elle se prolonge au loin, comme une sorte de couloir sans fin. Au fond, sur la gauche, s'élève le Djebel Arbalou, qui ne paraît guère s'être rapproché depuis que nous l'avons aperçu pour la première fois.

Nous commençons à nous démoraliser. Aussi questionnons-nous de nouveau nos muletiers sur le chemin qui nous reste à faire. Ils prononcent le bienheureux *kifkif* que nous attendions depuis si longtemps. Nous sommes donc à moitié route.

Cette assurance nous aide à supporter la chaleur. A dire vrai nous rôtissons, car, nous trouvant encaissés dans une espèce de gaîne, nous n'avons plus le moindre souffle d'air. Combien de temps mettrons-nous à traverser cette fournaise? c'est ce que nous ignorons. En effet, le chemin, à peine carrossable, que nous suivons, n'a pas de bornes kilométriques, et ma carte est trop mauvaise pour fournir des indications sérieuses (1). Quant à nos Kabyles, ils n'ont probablement aucune notion positive sur les distances et, en tout cas, avec le seul jargon à notre usage, ils ne peuvent nous donner que des renseignements relatifs. Nous nous demandons même s'ils ne nous auraient pas égarés.

Voici un charretier qui va chercher des ballots de liège. Nous le questionnons sur notre chemin et sur la distance qui nous sépare d'El-Kseur. Mais nous ne parvenons à en tirer qu'une seule chose, à savoir que nous sommes bien sur la route d'El-Kseur.

La certitude de nous trouver dans la bonne voie nous réconforte un peu. Le soleil continue cependant à nous calciner de plus en plus. La sensation de brûlure que nous éprouvons se trouve encore augmentée, s'il est possible, par la vue de la montagne en face, jadis incendiée. Quelques arbres à peine ont échappé, et nombre de troncs, noircis par le feu, font l'effet de brûler encore (2).

(1) Voir ci-dessus, p. 74, notes, et 259, quelques preuves du peu d'exactitude des différentes cartes de Kabylie.
(2) Les incendies de forêts sont très fréquents en Algérie. Bien souvent ils sont allumés par la malveillance, et constituent des symptômes avant-coureurs d'une insurrection. Aussi

Nous nous trouvons dans un de ces moments de dépression morale où l'on ressent les plus légères incommodités : la raideur des articulations, le frottement des chaussures et des vêtements, les secousses qu'impriment les ornières ou l'échine de la monture. Mme Robert souffre d'un point de côté que lui vaut son mulet. Je change de bête avec elle. C'est alors à mon tour de pester contre un animal d'une dureté peu commune. J'admire Mme Robert d'avoir jusqu'ici supporté, sans mot dire, d'abominables cahots.

Vers dix heures nous rencontrons des ouvriers français qui construisent un ponceau pour la route. Nous demandons au piqueur à quelle distance nous nous trouvons d'El-Kseur. Il nous répond 13 kilomètres, puis nous invite à venir chez lui nous rafraîchir, ce que nous acceptons avec empressement.

prend-on des mesures particulièrement sévères à l'égard des indigènes sur le territoire desquels éclate le feu. La responsabilité collective est infligée aux tribus coupables. Ce système primitif de répression est malheureusement le seul pratique. Le redoublement de sévérité imposé au gouvernement par les nombreux sinistres survenus en 1881 a diminué de beaucoup le nombre des incendies.
J'ai entendu dire qu'au temps de la domination turque il n'y avait presque jamais d'incendies. Cela tenait à ce qu'au cas où le feu prenait à une forêt, on saisissait cinq habitants du douar le plus voisin qu'on pendait au premier arbre rencontré. L'efficacité d'un pareil système ne suffit pas pour le justifier, et il ne saurait être question de le rétablir dans toute sa brutalité Mais il n'en est pas moins certain qu'avec des indigènes chez lesquels l'individu n'est rien et les groupes sont tout, la plupart des délits ne peuvent donner lieu qu'à une répression collective. — Voir, au reste, ce qui est rapporté ci-dessus, pp. 104 et suiv. — Voir ci-dessus, p. 240.

Sa maison, ou plutôt sa cabane, est construite en planches, avec une vérandah de feuillage. La cuisine se fait en plein air, sur un fourneau à moitié enfoui dans un talus. L'installation est primitive, mais pittoresque. Au demeurant, on peut y vivre aussi heureux qu'ailleurs.

Le piqueur nous fait, avec la plus grande amabilité, les honneurs de son logis. Il nous offre de l'absinthe, « de la chartreuse pour Madame. » Mme Robert, qui en Kabylie a rompu avec tous les préjugés, se prononce pour l'absinthe. En fait, rien ne désaltère comme quelques gouttes de cette liqueur dans un verre d'eau. C'est presque un remède, à condition de n'en pas abuser.

Nous apprenons que l'on achève en ce moment les études de la route directe d'El-Kseur à Azazga. Quant aux travaux, ils sont bien loin d'être finis, car, comme nous l'avons constaté hier matin, la route n'est pas encore ouverte jusqu'à Iacouren; et du côté d'El-Kseur, nous dit-on, 9 kilomètres seulement sont empierrés et par conséquent entièrement terminés.

Le piqueur nous propose de déjeuner chez lui. Mais comme nous pouvons être dans deux heures à El-Kseur, nous préférons poursuivre notre étape. Nous remercions vivement notre hôte de son excellent accueil, et nous nous remettons en marche.

Le soleil est toujours chaud. Certain vallon, où la route forme un tournant au milieu des rochers, nous fait l'impression d'un réflecteur de tournebroche. Mais nous sommes aiguillonnés par l'approche du but. Nous quittons bientôt l'étroite vallée que nous avons suivie si longtemps, et nous arrivons en vue de l'Oued Sahel.

Nous rencontrons une caravane de Kabyles. Les femmes se voilent à notre vue. C'est un indice que nous approchons de lieux occupés par des Européens, les femmes kabyles n'ayant pas l'habitude de se couvrir le visage dans les endroits où n'habitent que des indigènes (1).

Nous ne tardons pas à apercevoir El-Kseur. Il se trouve à deux kilomètres environ. Nous y entrons à midi, drapeau en tête, c'est-à-dire derrière l'ombrelle de Mme Robert, triomphalement portée par le *tamen* de Meh'agga.

El-Kseur est un joli village français (2), plus ancien qu'Azazga ; il a un certain air de prospérité. Il ressemble, d'ailleurs, avec ses eucalyptus, ses maisons basses et ses fontaines, à tous les villages algériens. Nous descendons à l'hôtel des Alpes, alléchés par l'enseigne qui éveille en nous des idées de fraîcheur.

(1) Voir ci-dessus pp. 59 et 220.
(2) Un grand nombre de villages français ont été débaptisés dans ces dernières années. Quelque louables que soient ces changements, ils n'en sont pas moins des causes d'erreurs. Je comprends fort bien le sentiment qui a dicté la substitution officielle du nom de Bitche à celui d'El-Kseur. Mais, en pratique, on n'en est pas moins resté fidèle aux anciennes appellations. Quant aux dénominations de Mirabeau et de Michelet, que le gouverneur général vient, depuis notre passage, d'attribuer à Dra-ben-Kedda et à Aïn-el-Hamman, elles pouvaient sans inconvénient être réservées pour les villages créés chaque année, de toutes pièces, par l'administration.

Avant de nous mettre à table, nous payons nos muletiers. A la somme convenue, nous ajoutons 50 centimes pour le *cahoua*, c'est-à-dire pour le café, et nous y joignons ce qui nous reste de nos provisions. Nos hommes paraissent enchantés, et nous font des adieux d'amis. Nous donnons à chacun une bonne poignée de main. Puis, suivi de ses deux acolytes, le *tamen* se retire gravement, en répétant : « Merci, merci. » Ce n'est pas sans une certaine tristesse que nous les regardons disparaître au coin d'une rue. Avec eux, en effet, ce ne sont pas seulement trois pittoresques compagnons qui s'en vont, c'est la Kabylie qui s'éloigne, c'est la vie sauvage, si agréablement menée depuis plusieurs jours, qui va faire place aux monotones exigences de la vie civilisée; c'est notre voyage qui touche à sa fin.

Nous faisons un excellent déjeuner à l'hôtel des Alpes. Malheureusement le temps est très lourd. Depuis que nous voyageons sur les hauteurs de la Kabylie, nous nous sommes habitués à l'air sec des montagnes. Nous voici maintenant redescendus presque au niveau de la mer, et replongés, par conséquent, dans une chaleur humide beaucoup plus pénible à supporter que la chaleur sèche. M. et Mme Robert vont faire la sieste. Pour moi, assis à l'ombre, devant la porte de l'hôtel, je prends quelques notes de voyage sur une table que j'inonde de sueur (1).

(1) Voir ci-dessus, pp. 9 et 33.

A quatre heures, nous montons dans la diligence de Bougie. Pour avoir plus d'air, tout en voyant mieux le pays, nous nous installons sur l'impériale. La brise de mer arrive maintenant par fraîches bouffées, et nous pouvons, sans fatigue, admirer la plaine de l'Oued Sahel (1), qui se déroule devant nous.

Cette plaine, encore inculte en maints endroits, paraît, sur les points cultivés, d'une fertilité remarquable. Les oliviers poussent avec une vigueur peu commune, et constituent une grande richesse pour le pays. Le sol est excellent, et l'eau, qui partout se trouve à fleur de terre, accroît encore la bonté du sol.

Malheureusement cette humidité, si favorable à la végétation, engendre des fièvres qui déciment les colons. Cette année même, elles ont redoublé de violence à El-Kseur. Leur recrudescence doit être probablement imputée aux travaux de terrassement du chemin de fer. Cette nouvelle voie de communication remontera la vallée de l'Oued Sahel, de Bougie à Maillot, pour aboutir à la grande ligne reliant Alger et Constantine. Mais en attendant qu'elle apporte la prospérité, elle sème des miasmes sur tous les points où elle occasionne des remuements de terrain (2).

Au sortir d'El-Kseur, nous apercevons une des curiosités de l'été algérien, le guêpier du Sénégal. Le guê-

---

(1) La vallée de l'Oued Sahel s'appelle aussi vallée de la Soummam.
(2) Ce chemin de fer est aujourd'hui ouvert.

pier, ainsi nommé à raison de la nourriture qu'il préfère, est un oiseau migrateur de la grosseur du merle qui, chaque été, quitte le Sénégal pour venir chercher la fraîcheur en Algérie. Les colons l'appellent *chasseur d'Afrique*, à cause de ses brillantes couleurs. Il étale, en effet, sur ses plumes, toutes les nuances de l'arc-en-ciel, mais surtout le jaune, le bleu et le rouge. Comme il vole en planant, la queue ouverte, on dirait une charmante garniture pour un chapeau de dame, et je regrette de ne pouvoir, faute de fusil, en offrir quelques spécimens à Mme Robert.

Nous passons en bas de la Réunion, village français établi sur une hauteur à gauche de la route. Ce village est particulièrement fiévreux (1). Au delà de la Réunion, nous côtoyons un moment l'Oued Sahel. C'est une belle rivière. Elle coule au milieu d'arbres magnifiques, et a beaucoup d'eau, chose rare en Algérie pendant la saison estivale. Enfin voici la montagne du Gouraya, Bougie à ses pieds, la mer bleue dans le lointain. Nous traversons des prairies parsemées de splendides peupliers. A six heures et demie nous entrons dans Bougie.

Bougie est bâtie au pied du Gouraya, qui la domine de 700 mètres presque à pic. Les vieux forts espagnols

---

(1) On a remarqué que les habitations situées sur des hauteurs, à proximité des marais, étaient plus fiévreuses que celles établies au bord même de l'eau. Ce fait, déjà constaté en France, notamment dans le pays de Dombes, se vérifie en Algérie.

dont elle est flanquée de tous côtés lui donnent un aspect imposant, et reportent l'imagination à plusieurs siècles en arrière, au temps de Charles-Quint et de Barberousse. C'était jadis une ville très considérable, puisque son ancienne enceinte montait presque jusqu'au sommet du Gouraya. De cette enceinte, il ne reste plus aujourd'hui que quelques pans de murs à moitié écroulés. Mais on admire encore sur le quai une porte ogivale, dite *porte sarrasine*, qui donne une magnifique idée de ce qu'étaient autrefois les remparts.

Bougie se trouve maintenant, comme la plupart des villes d'Algérie, entourée d'un mur crénelé, bien suffisant pour arrêter tous les indigènes du dehors en cas d'insurrection. Son importance n'est guère considérable (1). L'intérieur n'a rien de curieux. Les maisons sont presque toutes de construction française. Comme la pente est extrêmement raide, on a dû les bâtir de telle sorte que le rez-de-chaussée du côté de la montagne forme, de l'autre côté, le quatrième ou le cinquième étage. Cette particularité est loin d'être une condition de beauté.

Si Bougie ne renferme, à part ses vieux forts et ses restes de murailles, aucun monument remarquable, elle jouit, par contre, d'un panorama absolument unique.

(1) Bougie compte à peine 5000 habitants. Mais l'ouverture du chemin de fer de Maillot accroîtra son importance, en y faisant affluer une partie des productions de l'intérieur qui vont maintenant, pour s'écouler, chercher un port à Alger ou à Philippeville.

Elle voit en effet s'étaler à ses pieds un golfe incomparable. Presque fermé comme un lac, ce golfe est dominé par une chaîne, haute de 2000 mètres, la chaîne des Babors, dont la base se trouve baignée par la mer. C'est un effet que l'on rencontrerait difficilement même en Suisse, attendu qu'en général les montagnes, soit qu'elles reposent sur un plateau déjà élevé, soit qu'elles ne laissent pas assez de perspective pour les contempler, ne montrent pas toujours leur élévation réelle.

Au moment où nous arrivons à Bougie, le soleil, à son déclin, illumine tout le golfe. Les forêts qui couvrent les Babors jusqu'aux deux tiers de leur hauteur présentent une bande d'un vert sombre. Au-dessus se détachent en rose les prairies et les rochers, qui couronnent les sommets. Une mer d'un bleu de saphir s'étend au devant. Les lames, presque imperceptibles, scintillent au soleil. Si la lumière était moins éclatante, on dirait un paysage des Alpes. Bougie, c'est Lausanne en Algérie.

Descendus à l'hôtel de la Marine, nous admirons silencieusement de nos fenêtres le merveilleux spectacle qui s'offre à nos regards. Les fatigues de la journée sont oubliées. Nous nous repaissons, avec un charme infini, de mer, de montagnes et de couleur.

Il est déjà tard quand nous songeons à dîner. M. et Mme Robert vont, peu après, se reposer. Je fais un tour de promenade, pour contempler encore, malgré la nuit, les formes noires des Babors. Puis, préparé au sommeil par la fatigue, rêvant aux belles choses que j'ai vues, je vais m'enfermer dans une chambre où, l'an dernier, pendant une nuit entière, je n'avais été que trop obligé de méditer.

Dimanche 26 juin.

La fatigue de la journée précédente m'a valu, en dépit de toutes les circonstances extérieures, un profond sommeil. Je me lève complètement reposé.

Exposée en plein midi et abritée du Nord par le Gouraya, Bougie est une des villes les plus chaudes du littoral. Nous sommes d'ailleurs plongés dans cette sorte de buée qui, sur les bords de la mer, rend la chaleur beaucoup plus pénible à cause de l'abondante transpiration qu'elle arrête après l'avoir provoquée. Immobiles et à l'ombre, nous transpirons infiniment plus que lorsque nous marchions au gros soleil à travers la Kabylie (1).

Le bain de vapeur que nous subissons n'est pas fait pour nous encourager à la promenade. Aussi ne sortons-nous guère de toute la matinée. Mais nous nous proposons de monter à pied, après le déjeuner, soit au Gouraya, point culminant au-dessus de Bougie, soit au cap Carbon, qui ferme la rade au Nord-Ouest.

A midi, nous reconnaissons que l'exécution de nos

(1) Voir ci-dessus pp. 9, 33, 270.

projets nous vaudrait une fatigue à peu près inutile. A quoi bon gravir péniblement le Gouraya, quand de nos fenêtres nous avons une vue presque aussi belle que celle dont on jouit 700 mètres plus haut? Pourquoi nous rendrions-nous par terre au cap Carbon, tandis qu'en barque nous pouvons visiter ce cap sans aucune fatigue? Nous adoptons ce dernier parti, tout en renvoyant son exécution au moment où la forte chaleur sera tombée.

Nous descendons au port vers les cinq heures. Nous allons d'abord aux bureaux de la Compagnie Transatlantique pour retenir nos places sur l'*Isaac Péreire*, qui part ce soir pour Alger. Puis nous montons dans une barque à voile et bientôt nous sommes au large.

La mer est aussi calme que le lac de Genève. Une légère brise, en même temps qu'elle nous donne une fraîcheur délicieuse, nous permet de gagner rapidement le cap Carbon. Nous admirons toujours les Babors. Mais nos regards se portent principalement sur Bougie, que nous découvrons dans son ensemble, puis sur le cap Carbon qui, quelque temps caché par un renflement de terrain, finit par nous apparaître.

Situé à 4 kilomètres de Bougie, le cap Carbon constitue l'extrémité Nord-Est de la chaîne du Gouraya. C'est une sorte de dôme, aux pans abruptes, d'une centaine de mètres d'élévation. Formé de rochers rouges sans végétation, il offre un curieux contraste avec le Gouraya, dont les flancs sont couverts de verdure.

La mer s'est creusée dans les flancs de la montagne un tunnel qui rappelle, par ses vastes proportions, le fameux tunnel naturel d'Étretat. Il a 50 mètres environ de longueur, et se trouve assez élevé pour qu'une goëlette puisse le franchir voiles déployées. Nous voici à l'entrée. La brise tombe. Nos matelots mettent à la rame et nous engagent sous la voûte. Elle semble en marbre rouge. Des palmiers nains poussent çà et là dans les anfractuosités du rocher. La mer, d'un bleu sombre, forme une nappe légèrement ondulée dont les clapotements, presque imperceptibles, font entendre comme le murmure d'une prière. C'est l'aspect et le recueillement d'une cathédrale.

Au delà du tunnel, nous trouvons la pleine mer. Sa surface est à peine ridée. Nous contournons l'extrémité du cap. Puis, ayant rencontré un peu de brise, nous remettons à la voile et nous regagnons le port de Bougie.

Nous remontons à notre hôtel. Après le dîner, nous faisons nos derniers préparatifs de départ, et à neuf heures nous sommes sur l'*Isaac Péreire*. A dix heures, le treuil relève l'ancre, l'hélice commence à tourner et nous disons adieu à Bougie. Pendant que M. et Mme Robert descendent dans leur cabine, je reste sur la dunette pour voir encore le cap Carbon. Il se détache maintenant en masse noire sur le ciel. Plus haut, c'est le Gouraya, dont le pic semble toucher aux étoiles. On dirait une pyramide gigantesque avec un énorme sphinx endormi à ses pieds.

Une fois le cap Carbon doublé, je m'empresse, n'ayant plus rien à voir, de gagner ma cabine. Je me jette dans une de ces couchettes qui m'ont toujours paru ressembler étrangement à un cercueil ouvert, et la fatigue m'empêchant de longuement réfléchir, je m'endors au bout de quelques instants.

Lundi 27 juin.

A cinq heures du matin, l'hélice s'arrête, l'ancre tombe ; nous sommes en rade de Dellys. Nous devons y faire escale jusqu'à dix heures.

Comme presque toutes les villes du littoral algérien, Dellys est ouverte à l'Est. Vue de la mer, elle ne présente pas, à beaucoup près, un aussi beau coup d'œil que Bougie. C'est sans doute une jolie petite ville, à moitié perdue dans la verdure ; mais les collines environnantes sont complètement dépourvues d'arbres. On aperçoit cependant vers l'Est, sur les montagnes qui bordent la côte, la forêt de la Mizérana. Elle est toutefois trop éloignée pour racheter la nudité des alentours immédiats de Dellys.

Vers sept heures, nous hêlons un batelier et nous descendons à terre. Je suis déjà venu plusieurs fois à Dellys, et je puis, en moins d'une heure, montrer à mes compagnons de voyage tout ce qu'elle peut offrir d'intéressant.

Le quartier kabyle, perché au-dessus de la mer, mérite une visite, surtout de la part des étrangers de passage qui n'ont pas d'autre occasion de voir des habitations kabyles. Les maisons, blanchies à la chaux et couvertes de tuiles rouges, reproduisent le type adopté dans toute la Kabylie. Les rues sont tortueuses et raides comme des échelles. Des treilles ombragent les carrefours. Quelques échappées sur la mer ménagent de gracieux coups d'œil.

Après avoir grimpé à travers le quartier kabyle, nous nous trouvons dans la grande rue. C'est une sorte de boulevard horizontal, sur lequel a été construite la ville européenne. On y voit une jolie mosquée, édifiée par les soins du maréchal Bugeaud (1). A l'extrémité Nord s'élèvent les vastes bâtiments de l'École des Arts et métiers. C'est cette École qui a remplacé celle de Fort-National, fermée depuis 1871 (2).

Au bout de la grande rue, du côté Nord, on aperçoit le littoral Ouest qui se profile au loin. De beaux jardins, plantés d'oliviers magnifiques, s'étendent au-dessus d'une falaise élevée. A deux kilomètres environ se dresse le phare du cap Bengut, que l'on aperçoit, par un temps clair, de la Bouzaréa, au-dessus d'Alger.

Nous avons bientôt vu tout Dellys. M. et Mme Robert remontent à bord. Pour moi, je vais rendre visite au juge de paix, M. V..., que je connais depuis longtemps et à qui je dois de précieux renseignements sur la Ka-

(1) Voir ci-dessus, p. 221, la façon dont l'autorité militaire comprenait l'administration de la Kabylie.
(2) Voir plus haut, p. 150-157, les résultats donnés par ces deux écoles.

bylie. Malheureusement, il se trouve absent pour toute la journée. N'ayant plus rien à faire à terre, je reviens sur l'*Isaac Péreire*.

Nous trouvons à bord M. K..., dont nous avons fait l'an dernier la connaissance. Il vient de Tunis. Par conséquent, il se trouvait déjà dans le bateau quand nous y sommes montés à Bougie. Mais nous ne l'avions pas encore aperçu. Nous n'en ferons pas moins avec grand plaisir, en sa compagnie, le trajet qui nous reste à faire jusqu'à Alger.

L'*Isaac Péreire* lève l'ancre à dix heures. Il double bientôt la pointe qui abrite la rade de Dellys, et il met le cap sur Alger. Le déjeuner sonne. Comme la mer est absolument calme, nous nous mettons à table sans aucune hésitation et nous faisons honneur au repas.

Après le déjeuner, nous montons sur la dunette, et nous regardons le littoral défiler devant nos yeux. La côte de Kabylie, généralement dénudée, a un aspect monotone. De plus, étant fort élevée, elle cache complètement le Djurdjura. Elle n'est vraiment un peu jolie qu'à l'embouchure du Sébaou et de l'Isser.

Nous passons agréablement notre temps à causer de Tunis avec M. K... Des poissons volants, s'élançant de la mer sous les flancs du navire, détournent par moment notre attention. Bientôt le cap Matifou, qui ferme à l'Est la baie d'Alger, apparaît à l'horizon. Puis voici une tache blanche qui se forme au ras de la mer : c'est la Kasba d'Alger. La tache blanche grossit à vue d'œil et, à la hauteur de Matifou, on dirait une carrière de marbre. Au bout de quelques instants, tout Alger se montre avec le môle de la Marine et les quais. L'*Isaac Péreire* siffle, le pilote monte à bord, et à deux heures nous sommes au milieu du port.

Nous voilà donc, après une absence de huit jours, heureusement rentrés chez nous. Un retour ne va pas sans quelque tristesse. Le plaisir de la demeure retrouvée est tout d'abord impuissant à calmer les regrets. Bientôt cependant le temps vient fondre ensemble ces divers sentiments, et dégager le parfum des souvenirs. C'est alors que l'on jouit sans amertume, et que l'on peut mettre à profit cette moisson d'observations personnelles, d'impressions intimes et de renseignements, qui constituent le meilleur fruit des voyages.

Le bagage que je rapporte de Kabylie est fort considérable. J'en suis même quelque peu encombré. J'ai vu des paysages merveilleux ; j'ai appris une foule de choses que je soupçonnais à peine.

Sous le rapport physique, la Kabylie mérite, à beaucoup d'égards, d'attirer les touristes. Peu de contrées offrent, en effet, à côté de lieux rappelant les plus beaux endroits de la France, des sites d'un cachet aussi particulier. Le Djurdjura vaut mainte chaîne célèbre des Pyrénées et des Alpes. Les forêts de l'Akfadou peuvent se comparer aux magnifiques futaies des environs de Paris. Quant à la vue de Fort-National, au panorama de l'Azerou-n'Tohor, à l'aspect général du pays kabyle, avec ses villages perchés sur chaque piton, ses réseaux de profonds ravins, ses cultures et ses arbres suspendus aux flancs de montagnes presqu'à pic, rien ne peut servir de terme de comparaison. La Kabylie est une région absolument unique en son genre, et qu'il faut voir soi-même si l'on veut s'en faire une idée exacte.

La population de ce curieux pays est encore plus curieuse que le pays lui-même. C'est une race antique, constituée des débris de peuples disparus. Vaincue après une résistance héroïque, mais non soumise, elle conserve toujours l'espoir d'une revanche, et se défend encore avec une obstination sourde, mais indomptable. Sa religion, ses coutumes, sa langue, elle s'en sert comme d'un rempart pour arrêter, au seuil de la famille, l'invasion étrangère. Les efforts que l'on fait pour l'assimiler semblent même accroître l'opiniâtreté de sa résistance.

Le Kabyle n'est pas seulement passionné pour l'indépendance. A cet amour de la liberté, qui est la marque des vrais caractères, il joint des qualités propres aux grandes nations. Il se montre sobre, travailleur et industrieux. Il sait arracher sa subsistance à un sol ingrat et, en cas de nécessité, aller au loin gagner sa vie, comme l'Auvergnat et le Savoyard; il a presque toutes les vertus du paysan français.

Je rapporte de mon voyage, avec une plus grande admiration pour la Kabylie et les Kabyles, une idée moins imparfaite, je le pense, des obstacles que rencontre la civilisation, et des espérances qu'il est permis de concevoir. J'ai vu s'accroître et se préciser le nombre et l'importance des questions à résoudre. Au milieu de renseignements et d'avis souvent contradictoires, j'ai eu grand'peine à me faire une opinion, et encore sur quelques points seulement. J'ai pu rectifier certaines appréciations que j'avais antérieurement hasardées (1).

Ce que je puis surtout affirmer, c'est qu'il y a encore beaucoup à faire en Kabylie. Pour être bien connu, ce pays demande des études approfondies ; j'espère qu'elles seront bientôt entreprises. Mais si l'on veut vraiment parvenir à la vérité, il faut absolument renoncer aux partis pris, observer même ce qui peut déplaire, regarder en face les choses et les hommes : en Kabylie il faut voir le Kabyle, et le Kabyle tel qu'il est.

(1) Ainsi, par exemple, je repousse aujourd'hui une idée que j'ai avancée en 1885, à la séance solennelle de rentrée des écoles d'enseignement supérieur d'Alger, dans un discours sur l'*Assimilation des indigènes dans l'Afrique romaine*. Devant l'exemple de Rome qui conférait le droit de cité aux vétérans, quelle que fut leur race, je soutenais que la France devait attribuer, sans condition particulière, la nationalité française à tous les indigènes ayant passé quelques années sous ses drapeaux. Après avoir visité la Kabylie et causé avec les personnes les plus compétentes, je rejette cette opinion trop généreuse : la naturalisation de plein droit des anciens turcos comme des anciens spahis serait, en effet, intempestive pour ne pas dire pleine de dangers. (Voir ci-dessus, pp. 112 et 121, les motifs de cette nouvelle appréciation.)

TABLE DES MATIÈRES

AVANT-PROPOS... V
AVERTISSEMENT DE L'ÉDITEUR............................ VII

CHAPITRE PREMIER

LE DÉPART ; TIZI-OUZOU, FORT-NATIONAL ET AÏN-EL-HAMMAM. — PROPRIÉTÉ, IMPÔTS, IDÉES POLITIQUES DES KABYLES... P. 1

Lundi 20 juin. — Compagnons de voyage, chemin de fer de l'Est-Algérien, la Métidja, p. 2. — Entrée en Kabylie, diligences algériennes. Haussonviller, p. 4.
Mardi 21 juin. — Tizi-Ouzou, la Kabylie, p. 6. — Départ pour Fort-National. Le Sébaou, l'Oued Aïssi, p. 7. — Le Djurdjura. Huileries de Tak-Sebt et de Makouda. La montée, le climat, p. 8. — L'agriculture kabyle, le béchena, les frênes, p. 10. — La vigne. Morcellement de la propriété, p. 11. — Propriété individuelle et indivise chez les Arabes et les Kabyles, p. 12. — La route ; maisons et villages, p. 13. — Les enfants kabyles, *donar sourdi*, le drapeau de la France, p. 14. — École de Tamazirt, le Djurdjura, maison de deux grands chefs kabyles, p. 15. — Village d'Azouza, Fort-National, p. 16. — Insurrection de 1871. Le fort, la garnison, p. 18. — La répression, l'amiral de Gueydon ; les confiscations, les colons, p. 19. — Les Kabyles, leur costume, p. 20. — Le marché kabyle, p. 21. — Le Djurdjura. p. 23.
Le père La Verte et la route d'Aïn-el-Hammam, p. 24. — La tribu des Beni-Yenni et ses écoles. Village de Tashenfout, p. 25. — Aïn-el-Hammam. Densité de la population, coloni-

sation impossible, p. 27. — La commune mixte, les fonctionnaires, l'administration, la justice, le bordj, p. 29. — Vue qu'on a d'Aïn-el-Hammam, p. 31. — Une pépinière. Climat. Coucher du soleil, p. 33.

Voyage en Kabylie de M. Berthelot, ministre de l'instruction publique. Un voyage officiel, p. 34. — Suppliques des Kabyles, les galettes. La *lezma*, impôt de capitation ; plaintes exagérées, p. 36. — Répartition de la *lezma*: réforme possible, p. 38. — Autres impôts, p. 41. — Le tirailleur algérien. Ressources des Kabyles : l'usure, p. 43. — Égalité démocratique, ses causes, p. 45. — Idées des Kabyles sur l e pouvoir. Beauprêtre, p. 47. — La justice et la clémence. Idée que les Kabyles se font de la République. *Madame Poublique*. Le *Beylik*, p. 48. — Les routes. Prestige de l'uniforme, p. 50. — Résistance des Kabyles aux coups et blessures, p. 51. — Plan pour le lendemain, p. 52.

CHAPITRE II

ASCENSION DE L'AZEROU-N'TOHOR ; VILLAGE DE TIFERDOUL. — MOEURS ET COUTUMES DES KABYLES; GUERRES CIVILES ; ASSIMILATION. p. 55

Mercredi 22 uin. — Le matin. A mulet: en route pour l'Azerou-n'Tohor. Un cavalier d'administration, p. 56. — Sangliers et panthères. Femme voilée, p. 58. — Le chemin, la maison Cantonnière, le refuge, p. 61. — Tirourda et Taklelidjt-n'Aït-Atchou, p. 63. — Col de Tirourda ; nombre des passants ; les troupeaux, p. 64. — Panorama du col de Tirourda, p. 65. — Le déjeuner. Les *Roumis*, p. 66. — La télégraphie kabyle ; perquisitions impossibles, p. 67. — Le ramadan et la lune, p. 69. — Le sommet de l'Azerou-n'Tohor, p. 71. — Panorama. Altitude ; les cartes, p. 72. — Le sorbet, la chute des corps, p. 74.

Village de Tiferdoul, p. 75. — La *djemâa* et le self-government La *kharouba* (famille), le *thaddert* (village), le *douar*, (tribu, *gens*). Le *tamen*, l'*amin* et l'*oukil*, l'*amin-el-oumena* (caïd), p. 76. — Embarras de l'administration française ; les *çofs*, p. 80. — La race berbère, p. 81. — La mosquée. Porteuses d'eau, p. 83. — Costume des femmes kabyles ; leurs ornements suivant le sexe de leurs enfants :

leurs tatouages, p. 84. — Les femmes à la fontaine, les jeunes filles, p. 85. — Un marabout. Maisons kabyles. Les croix grecques; les Kabyles ont-ils été chrétiens, p. 87. — La propreté des maisons et des gens. Costume, p. 89. — Métier à tisser. Maîtresses et servantes. Le couscous, p. 90. — L'amin de Tiferdoul. Retour à Aïn-el-Hammam, p. 94. — Bijoux kabyles, p. 95.

Guerres entre villages, assassinats, p. 96. — Crainte inspirée par les Français. Les juifs. La *vendetta*. La *rek'ba*, la peine du talion, p. 99. — Assassins de profession, p. 100. — Répression illusoire des crimes. La peine de mort, la décollation, le droit de grâce, p. 101. — Solidarité entre Kabyles. Responsabilité collective. Arrestations collectives, p. 104. — Obéissance fataliste, p. 107. — Peines de l'indigénat, p. 108. — — Arrestation verbale, la *Carta*, p. 109. — Emprisonnement fictif. Prestige de l'autorité basé sur la force. Assimilation. Les Kabyles restent nos ennemis, surtout les tirailleurs indigènes, p. 112. — Singulier essai d'assimilation. Système électoral, p. 113. Les communes de plein exercice. Caisse syndicale des *thadderts*, p. 115. — Le chapeau haut de forme; conseils de cuisine; la Marseillaise et l'eau de Lubin, p. 116. — L'essai échoue, p. 118. — Ce qu'il faut penser de la naturalisation en bloc des habitants et de la fidélité des troupes indigènes, p. 119. — Les indigènes au Tonkin; les indigènes musulmans haïssent la France, p. 120. — De leur naturalisation; la religion, p. 121. — Les Kabyles sont plus rapprochés des Européens que les Arabes. Les orphelins du cardinal Lavigerie, p. 124.

CHAPITRE III

TAKA, LE SÉBAOU, AZAZGA. — L'INSTRUCTION, LA FEMME MUSULMANE, LES COLONS. P. 127

Jeudi, 23 juin. — Adieu au Djurdjura. En route pour Azazga, p. 128. — Race kabyle, son origine, ses éléments, sa langue, p. 129. — Les *Beni-Fraoucen*, p. 131. — Les marabouts, p. 132.

L'école primaire d'Aït-Hichem, p. 133. — Les instituteurs et institutrices en Kabylie, leur mission, p. 134. — L'enseignement secondaire, l'instruction primaire obligatoire, p. 135. — Résistance des indigènes, p. 136. — Palmes académiques données à des chefs kabyles. Méthode d'instruction, singularités : *les remords de Frédégonde, la liste des ministères*, etc. p. 137. — Le Coran et la mémoire ; atrophie intellectuelle du musulman, p. 141. — Inutilité et danger de l'instruction donnée aux indigènes, p. 142. — Instruction des filles « C'est un meurtre », p. 151. — Problème de l'enseignement professionnel, p. 155.

École de Djemâa-Saharidj ; les Jésuites en Kabylie. Le *Chanfrère*, p. 160. — Les Pères Blancs et les Sœurs Blanches. Difficulté des conversions, p. 161. — Enseignement laïque des Pères Blancs et des Sœurs blanches, p. 162.

« La selle », le *bardâ*, p. 165. — Village de Taka. Cimetière. — L'orfèvre kabyle : bijoux indigènes, p. 167. — Négociations ; les agrafes, p. 170. — Un nom écrit. Chemins et mulets ; descente. Vallée du Sébaou. Le soleil, les burnous, p. 172.

Valeur vénale de la femme d'un *sidi professeur*, p. 174. — Le mariage kabyle ; vente de la femme, sa valeur vénale : répudiation ; veuve plus chère que la jeune fille, p. 175. — La polygamie successive. Femme d'été et femme d'hiver, p. 178. — Situation de la femme musulmane, son abjection. Ce que devient la vieille femme, p. 179. — Naissance de garçons et de filles. — De l'amour entre époux. De l'amour entre parents et enfants, p. 185.

Passage du Sébaou, p. 189. — Village d'Azazga, p. 191. — Le télégraphe. Les partis politiques à Azazga, p. 193. — Concessions gratuites. Oisiveté des colons ; les luttes du forum, p. 195. — L'État-Providence ; rôle des députés, p. 197. — Le phalanstère de Maillot ; le droit à la pension ; les Saint-Simoniens, p. 198. — Plan pour le lendemain, une visite, p. 199. — Un pays de cocagne. L'absinthe, p. 201.

CHAPITRE IV

LES FORÊTS DE L'AKFADOU. — L'ISLAMISME, LA FÉODALITÉ.

P. 205

Vendredi 24 juin. — La route ; travailleurs calabrais. La forêt d'Iacouren. Les chênes *zéens*, p. 206. — Le génie militaire, p. 208. — Maison forestière d'Iacouren, p. 209. — Un garde-forestier arabe, p. 210. — Un grand danger. Le fatalisme et le Coran, p. 211. — Le *mouchatchou* ; soins qu'on prend de lui, son vêtement, p. 212.— Pâturages et troupeaux. Un hameau. Les mulets, p. 215. — Chênes *afarès*. Berger en contravention arrêté par Amar; le procès-verbal, p. 216.

Antipathie entre les Arabes et les Kabyles, p.218.— Différences dans l'interprétation du Coran ; les *kanouns*. Introduction de l'islamisme en Kabylie, p, 219. Les Arabes et les Kabyles; les femmes, p. 220. — L'islamisme favorisé; pèlerinages à la Mecque; arabisation de la Kabylie et de l'Aurès par l'administration française, p. 221.— Les Khouans, p. 224.— Comment on devrait écrire la langue kabyle, p. 225.

Les maraudeurs. Marabout de Sidi-Ladi, p. 226. — La forêt; pas d'eau. Nouvelle chute, p. 227. — Maison forestière de l'Akfadou, p. 229.— Déjeuner champêtre, p. 230.— Un *assès*. Le paysage, p. 231. — Plan de la journée du lendemain ; palabre avec le *tamen* et les Kabyles pour avoir des mulets, p. 233. — Départ d'Amar, p. 234. — La source ; séance de physique amusante. La promenade, p. 235. — La vie d'un garde forestier ; l'isolement, l'éducation des enfants, les vivres; société des Kabyles. Les voleurs, p. 237.

Les *assès*, p. 239. — Le guet d'incendie. Système féodal en Algérie. Singulier retour au Moyen âge, p. 241. — Héroïsme de Mme Alexandre, p. 243. — Installation pour la nuit, p. 244. — Dernière promenade au crépuscule. Le poste des *assès*, p. 245.

CHAPITRE V

DE L'AKFADOU A BOUGIE ; LE RETOUR. — LES KABYLES. P. 247

Samedi 25 juin. Le lever, la toilette, p. 248. — Le départ ; seuls avec trois Kabyles. Le costume et le langage, p. 249. — Les chênes *afarès*. Sommes-nous trahis ? *Le Baraquement*; exploitation abandonnée, p. 251. — Les *assès*, p. 254. — *La Clairière des scieurs de long*, p. 255. — Le *tamen* et le parasol. Vue magnifique, p. 256. — Rencontre de bûcherons, p. 258. — Carte de la grande Kabylie ; où sommes-nous ? *Macache*. — Ruines romaines, p. 259. — La source, le déjeuner. Nourriture des Kabyles, leur sobriété. Quelle est la meilleure eau, p. 260. — Appétit kabyle; marcheurs kabyles, p. 261. — Bordj de Taourirt-Ir'il. Mélodies kabyles. Forêt de chênes liège, p. 263. — La moitié du chemin. —

La chaleur ; incendies de forêts ; responsabilité collective, p. 265. — L'absinthe chez un piqueur. Route d'El-Kseur à Azazga, p. 267. — El-Kseur. Changements de noms des villages, p. 269. — Adieu à nos guides. Climat de la plaine. La fièvre. Le guêpier du Sénégal. L'Oued Sahel, p. 270. — Bougie. Vue du golfe et des Babors, p. 272.

Dimanche 26 juin. Climat de Bougie, p. 275. — Le cap Carbon, son tunnel, p. 276. — Retour à Alger, par l'*Isaac Péreire*, p. 277.

Lundi 27 juin. Dellys. Le quartier kabyle, p. 278. — Mosquée. Ecole des Arts et métiers. Les côtes de la Kabylie, p. 279. — Alger, carrière de marbre. Fin du voyage. Epilogue : la Kabylie, le pays, p. 280. — Les habitants, p. 282. — L'assimilation, p. 283.

www.ingramcontent.com/pod-product-compliance
Lightning Source LLC
Chambersburg PA
CBHW071125160426
43196CB00011B/1805